ALLIANCE DES MAISONS D'ÉDUCATION CHRÉTIENNE

COURS D'HISTOIRE NATURELLE
RÉDIGÉ CONFORMÉMENT AUX DERNIERS PROGRAMMES

TRAITÉ ÉLÉMENTAIRE
DE ZOOLOGIE

Pour les classes de sixième de l'enseignement secondaire classique
et de l'enseignement secondaire moderne
ainsi que pour les pensionnats de jeunes filles

PAR

PAUL MAISONNEUVE
DOCTEUR EN MÉDECINE, DOCTEUR ÈS SCIENCES NATURELLES
PROFESSEUR A LA FACULTÉ CATHOLIQUE DES SCIENCES D'ANGERS

Ouvrage orné de 312 figures

NOUVELLE ÉDITION

PARIS
LIBRAIRIE CH. POUSSIELGUE
RUE CASSETTE, 15

TRAITÉ ÉLÉMENTAIRE

DE ZOOLOGIE

PROPRIÉTÉ DE :

OUVRAGES CLASSIQUES DU Dr PAUL MAISONNEUVE

Zoologie. — **Anatomie et Physiologie animales.** Ouvrage rédigé conformément aux derniers programmes officiels, pour l'enseignement de la zoologie dans la classe de philosophie, la classe de première (lettres et sciences) de l'enseignement secondaire moderne; 5e édition, avec 166 figures dans le texte et 2 planches hors texte. In-8°.   7 fr. »
Cartonné.   7 fr. 50

Botanique. — **Anatomie et Physiologie végétales.** Ouvrage rédigé conformément aux derniers programmes officiels pour l'enseignement de la botanique dans la classe de philosophie et la classe de première (lettres et sciences) de l'enseignement secondaire moderne; 3e édition, avec 171 figures dans le texte. In-8° . . . .   4 fr. 50
Cartonné.   5 fr. »

Traité élémentaire d'hygiène. (*Pour paraître en* 1895.)

Traité élémentaire de Zoologie, à l'usage des élèves de sixième de l'enseignement classique et de l'enseignement moderne, ainsi que pour les pensionnats de jeunes filles. In-12, avec 312 figures. Broché.   2 fr. 50
Relié, toile pleine . . . .   2 fr. 75

Traité élémentaire de Botanique, à l'usage des élèves de cinquième de l'enseignement classique et de l'enseignement moderne, ainsi que pour les pensionnats de jeunes filles. In-12, avec 206 figures dans le texte. Broché. . . . .   2 fr. 50
Relié, toile pleine . . . .   2 fr. 75

Traité élémentaire de Géologie, à l'usage des élèves de cinquième de l'enseignement classique et de l'enseignement moderne, ainsi que pour les pensionnats de jeunes filles. In-12, avec 161 gravures et une carte géologique de la France en couleur. Broché. . . . . . .   2 fr. 50
Relié, toile pleine . . . .   2 fr. 75

ALLIANCE DES MAISONS D'ÉDUCATION CHRÉTIENNE

COURS D'HISTOIRE NATURELLE
RÉDIGÉ CONFORMÉMENT AUX DERNIERS PROGRAMMES

TRAITÉ ÉLÉMENTAIRE
DE ZOOLOGIE

Pour les classes de sixième de l'enseignement secondaire classique
et de l'enseignement secondaire moderne
ainsi que pour les pensionnats de jeunes filles

PAR

PAUL MAISONNEUVE

DOCTEUR EN MÉDECINE, DOCTEUR ÈS SCIENCES NATURELLES
PROFESSEUR A LA FACULTÉ CATHOLIQUE DES SCIENCES D'ANGERS

Ouvrage orné de 312 figures

QUATRIÈME ÉDITION

PARIS
LIBRAIRIE CH. POUSSIELGUE
RUE CASSETTE, 15

1895

PROGRAMME OFFICIEL

DU

COURS DE ZOOLOGIE

Des Classes de sixième de l'Enseignement secondaire classique
et de l'Enseignement secondaire moderne.

Arrêtés ministériels des 12 Août 1890 et 15 Juin 1891.

Étude très sommaire de l'organisation de l'homme prise comme terme de comparaison [1], 1. — Grandes divisions du règne animal, 79.

Vertébrés. — Mammifères : caractères essentiels. Exemples choisis dans quelques-uns des principaux ordres, 87. — Oiseaux : caractères essentiels. Exemples choisis dans les principaux ordres, 174. — Reptiles : caractères essentiels. Crocodiles, Tortues, Lézards, Serpents, 213. — Batraciens : caractères essentiels. Métamorphoses, 229. — Poissons : caractères essentiels. Exemples de Poissons osseux et de Poissons cartilagineux, 238.

Articulés. — Insectes : caractères essentiels. Métamorphoses. Exemples choisis dans quelques-uns des principaux ordres, 266. — Arachnides, Crustacés : quelques exemples, 302.

Vers. — Caractères essentiels, 313.

Mollusques. — Seiche, Escargot, Moule, 255. — Quelques mots sur les *Rayonnés*, 325. — Quelques mots sur les *Protozoaires*, 336.

[1] Les chiffres renvoient aux pages où chaque article du programme se trouve traité.

PRÉFACE

Depuis un petit nombre d'années l'étude des sciences naturelles a pris dans l'enseignement classique une importance plus grande que par le passé. Non seulement on exige pour le baccalauréat des connaissances assez étendues en Zoologie et en Botanique, mais encore le programme des études veut que les éléments de ces sciences soient enseignés dès les premières classes. Et c'est avec raison, car aucune autre étude n'intéresse et ne repose autant l'esprit de l'enfant, fatigué des divers travaux auxquels il est obligé de s'appliquer.

Habilement présentées, les notions d'Histoire naturelle développent en lui l'esprit d'observation, le goût des recherches, et l'entretiennent dans une activité des plus avantageuses à tous les points de vue. On peut le dire hardiment, d'ailleurs, il n'y a pas d'histoire, pas de conte, qui vaille en merveilleux les faits que nous présente à chaque instant la nature.

N'y a-t-il pas lieu d'être surpris que des hommes intelligents, et par ailleurs instruits, passent indifférents au milieu de ce monde admirable de la Création, sans arrêter de temps en temps leur pensée sur les phénomènes étonnants qui s'accomplissent sous leurs yeux, sans essayer de comprendre ces grands jeux de la nature désignés par les géologues sous les noms de *phénomènes anciens* et *actuels,* sans tenter de pénétrer quelques-uns des secrets de la *vie végétale* ou de la *vie animale,* et dont cependant la connaissance nous aide à nous faire une plus juste idée de la nature même de l'Homme?

Mais, pour arriver à donner aux enfants le goût de l'Histoire naturelle, on doit éviter de transformer les charmes qu'elle possède en une aride nomenclature, qui trop souvent meuble la tête de mots au lieu de faits bien compris. Si l'Histoire naturelle ne peut se passer d'une terminologie inséparable de tout ordre de sciences, on doit s'efforcer d'entourer de développements attrayants ce qu'elle peut offrir de pénible pour la mémoire. Si l'on s'écarte d'une semblable méthode, on rebute les enfants et on ne leur inspire que du dégoût pour une étude vers laquelle ils sont instinctivement portés.

Les anciens *Manuels* avaient en général ce grave défaut; heureusement ils se font de plus en plus rares, en attendant qu'ils disparaissent tout à fait.

Dans les ouvrages élémentaires de Zoologie, de Botanique et de Géologie que nous avons composés pour de jeunes élèves, nous nous sommes efforcé d'éviter les inconvénients que nous venons de signaler; et sans rien sacrifier ni négliger d'important, nous avons eu à cœur d'en rendre constamment la lecture intéressante. Pour atteindre ce but, nous ne nous sommes pas cru obligé, dans les descriptions anatomiques ou autres, de n'omettre aucun détail, et dans les classifications, de mentionner absolument tous les caractères de chaque groupe que nous avons à étudier. Nous nous sommes contenté d'indiquer les principaux, les plus significatifs, ceux, en un mot, qui peuvent mieux faire connaître l'objet envisagé.

Nous ne perdrons jamais de vue que le but de semblables ouvrages doit être plutôt d'éveiller l'attention des enfants et de les porter vers l'étude des choses de la nature, que de prétendre leur faire acquérir une connaissance des phénomènes naturels réellement approfondie et par là même au-dessus de leur âge.

— Dans ce volume, consacré à la ZOOLOGIE ÉLÉMENTAIRE, nous avons cru utile de faire suivre chacun des chapitres où est étudiée une des grandes fonctions vitales, digestion, respiration, etc., d'un certain nombre de préceptes ou *axiomes hygiéniques*, se rapportant à la fonction qui vient d'être examinée. Ces courts résumés pourront suppléer, nous l'espérons, au moins dans une certaine mesure, à l'absence d'un Cours d'hygiène, comme il en est fait dans certaines maisons d'éducation, et donneront déjà quelques notions d'une science qui a pris depuis quelque temps une si grande extension, en attendant les leçons d'hygiène qui pourront être données dans les classes supérieures (1).

(1) Voy. *Notions élémentaires d'hygiène*, par le Dr P. Maisonneuve (*sous presse*). Paris, Poussielgue.

Chaque chapitre est en outre suivi d'un *Questionnaire* rappelant tous les points principaux qui y ont été traités. Ce questionnaire peut permettre à l'élève de s'interroger soi-même pour s'assurer s'il possède les notions contenues dans les pages précédentes, et au professeur, d'imposer comme devoir écrit les réponses aux différents paragraphes que le chapitre comprend.

On remarquera enfin que des figures excellentes ont été prodiguées dans ce petit livre; car nous sommes persuadé que l'Histoire naturelle doit s'apprendre bien plus par la vue des choses elles-mêmes ou tout au moins leur représentation, que par la seule description des objets (1).

Remarque. — A cette nouvelle édition une importante modification a été apportée. Les élèves lisent, paraît-il, avec plaisir, et à notre avis c'est là l'essentiel, les descriptions d'animaux qui remplissent la seconde partie de l'ouvrage; mais, par contre, les caractères anatomiques propres à chaque groupe ont plus de peine à fixer leur attention. Pour obvier à cet inconvénient, nous avons placé à la fin de l'ouvrage un tableau des caractères essentiels sur lesquels s'appuie la classification, et dont le professeur pourra faire apprendre par cœur aux enfants la partie correspondante à la leçon du jour. De cette façon les élèves acquerront des notions précises et durables, sans rien perdre du plaisir qu'ils pourront trouver à lire des descriptions relatives aux mœurs des animaux.

(1) Le professeur trouvera dans notre traité de Zoologie pour la classe de Philosophie, relativement à l'organisation de l'Homme et des animaux, un complément très utile des notions exposées dans cet ouvrage élémentaire.

NOTIONS ÉLÉMENTAIRES
D'HISTOIRE NATURELLE

ZOOLOGIE

CONSIDÉRATIONS PRÉLIMINAIRES

Définition et Divisions de l'Histoire naturelle

L'*Histoire naturelle* est la science qui a pour objet :
1° L'étude des corps qui entrent dans la constitution du globe terrestre, envisagés au point de vue de leur origine, de leur forme et de leur structure ;
2° Celle de tous les êtres qui vivent sur la terre ou qui y ont vécu à une époque plus ou moins reculée.

D'où la division naturelle des corps terrestres en deux groupes.

Tous les êtres du PREMIER GROUPE sont appelés *corps inorganiques* ou *bruts* (1), parce qu'ils ne sont pas composés d'*organes*, c'est-à-dire de parties distinctes destinées chacune à une fonction spéciale. Tel est le cas, par exemple, de la pierre du chemin, que la roue écrase et

---

(1) Les animaux qui ont vécu autrefois, ont, il est vrai, laissé certaines parties de leur corps dans le sol, lesquelles ont ainsi contribué à sa constitution ; mais il est vrai aussi que ce sont seulement leurs parties minérales qui ont été ainsi conservées.

divise en plusieurs fragments : chacun de ceux-ci offre la même structure que le bloc dont ils proviennent tous et n'en diffère par aucune propriété importante. Ces corps ne *vivent* pas ; ils sont *inertes ;* de sorte que, d'eux-mêmes ils ne peuvent jamais modifier leur forme ou leur constitution.

La réunion de tous les êtres inorganisés constitue le **règne minéral**.

L'étude de ce règne se partage en deux branches distinctes, selon le point de vue auquel on envisage les corps inorganisés.

Si l'on considère en eux leur mode de formation ou leur origine, l'époque de leur apparition, les relations de position qu'ils offrent entre eux, leur répartition dans l'épaisseur du globe ou à sa surface, on fait de la **géologie**.

Si l'on s'attache à l'étude de la forme, de la structure, de la composition chimique de chacun d'eux pris en particulier, on fait de la **minéralogie**.

Ces deux branches de la science offrent l'une avec l'autre, on le conçoit, de nombreux points de contact.

Les êtres du second groupe que l'histoire naturelle offre à notre étude, se ressemblent tous par une propriété commune, la *vie ;* et, par suite, tous sont le siège d'un mouvement continuel, consistant surtout en échanges qui s'opèrent entre eux et le monde extérieur. Ils empruntent, en effet, à celui-ci certains principes qui pénètrent dans leur corps pour en faire bientôt partie, tandis que, d'autre part, ils en rejettent certains autres, opérant ainsi une sorte de restitution des emprunts faits précédemment. Ces êtres sont composés d'*organes* (1),

---

(1) Dans quelques-uns d'entre eux, d'une extrême simplicité de structure, le corps, il est vrai, n'est pas divisé en organes distincts ; mais, par leur composition chimique et leurs propriétés organiques, ils méritent bien d'être classés dans la catégorie des êtres organisés.

autrement dit, de parties différentes, dont chacune est chargée de jouer un rôle particulier. Ils méritent donc bien qu'on les réunisse sous le nom d'êtres *organisés*.

Mais un examen même superficiel montre bientôt que les corps organisés se répartissent en deux grands groupes naturels.

Les uns, en effet, ne sentent pas et ne se meuvent pas volontairement : ce sont les *plantes*, et leur ensemble constitue le **règne végétal**.

Les autres, au contraire, jouissent de ces deux propriétés, la *sensibilité* et le *mouvement volontaire :* ce sont les *animaux,* dont la réunion forme le **règne animal.**

LA PLACE DE L'HOMME DANS LA NATURE

Et maintenant, si nous nous demandons quelle place devra être assignée à l'*Homme* parmi tant d'êtres divers, la réponse ne saurait être douteuse. Par son organisation corporelle, l'Homme appartient sans aucun doute à la division la plus élevée du monde organique, à savoir le règne animal. Mais, de plus, il offre des qualités qui le placent manifestement au-dessus de tous les autres animaux, et qui font de lui, pour ainsi dire, le couronnement de l'édifice sublime de la Création. Seul, en effet, il est doué d'une âme raisonnable, qui sait faire la distinction du bien et du mal ; seul il a des sentiments religieux ; enfin son intelligence lui permet de commander aux autres êtres et de les employer pour son propre avantage. La considération de ces rares privilèges a même conduit certains naturalistes, dont l'autorité est considérable, à placer l'Homme au-dessus et en dehors des différents groupes qui viennent d'être indiqués, pour le faire rentrer dans un règne spécial, qu'il constituerait à lui seul ; à savoir, le **règne humain.**

ZOOLOGIE

UTILITÉ DE L'HISTOIRE NATURELLE

L'étude de l'histoire naturelle fait aujourd'hui partie des programmes d'enseignement au même titre que les autres sciences ; et c'est avec raison que toute éducation, dans laquelle on ne consacre pas chaque semaine quelques instants à son étude, passe pour être incomplète.

Aucune science n'offre un plus vif intérêt, ne donne plus de jouissances à l'esprit. L'univers entier parle à celui qui l'interroge : le monde vivant et celui des êtres inanimés charment l'esprit de celui qui cherche à les comprendre. Il n'y a pas un animal, pas une plante, pas une pierre, qui n'ait un secret intéressant à livrer à celui qui est curieux des choses de la nature.

L'étude de tous ces êtres, qui peuplent la terre en nombre pour ainsi dire infini, et celle de leurs conditions d'existence dévoilent l'ordre magnifique qui règne au milieu d'eux, montrent comment tout est composé avec sagesse et harmonie pour que chaque espèce puisse trouver les moyens d'arriver au but qui lui est assigné.

De la créature, il est facile dès lors de s'élever jusqu'au Créateur ; et l'Homme, le plus noble des êtres de la terre, en contemplant le spectacle des merveilles dont il a été entouré par la Providence, peut envoyer vers l'Auteur de toutes ces choses un hommage de profonde admiration et d'amour, et se faire en quelque sorte l'interprète reconnaissant de la nature entière.

Si, maintenant, laissant de côté le point de vue moral, nous considérons les avantages matériels qui résultent de l'étude de l'histoire naturelle, nous voyons que chacune de ses branches abonde en résultats pratiques.

La *zoologie*, qui nous fait connaître les animaux, nous permet de choisir ceux d'entre eux qui sont le plus propres à la domestication, de cultiver, pour ainsi dire, les races les plus favorables à l'alimentation ou celles qui donnent les produits les plus avantageux et les plus abondants; c'est elle, par exemple, qui nous enseignant la façon dont se développent les Poissons, a permis aux savants de créer l'art de la pisciculture, lequel nous apprend les moyens à employer pour repeupler nos fleuves et nos étangs.

C'est encore à cette branche de l'histoire naturelle qu'il appartient de nous faire connaître les mœurs, les phases du développement, les métamorphoses d'un grand nombre d'animaux nuisibles, principalement de la classe des Insectes, et par là même de nous indiquer les circonstances les plus favorables pour opposer à leurs ravages les remèdes appropriés.

La *botanique* nous enseigne l'art d'améliorer les végétaux sauvages, d'embellir et de varier leurs fleurs en quelque sorte à l'infini, pour l'ornementation de nos jardins; de transformer en fruits succulents leurs produits naturels, qui abandonnés aux seules forces de la nature, n'offrent qu'amertume et âcreté; c'est encore à elle que nous devons la connaissance d'un grand nombre de produits utilement employés dans l'industrie et l'alimentation; la découverte de nombreuses substances médicinales, poisons redoutables le plus souvent, mais qui entre les mains industrieuses de l'homme deviennent autant de remèdes salutaires.

Enfin, la *géologie* satisfait notre légitime curiosité, en nous permettant de remonter à l'origine de la Terre et d'en décrire l'histoire comme si nous avions été les témoins des phases grandioses par lesquelles elle a passé. L'étude des effets produits par les torrents et les rivières, les fleuves et les mers, les pluies et les vents, les volcans et les sources d'eau chaude; l'observation, en un mot, de tous les phénomènes géologiques actuels, comparés à ceux qui se sont accomplis dans les premières périodes de la formation de notre globe, et dont nous pouvons estimer l'extrême puissance par les effets qu'ils ont produits, nous montre qu'en somme des lois physiques constantes ont toujours réglé les phénomènes du monde inorganique, lesquels, par conséquent, n'ont varié que dans leur intensité.

Cette science permet de dire à coup sûr dans quels terrains on peut découvrir ces mines de charbon de terre, dont nous faisons une si grande consommation dans nos foyers et nos usines ; d'affirmer qu'à telle ou telle profondeur il existe une nappe d'eau, qui, si l'on creuse jusque-là, deviendra la source abondante et intarissable d'un puits artésien ; elle nous aide à découvrir les filons métallifères d'or ou d'argent, les minéraux précieux ou utiles, etc.

Questionnaire. — Qu'est-ce que l'histoire naturelle ? — Comment divise-t-on l'histoire naturelle ? — Qu'est-ce qu'un corps inorganique ? — Quels sont les caractères principaux des êtres qui appartiennent au règne minéral ? — Qu'entendez-vous par géologie et par minéralogie ? — Quelle est la propriété fondamentale des êtres organisés ? — Qu'est-ce qui fait la distinction essentielle entre les deux règnes végétal et animal ? — Quelle est la place de l'homme dans la nature ? — Qu'entendez-vous par règne humain ? — Dites quelques mots sur les avantages moraux de l'histoire naturelle et comment son étude peut porter l'homme au bien. — Entrez dans quelques développements sur les avantages matériels que peuvent offrir la zoologie, la botanique et la géologie.

PREMIÈRE PARTIE

ÉTUDE SOMMAIRE DE L'ORGANISATION
DE L'HOMME

CHAPITRE PREMIER

Notions générales.

Définition de la zoologie et de l'animal. — La *zoologie* est la science qui traite des *animaux*.

L'*animal* est un être organisé, doué de la faculté de se nourrir, de se reproduire, de sentir et d'exécuter des mouvements volontaires.

Par tous ces caractères il se sépare du minéral, et par les deux derniers il se distingue du végétal.

Divisions de la zoologie. — L'étude de la zoologie comprend trois points principaux :

L'*anatomie*, qui nous fait connaître la forme et la structure des parties constituantes du corps des animaux ;

La *physiologie*, c'est-à-dire la manière dont ces parties ou organes agissent dans l'animal vivant ;

La *classification*, qui s'appuyant sur les notions fournies par l'anatomie et la physiologie, nous apprend les rapports de structure, les ressemblances et les différences de conformation qui existent entre les divers animaux, la place relative que chacun d'eux occupe dans la nature. A la classification se rattachent encore l'étude des instincts et des mœurs des animaux, et la connaissance des avantages que nous pouvons tirer d'eux pour notre propre utilité (1).

Organes, appareils, fonctions. — Nous définirons tout d'abord certaines expressions qui reviendront souvent dans l'étude qui va suivre.

On appelle *organe* chaque partie d'un animal destinée à exécuter un *acte,* à remplir un *usage* particulier : ainsi, les dents sont chargées de l'acte de la mastication ; les paupières ont pour usage de protéger l'œil contre une lumière trop vive.

On appelle *appareil* la réunion de plusieurs organes concourant à un même but fonctionnel : ainsi les dents, la langue, l'estomac, etc., qui sont des organes différents, concourant tous à la digestion, constituent par leur ensemble l'appareil digestif.

On appelle *fonction* l'ensemble des actes accomplis par chaque appareil : ainsi l'appareil respiratoire remplit la fonction de la respiration, et l'appareil digestif celle de la digestion.

Comme on le voit, l'étude des organes et des appareils appartient à l'*anatomie,* de même que celle des fonctions constitue la *physiologie.*

Division des fonctions. — Laissant de côté les animaux, pour nous attacher d'abord à l'organisation de l'Homme,

---

(1) Notre traité de Zoologie, *Anatomie et Physiologie animales,* pour la classe de Philosophie, renferme les notions complémentaires de celles qui sont exposées ici, et peut servir de *livre du maître.*

nous aurons à étudier toutes les fonctions qui concourent à sa *conservation*.

Parmi ces fonctions, les unes ont pour mission unique d'entretenir le mouvement intérieur indispensable à la vie; les autres ont pour but de mettre l'Homme en rapport avec le monde extérieur, c'est-à-dire que c'est par leur moyen qu'il se meut et se déplace, va au-devant des autres êtres et se met en relation avec eux, qu'il reconnaît les obstacles, perçoit les dangers, se met en défense pour les repousser ou s'y soustraire.

Les premières constituent les **fonctions de nutrition**, qu'on appelle encore **fonctions végétatives**, parce que, non seulement elles existent chez l'Homme et les animaux, mais parce qu'on en observe de très analogues chez les plantes elles-mêmes.

Quant aux secondes, on les désigne sous le nom de **fonctions de relation** ou encore de **fonctions de la vie animale**, car elles sont l'apanage exclusif de l'animalité, rien de semblable ne s'observant chez les végétaux.

C'est par les premières et les organes au moyen desquels elles s'exécutent que nous commencerons l'étude de l'Homme.

QUESTIONNAIRE. — Qu'est-ce que la zoologie? — Quels sont les caractères essentiels de l'animal? — Énumérez les principales divisions de la zoologie et le rôle de chacune d'elles. — Qu'entendez-vous par organe, appareil, fonction? — Donnez-en des exemples. — Quelles sont les fonctions que nous devons étudier dans l'Homme? — Qu'entendez-vous par fonctions de nutrition et par fonctions de relation? — Comment les appelle-t-on encore? et pourquoi?

CHAPITRE II

ORGANES ET FONCTIONS DE NUTRITION

Digestion et Absorption.

Division des fonctions de nutrition. — Les fonctions de nutrition sont fort compliquées et comprennent de nombreuses opérations.

Prenant les choses au début, nous verrons comment les *aliments*, aussitôt introduits dans notre corps, y subissent de nombreuses et profondes modifications, pour être *digérés* et *absorbés*, puis mêlés au *sang*, lequel, par la *circulation*, va distribuer à chaque organe la nourriture qui convient à son bon entretien, d'où résulte l'*assimilation;* les modifications que le sang lui-même éprouve par son contact avec l'air qui lui est fourni par la *respiration;* enfin, l'élaboration de certains produits, dits de *sécrétion*, dont les uns doivent être conservés et utilisés, tandis que les autres, inutiles à l'organisme, seront rejetés.

Nous avons donc à passer en revue la *digestion*, l'*absorption*, la *circulation*, l'*assimilation*, la *respiration*, les *sécrétions*.

Définition de la digestion. — La *digestion* consiste en plusieurs opérations, qui ont pour but de modifier les aliments et de les rendre solubles, ou tout au moins de les mettre dans un état qui permette leur absorption.

Les aliments. — Préhension des aliments. — On appelle *aliment* toute substance solide ou liquide qui, introduite dans l'organisme, contribue à son accroissement ou à l'entretien de ses parties.

L'Homme emprunte d'ordinaire ses aliments aux trois règnes, animal, végétal et minéral. Cependant, il peut vivre exclusivement, du moins pendant un certain temps, aux dépens de l'un des deux premiers; il n'en est pas de même du troisième seul, lequel lui fournit toutefois des aliments de première nécessité, tels que l'eau et différents sels.

Les *principaux aliments* sont la chair et les divers produits tirés des animaux, comme le lait, le beurre, les œufs. Viennent ensuite les végétaux, dont les feuilles, les fruits, les racines, etc., constituent des aliments qui sont en général moins réparateurs, moins nutritifs que ceux de la première catégorie, et dont il faut prendre par là même, pour s'en nourrir, une bien plus grande quantité.

Cependant il faut bien savoir qu'il n'y a pas, quant à la composition, de différence absolue entre les aliments tirés de ces deux règnes, mais qu'ils possèdent au contraire les mêmes principes essentiels. Ceux-ci sont désignés, suivant leur nature, sous les noms de *substances grasses, sucrées* et *albuminoïdes* ou *azotées;* ces dernières sont de toutes les plus nourrissantes.

Cela montre que le régime des animaux *carnivores* n'est pas aussi différent de celui des *herbivores* qu'on serait tenté de le croire.

Ajoutons que les espèces qui, comme l'Homme, se nourrissent de substances animales ou végétales, sont dites *omnivores*.

— La plupart des animaux prennent leurs aliments

directement avec la bouche; l'Éléphant prend les siens avec sa trompe; quelques-uns les saisissent avec l'extrémité des membres, comme le Perroquet, les Rongeurs; le Singe, aussi bien avec les pattes de derrière qu'avec celles de devant.

L'Homme saisit sa nourriture soit directement avec la main, surtout quand il s'agit d'aliments solides, soit par l'intermédiaire d'un instrument, d'un vase quelconque, surtout quand il s'agit des liquides.

Division de la digestion. — La digestion comprend une série d'opérations distinctes s'accomplissant à l'aide d'organes particuliers. Nous aurons ainsi à étudier : les *mâchoires* et les *dents*, l'*insalivation* et la *mastication des aliments*, la *déglutition*, l'*œsophage*, l'*estomac*, l'*intestin*, le *foie*, le *pancréas* et les fonctions de ces différents organes. Nous étudierons ensuite l'*absorption* et l'*assimilation*.

Les mâchoires. — Les *mâchoires* (fig. 1) sont au nombre de deux; placées l'une au-dessus de l'autre, elles sont formées d'os recourbés en forme de fer à cheval.

La mâchoire *supérieure* est solidement fixée au crâne; l'*inférieure* seule est mobile, articulée de chaque côté au moyen d'une sorte de tête, de forme ovalaire, le *condyle de la mâchoire ;* des ligaments maintiennent solidement les condyles dans des cavités placées sur les côtés du crâne, en avant de l'oreille, tout en leur permettant de s'y mouvoir (*articulation temporo-maxillaire*).

Cette *articulation* est en effet disposée de façon que la mâchoire inférieure peut exécuter des mouvements en différents sens, de haut en bas et de bas en haut, d'avant en arrière, et enfin d'un côté à l'autre. Cette variété de mouvements a pour but d'assurer la trituration des aliments, quelle que soit leur nature.

Enfin, sur le bord des deux mâchoires se voient des trous ou *alvéoles*, dans lesquels sont implantées les dents.

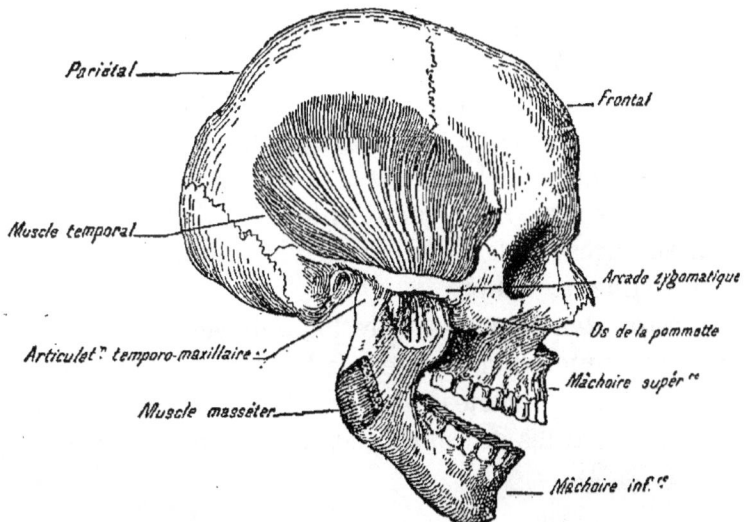

Fig. 1. — Appareil de la mastication : les deux mâchoires et les dents ; l'articulation temporo-maxillaire ou de la mâchoire inférieure ; les deux muscles temporal et masséter, qui servent à rapprocher les mâchoires. (Le masséter, qui s'attache en haut, à l'os de la pommette, a été en grande partie supprimé.)

Les dents. — Première et seconde dentition. — Les *dents* sont destinées à écraser les aliments. Elles n'existent pas dans les premiers temps de la vie ; ce qui montre qu'à cet âge la nourriture doit être entièrement liquide, par conséquent toute prête à avaler. Le lait est, en effet, la véritable alimentation qui convient à ce moment.

Première dentition. — En général, c'est vers six mois que se montre la première dent, laquelle est bientôt suivie de plusieurs autres. Ces dents, appelées *dents de lait* ou de *première dentition*, tomberont au bout de quelques années. Elles sont au nombre de *vingt* en tout, dix à chaque mâchoire, et désignées sous les noms d'*incisives*, de *canines* et de *molaires*.

Les *incisives* sont au nombre de *huit*, quatre à chaque mâchoire; placées en avant, elles sont destinées à couper. Les *canines*, dont le rôle est de saisir fortement, de déchirer, viennent ensuite : on en compte *quatre* seulement, deux à chaque mâchoire. On trouve, enfin, les *molaires*, qui, chargées de broyer, sont au nombre de *huit*, quatre à chaque mâchoire, dont elles occupent la partie la plus reculée.

Les dents sont solidement enfoncées dans les alvéoles des mâchoires, à la façon d'un clou dont la tête seule serait visible au dehors.

Seconde dentition. — Vers l'âge de sept ans, les incisives commencent à tomber; elles sont repoussées, en effet, de leurs alvéoles, par le développement de nouvelles dents, dites de *remplacement* ou de *seconde dentition* (fig. 2).

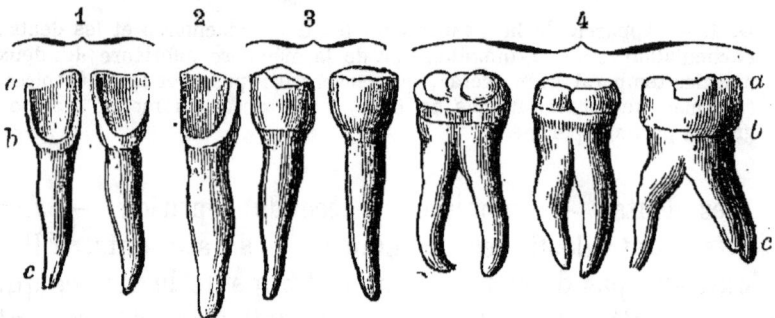

Fig. 2. — Les dents du côté droit de la mâchoire inférieure (deuxième dentition), vues du côté intérieur de la bouche. En allant de gauche à droite on trouve : 1, deux incisives; 2, une canine; 3, deux prémolaires; 4, trois molaires; *a*, couronne; *b*, collet; *c*, racine.

Celle-ci se compose de *trente-deux* dents, à savoir : *huit* incisives, *quatre* canines, comme pour la première dentition, *vingt* molaires, dont *huit* petites ou *prémolaires*, à racine simple, et *douze* grosses molaires, situées en arrière d'elles, six à chaque mâchoire, et pourvues chacune de deux ou trois racines. La dernière de ces molaires apparaît souvent fort tard et parfois manque tout à fait ou se montre seulement à l'une ou à l'autre mâchoire : on la désigne sous le nom de *dent de sagesse*.

Forme et structure des dents. — La partie visible de la dent est la *couronne;* la partie enfoncée dans l'alvéole est la *racine;* leur lieu de réunion est le *collet* de la dent. La forme de la *couronne* varie suivant les espèces de dents : comprimée pour les incisives, de façon que leur bord soit tranchant, elle est aiguë dans les canines, large et rugueuse aux molaires.

Quant à la *racine*, elle est toujours simple dans la première dentition, c'est-à-dire que chaque dent de lait n'en a qu'une ; mais dans la seconde dentition les molaires en ont deux ou trois.

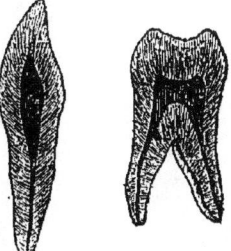

Fig. 3. — Dents incisive et molaire coupées en long pour en montrer la structure. L'*ivoire*, qui constitue la plus grande partie de la dent, est recouvert, à la couronne, d'une couche plus claire, l'*émail*, et se montre creusé d'une cavité centrale.

Toute dent (fig. 3) se compose d'une masse principale, l'*ivoire*, substance analogue à l'os, et qui est creusée d'une petite cavité dans laquelle pénètre, par l'extrémité de la racine, un vaisseau sanguin et un nerf ; ce dernier donne à la dent une sorte de sensibilité, laquelle devient même très vive quand la dent est gâtée.

Au niveau de la couronne, l'ivoire est recouvert d'une couche d'une extrême dureté et très blanche, l'*émail*, qui le protège comme ferait un vernis résistant ; et du côté de la racine, d'une matière osseuse, le *cément*.

Insalivation et mastication des aliments. — Aussitôt déposé dans la bouche, l'aliment excite par sa présence la sécrétion de la *salive*. La salive, produite par les *glandes salivaires*, se met à suinter par de petits orifices qui terminent les conduits de ces organes.

Les glandes salivaires forment trois groupes principaux : les *parotides* (fig. 4), placées sur les côtés de la

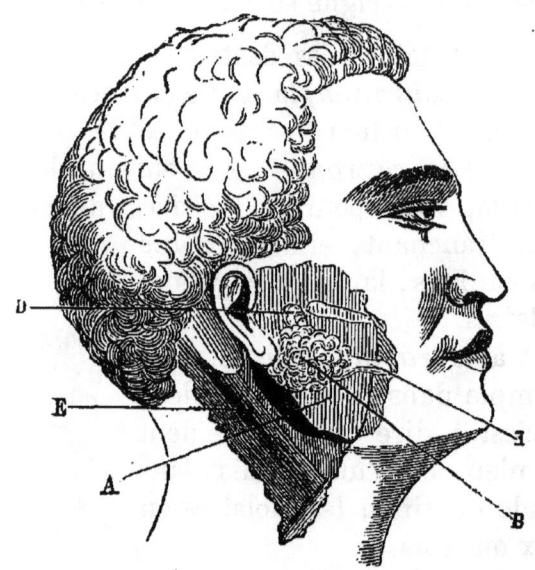

FIG. 4. — Glande parotide. A, la joue, dont la peau est enlevée; B, D, parotide; I, son conduit excréteur, qui s'ouvre dans la bouche.

bouche et en arrière, au voisinage de l'oreille, fournissent un liquide clair, limpide; les *sous-maxillaires* (fig. 5, 17), situées un peu en arrière du menton, en dedans de la mâchoire, donnent une salive épaisse, gluante; d'autres enfin, les *sublinguales* (18), moins volumineuses, sont réparties en divers points de la bouche, surtout en avant, au-dessous de la langue.

Tandis que la salive ramollit les aliments, les différentes parties de la bouche ne restent pas inactives; les lèvres, les joues et surtout la *langue,* organe charnu doué d'une grande souplesse, ramènent à chaque instant ces mêmes aliments sous les *dents;* celles-ci les broient et les réduisent à l'état d'une pâte molle, facile à avaler.

Mais le rôle de la salive ne consiste pas seulement à

DIGESTION

ramollir les aliments, ni même à dissoudre les subtances qui, comme le sucre, sont solubles ; elle exerce une action toute spéciale sur ceux qui renferment de la fécule, laquelle existe en si grande quantité dans nombre de nos aliments, tels que le pain, la pomme de terre, les haricots, etc. Un ferment particulier, contenu dans la salive et appelé *ptyaline* ou *diastase salivaire*, transforme cette fécule, jusquelà insoluble, en une substance soluble, la *dextrine*.

Déglutition. — On appelle *déglutition* le passage des aliments de la bouche dans l'estomac.

Lorsqu'ils ont été convenablement préparés par la mastication et l'insalivation, les aliments sont réunis sur le bord de la langue en une petite masse, le *bol alimentaire,* et avalés, c'està-dire portés dans la direction de l'estomac, en passant par l'œsophage, long conduit qui aboutit à cet organe.

Mais avant d'arriver à l'œsophage, ils ont un pas diffi-

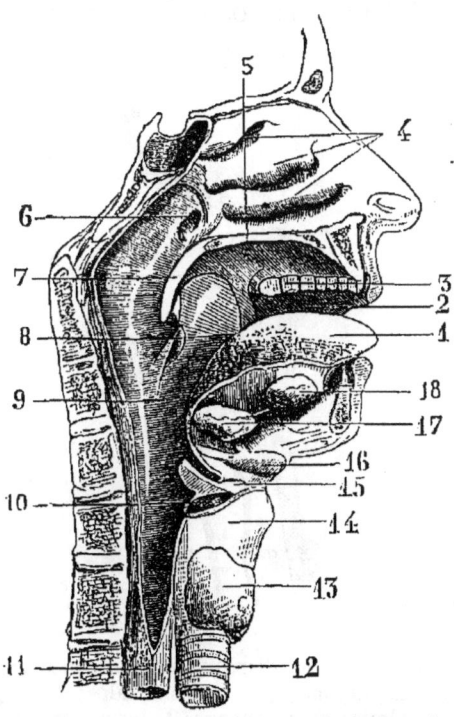

Fig. 5. — Coupe verticale de la face et du cou. 1, langue : 2, intérieur de la joue ; 3, dents ; 4, cornets du nez, formés de trois lames osseuses recourbées ; 5, voûte du palais ; 6, orifice de la trompe d'Eustache, laquelle fait communiquer l'oreille moyenne avec la gorge ; 7, voile du palais ; 8, l'une des deux amygdales ; 9, pharynx ou arrière-bouche ; 10, entrée du larynx ; 11, œsophage ; 12, trachée-artère ; 13, glande thyroïde ; 14, larynx ; 15, épiglotte ; 16, os hyoïde, petit os isolé, sur lequel sont attachés la plupart des muscles qui se rendent à la langue ; 17, glande sous-maxillaire ; 18, glande sublinguale.

cile à franchir. Dans le *pharynx*, ou fond de la gorge, s'ouvrent en effet plusieurs conduits qui font partie des voies respiratoires, et dans lesquels les aliments ne doivent pas pénétrer; ce sont : les *fosses nasales* en haut, le *larynx* en bas (fig. 5 et 6).

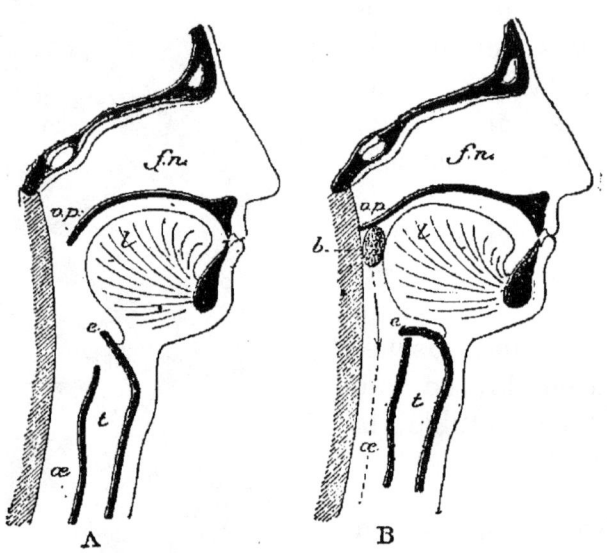

Fig. 6. — A, disposition des organes avant la déglutition; B, pendant la déglutition; *fn*, fosses nasales; *l*, langue; *vp*, voile du palais; *e*, épiglotte; *œ*, œsophage; *t*, larynx et trachée-artère; *b*, bol alimentaire.

Le *larynx* est placé en avant de l'œsophage, et le bol alimentaire doit passer au-dessus de lui; mais, à ce moment, son ouverture se trouve recouverte et protégée par une sorte de lame élastique, l'*épiglotte*, qui s'abaisse sur elle, poussée par la base de la langue (fig. 6, B). Parfois, cependant, quelques parcelles d'aliments et plus souvent quelques gouttes de liquide tombent dans le larynx; leur présence détermine alors une toux violente et pénible, qui a pour effet de les expulser.

Les *fosses nasales*, ou les cavités du nez, ont leurs orifices postérieurs fermés au moment de la déglutition par le jeu d'une sorte de rideau mobile, le *voile du palais*.

Ce voile (fig. 7), comprend une portion moyenne, d'où pend un petit prolongement charnu, la *luette*, et deux parties latérales ou *piliers*, qui descendent de chaque côté et sont susceptibles de se rapprocher l'un de l'autre, à la manière des deux rideaux d'une fenêtre. Cette disposition permet au bol alimentaire de passer dans l'œsophage, dont l'orifice est placé en avant de ce rideau, et l'empêche de remonter dans les fosses nasales situées en arrière de lui. Un tel accident arrive parfois cependant, quand, par exemple, on rit en buvant.

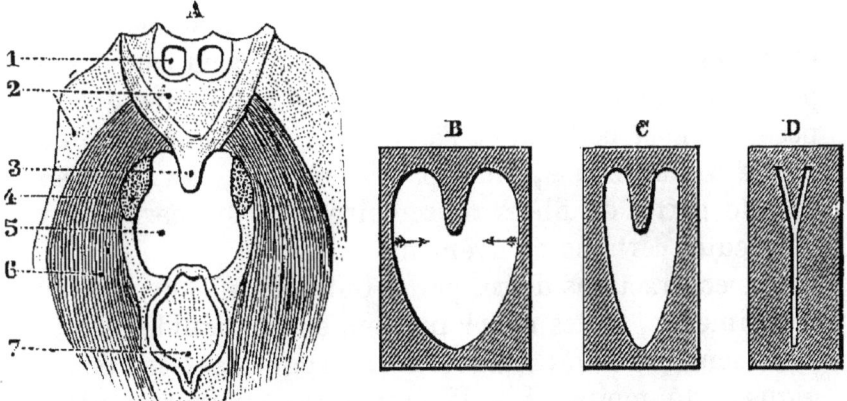

FIG. 7. — Mouvements du voile du palais pendant la déglutition. A, le pharynx vu par derrière; 1, orifices postérieurs des fosses nasales; 2, voile du palais; 3, luette; 4, amygdale; 5, isthme du gosier; 6, pilier du voile; 7, orifice du larynx. — B, C, D, figures théoriques du rétrécissement progressif de l'isthme du gosier, les deux piliers s'avançant l'un vers l'autre dans le sens des flèches.

Le mouvement de la déglutition est d'abord volontaire; mais il se termine d'une façon absolument indépendante de la volonté. En effet, lorsque le bol alimentaire arrive au voisinage du voile du palais (fig. 6, B, et 7, 5), dans cette région rétrécie de la bouche qui mérite bien le nom d'*isthme du gosier*, et qui présente de chaque côté une grosse glande, l'*amygdale*, nous ne sommes plus maîtres de lui. Il se trouve entraîné rapidement et indépendamment de notre consentement, comme saisi par le pharynx, qui le fait aussitôt passer dans l'œsophage.

Œsophage et Estomac. — Leurs fonctions. — L'*œsophage* est un conduit logé dans le cou et la poitrine, le long de la colonne vertébrale ; il est formé d'une membrane doublée d'une couche musculaire, dont les fibres sont les unes longitudinales, les autres circulaires. Cette structure lui permet de se contracter et de refouler peu à peu le bol alimentaire jusqu'à l'estomac, dans lequel il s'ouvre par un orifice appelé *cardia* (1).

L'*estomac* est placé dans la cavité de l'abdomen, immédiatement au-dessous des poumons ; il en est séparé par une large cloison musculaire, le diaphragme, interposé entre la poitrine et l'abdomen. C'est une sorte de poche volumineuse, aux parois minces, formées en grande partie de fibres musculaires, qui lui permettent d'exécuter certains mouvements.

Les contractions de ses parois ont pour effet de remuer les aliments, de les mêler intimement au liquide sécrété dans son intérieur ; mais elles ne sont pas assez énergiques, du moins chez l'Homme, pour lui permettre d'écraser les substances alimentaires quelque peu résistantes. Ce résultat est obtenu par un autre moyen.

En effet, dès que les aliments arrivent dans l'estomac, un liquide spécial, le *suc gastrique,* se met à sourdre par une infinité d'orifices microscopiques, qui sont les aboutissants d'autant de petites glandes logées dans l'épaisseur de ses parois. Le suc gastrique est légèrement acide et contient un ferment spécial, la *pepsine,* qui a la propriété de *digérer,* c'est-à-dire de dissoudre la chair des animaux et les autres aliments de même nature.

(1) Ce mot, tiré du grec, signifie que l'orifice en question se trouve dans le voisinage du cœur.

Le suc gastrique se produit avec une grande abondance; on estime à une vingtaine de litres la quantité sécrétée par l'estomac d'un homme en vingt-quatre heures.

Au bout d'un certain temps de séjour dans l'estomac, les aliments, sous la double influence des mouvements de cet organe, qui les agite sans cesse, et de l'action du suc gastrique, qui les ramollit, sont transformés en une masse demi-liquide, qu'on appelle le *chyme* (1).

Les aliments pénètrent sans difficulté dans l'estomac, mais n'en sortent pas aussi facilement; c'est seulement lorsqu'ils sont réduits à l'état qui vient d'être indiqué, que son étroit orifice de sortie, le *pylore* (2), leur permet de passer.

Fig. 8. — Appareil digestif.
1, terminaison de l'œsophage; 2, foie relevé pour montrer la vésicule biliaire (3), les vaisseaux et conduits biliaires; 4, estomac; 5, rate; 6, duodénum, commencement de l'intestin grêle; 7, cæcum, commencement du gros intestin, ouvert pour montrer la valvule cæcale; 8, rectum.

(1) Ce terme vient d'un mot grec qui signifie *suc*.
(2) Le mot *pylore* vient d'un mot grec qui signifie *portier*.

Intestin. — *Son rôle dans la digestion.* — L'*intestin* est un long tube dans lequel pénètre le chyme en sortant de l'estomac. Assez étroit dans la plus grande partie de son étendue, qui porte le nom d'*intestin grêle*, il est plus volumineux dans sa portion terminale, appelée *gros intestin*. La limite de ces deux parties est marquée par la présence d'une *valvule* (fig. 8, 7), repli membraneux, qui tout en permettant au contenu de l'intestin grêle de pénétrer dans le gros intestin, l'empêche de refluer de celui-ci dans le premier (1).

Chez l'Homme, l'intestin n'a pas moins de sept fois la longueur du corps; aussi est-il replié sur lui-même un grand nombre de fois, de façon à pouvoir se loger dans la cavité abdominale; il est enveloppé et soutenu par une mince membrane, le *mésentère*, fixé d'autre part aux parois abdominales (fig. 9, 8).

La surface interne de l'intestin est tapissée d'une membrane muqueuse pourvue d'un grand nombre de prolongements filiformes, serrés les uns contre les autres, les *villosités*, et de replis flottants, les *valvules conniventes*, qui ont pour effet d'augmenter la surface sécrétante et absorbante de cet organe.

L'intestin est, comme l'estomac, riche en petites glandes, qui déversent à la surface de sa muqueuse un liquide digestif, le *suc intestinal*. Celui-ci a pour rôle de contribuer à la digestion des aliments qui auraient échappé à l'action de la salive ou du suc gastrique, et surtout de rendre absorbable le sucre ordinaire.

Foie. — *Ses deux sécrétions.* — Le *foie* (fig. 8) est un organe volumineux, de la nature des glandes. Logé dans

(1) Ajoutons que l'intestin grêle se divise lui-même en trois parties : le *duodénum*, le *jéjunum* et l'*iléon*; le gros intestin en trois également : le *cæcum*, le *côlon* et le *rectum*. C'est à la limite de l'iléon et du cæcum que se trouve la valvule dont il vient d'être question, et qu'on appelle pour cela *valvule iléo-cæcale*.

la cavité abdominale, il est situé du côté droit, au-dessous des côtes; sa couleur est rougeâtre, sa consistance médiocre, sa structure granuleuse. Il est abondamment pourvu de vaisseaux : les uns, destinés à sa nutrition, appartiennent à l'*artère hépatique;* les autres, chargés de lui apporter les éléments de ses sécrétions, viennent de la *veine-porte,* laquelle contient le sang qui arrive de l'intestin et une partie des produits de la digestion qui ont été absorbés par cet organe.

Le foie donne lieu à *deux sécrétions* distinctes : l'une consiste en un liquide de couleur jaunâtre ou verdâtre, d'odeur nauséabonde, de saveur amère, la *bile.* Formée dans le tissu du foie, celle-ci passe dans un système de conduits, les *canaux biliaires,* et s'accumule dans une poche suspendue au foie, la *vésicule biliaire* (fig. 8, 3), pour se déverser enfin dans l'intestin. Ce liquide paraît destiné à concourir à la digestion des matières grasses et surtout à nettoyer le tube intestinal après chaque digestion, pour le préparer à la suivante.

L'autre produit sécrété par le foie est une matière de même nature que la fécule ou amidon, et susceptible de se transformer en sucre; on l'appelle la *matière glycogène*. Introduite dans le sang, elle est brûlée dans les diverses parties du corps et contribue à l'entretien de la chaleur animale.

Pancréas et suc pancréatique. — Le *pancréas* est également une glande de l'appareil digestif, mais bien moins volumineuse que le foie et d'une couleur blanchâtre. Couché sur la première portion de l'intestin grêle (1), il y déverse par un petit canal spécial sa sécrétion, qui est le *suc pancréatique.* Le rôle de ce liquide est très analogue à celui de la salive, c'est-à-dire qu'il agit surtout sur les matières féculentes; mais, de plus, il com-

---

(1) Dans la fig. 8, on l'aperçoit dans la courbure de l'estomac.

plète la digestion des autres sortes d'aliments, à savoir, des substances grasses et albuminoïdes.

Absorption.

Organes par lesquels se fait l'absorption. — On appelle *absorption* le passage, à travers la paroi intestinale, des aliments digérés.

Lorsqu'ils ont été complètement transformés sous la double influence des actions mécaniques et chimiques accomplies par l'appareil digestif, les aliments forment une sorte de bouillie liquide, qu'on appelle le *chyle*. C'est alors seulement qu'ils sont absorbés.

Il existe deux voies d'absorption; et toutes deux ont leurs racines dans l'intestin (fig. 9, 7). Ce sont, d'une part, de fins *vaisseaux sanguins* (*6* et *10*), qui constituent les origines de la *veine-porte*, dont il a été déjà question à propos de l'étude du foie; d'autre part, les *villosités*, déjà signalées à la surface de la muqueuse intestinale. Celles-ci conduisent les produits absorbés dans un système de canaux tout particuliers, les *vaisseaux chylifères*, lesquels font partie du *système lymphatique*, dont il est nécessaire de dire maintenant quelques mots.

Mais notons d'abord que chacune de ces voies d'absorption est réservée à des produits différents de la digestion : la veine-porte puise principalement les substances féculentes ou sucrées et les substances albuminoïdes, tandis que les villosités s'emparent surtout des matières grasses.

Le système lymphatique et les vaisseaux chylifères. — Le système lymphatique (fig. 9), qui prend son origine dans les parois intestinales, a des ramifications dans tout l'organisme, notamment sous la peau des membres,

ABSORPTION 19

où il forme des réseaux serrés. Il est formé de très fins vaisseaux, pourvus à leur intérieur de nombreux replis ou *valvules*. Celles-ci sont disposées deux par deux et aident à la circulation du liquide lymphatique, en lui fournissant des points d'appui. L'appareil est complété par de petits renflements, les *ganglions* ou *glandes lymphatiques* (9), formés par le pelotonnement de certains de ces vaisseaux. Souvent ces glandes s'engorgent et deviennent douloureuses, celles de l'aisselle, par exemple, à la suite d'une inflammation de la main ou de l'existence d'un furoncle en quelque point du membre.

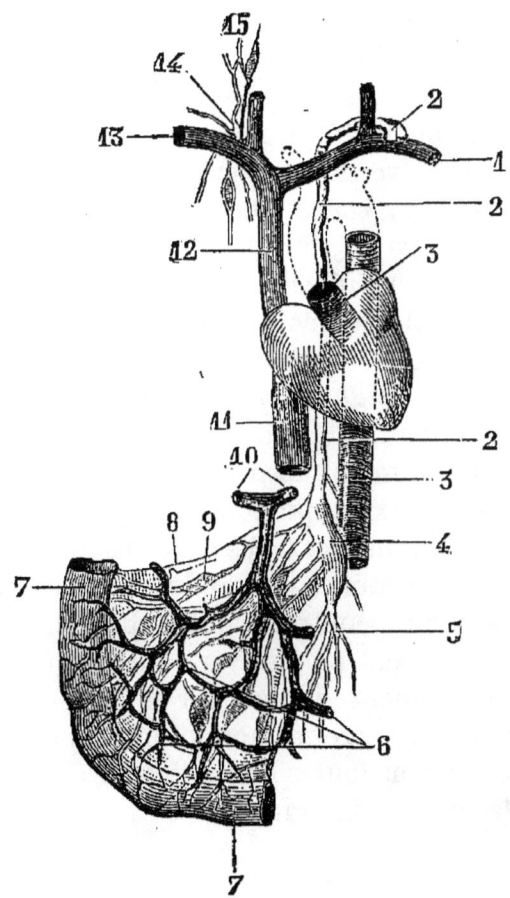

FIG. 9. — Appareil de l'absorption.

1, veine sous-clavière gauche; 2, canal thoracique; 3, artère aorte; 4, réservoir du chyle; 5, vaisseaux lymphatiques arrivant des différentes parties du corps; 6, veines intestinales; 7, tronçon de l'intestin grêle; 8, lambeau du mésentère, sillonné de vaisseaux chylifères; 9, l'un des ganglions lymphatiques; 10, veine-porte, formée des veines de l'intestin et qui se ramifie dans le foie; 11, veine cave inférieure; 12, veine cave supérieure; 13, veine sous-clavière droite; 14 et 15, autres vaisseaux lymphatiques aboutissant à la grande veine lymphatique, qui s'ouvre dans la veine sous-clavière droite.

Les vaisseaux lymphatiques se réunissent les uns aux

autres pour former des canaux de plus en plus gros, lesquels aboutissent à un autre plus volumineux encore, le *canal thoracique* (2). Celui-ci remonte le long de la colonne vertébrale, en avant de laquelle il est placé, pour déverser son contenu dans un gros vaisseau veineux, la *veine sous-clavière gauche* (1), placée au voisinage du cou.

Les *chylifères* ne sont, comme il a été dit, qu'une partie de ce vaste système lymphatique; ils conduisent le chyle de l'intestin au canal thoracique.

Le *liquide lymphatique* ou la *lymphe*, renfermé dans ce système de canaux compliqué, est blanc comme du lait, du moins au moment de la digestion, et contient de nombreux corpuscules ou globules, sur lesquels nous reviendrons à propos du sang et de la circulation.

En résumé, les produits de la digestion, aussi bien ceux qui pénètrent tout d'abord dans les veines, que ceux qui passent par les vaisseaux lymphatiques, finissent, à un moment donné, par se mêler au sang, qui, comme nous le verrons dans le prochain chapitre, va les distribuer dans toutes les parties du corps et les répartir entre les différents organes.

Assimilation.

L'assimilation et les réserves nutritives. — *L'assimilation* est l'opération par laquelle les substances alimentaires, après avoir été digérées, puis absorbées et enfin emportées par le courant sanguin, entrent dans la constitution des organes et en font désormais partie.

C'est, en quelque sorte, la conclusion des fonctions digestives.

L'assimilation peut être assez active pour l'emporter sur les dépenses faites par l'organisme, comme celles que nécessitent la production de la chaleur animale et les diverses excrétions. Dans ce cas, il se constitue des sortes de *réserves* nutritives, sous forme de graisse, laquelle s'accumule dans l'organisme, pour être, à un moment donné, utilisées par lui.

L'âge exerce une grande influence sur l'assimilation. C'est dans la première enfance qu'elle s'opère avec le plus d'activité : aussi se forme-t-il alors des réserves nutritives. C'est dans la vieillesse, au contraire, qu'elle s'effectue avec le plus de lenteur et de difficulté : aussi est-ce l'époque où se consomment toutes les réserves élaborées précédemment et où l'amaigrissement s'accentue.

Axiomes et déductions hygiéniques.

1. — Le premier de tous les préceptes de l'hygiène est de ne pas manger plus que le besoin ne s'en fait sentir. Si l'on dépasse cette mesure, l'estomac trop rempli éprouve un malaise, qui va parfois jusqu'à provoquer des vomissements. C'est ce qu'on appelle l'*indigestion*.

2. — L'usage habituel d'une nourriture trop recherchée ou trop abondante prédispose à l'obésité et à la goutte.

3. — La nourriture doit être variée : un régime exclusivement animal ou végétal serait également nuisible à la santé, car l'Homme est omnivore.

4. — Plus la mastication et l'insalivation des aliments sont complètes, plus on évite de fatigue à l'estomac. Ceci s'applique notamment aux aliments végétaux crus (fruits, salade, etc.), à ceux qui sont protégés par une enveloppe qui résiste à l'action des sucs digestifs, tels que raisins, groseilles, haricots, etc.

5. — Les assaisonnements et condiments (sel, poivre, vinaigre, moutarde, piment, etc.), pris en petite quantité, excitent la sécrétion du suc gastrique et favorisent

la digestion ; par l'usage immodéré, ils fatiguent l'estomac.

6. — Un petit verre de liqueur pris, à titre d'exception, après le repas active la digestion. Mais l'usage continu des liqueurs fortes, même en faible quantité, est déplorable pour la santé.

7. — Un exercice modéré, une promenade favorise la digestion ; mais des exercices violents exécutés aussitôt après les repas peuvent la troubler.

8. — Le travail intellectuel qui suit immédiatement les repas est nuisible à la santé, le sang se portant à la tête au lieu d'aller vers l'estomac, qui en a besoin pour sécréter le suc gastrique.

9. — De même, un bain froid, pris pendant le travail de la digestion, peut occasionner des accidents, en modifiant brusquement le cours du sang, qui se portait avec une grande activité vers l'appareil digestif. Mais il n'y a aucun inconvénient à manger dans le bain.

10. — Les convalescents doivent être nourris d'aliments légers et peu abondants. Leur sang appauvri ne pourrait pas fournir à la sécrétion d'un suc gastrique capable de digérer des aliments lourds ou pris en grande quantité.

QUESTIONNAIRE. — Comment divise-t-on les fonctions de nutrition ? — Définissez la digestion. — Qu'appelle-t-on aliments ? — A quel règne l'Homme emprunte-t-il ses aliments ? — Les trois règnes ont-ils la même importance à ce point de vue ? — Citez quelques-uns des principaux aliments. — Existe-t-il une différence fondamentale entre une alimentation animale et une alimentation végétale ? — Comment se fait la préhension des aliments chez l'Homme ? chez la plupart des animaux ?

Faites connaître la disposition des mâchoires et ce que vous savez de leurs mouvements. — Quel est le rôle des dents dans la mastication ? — Comment sont-elles fixées ?

Qu'appelle-t-on dents de première et de seconde dentition ? — De combien de dents se compose la première ? — Énumérez-les. — Combien y a-t-il de dents à la seconde dentition? — Faites connaître la structure des dents. — Qu'est-ce que la salive? — Quels sont les organes qui la sécrètent? — Quel est le rôle de la salive?

Qu'entendez-vous par déglutition? — Qu'appelle-t-on bol alimentaire? — Qu'est-ce que le pharynx? — Comment s'opère la déglutition? — Par quel mécanisme les aliments ne passent-ils pas dans le larynx ou dans les orifices postérieurs des fosses nasales?

Qu'est-ce que l'œsophage? — Qu'est-ce que l'estomac? — Comment s'appellent les deux orifices qui font communiquer l'estomac avec l'œsophage et avec l'intestin? — Quel est le rôle de l'estomac? — Sur quelles substances agit le suc gastrique? — Qu'est-ce que le chyme? — Quel est le rôle du pylore? — Que savez-vous de l'intestin? — Quelles particularités présente la muqueuse intestinale? — A quoi sert l'intestin?

Qu'est-ce que le foie? — A quoi servent ses sécrétions? — Qu'est-ce que le pancréas et quel est son rôle dans la digestion? — Qu'entendez-vous par absorption? — Quelles sont les voies de l'absorption? — En quoi diffèrent le rôle des veines absorbantes et celui des vaisseaux chylifères? — Dites ce que vous savez de la disposition et de la structure du système lymphatique. — Que savez-vous du liquide renfermé dans ce système? — Où se rend le liquide lymphatique? — Qu'est-ce que l'assimilation? — Qu'entend-on par réserves nutritives?

CHAPITRE III

Le sang et la circulation.

Rôle du sang. — Le *sang* est un liquide dont le rôle est considérable dans l'organisme : c'est lui qui porte aux organes les éléments de leur entretien et qui en ramène les produits de décomposition et d'usure, lesquels, comme on le verra bientôt, doivent être rejetés au dehors.

Composition du sang; globules rouges et globules blancs; sérum, etc. — Le sang de l'Homme est rouge, d'une teinte vermeille ou noirâtre, selon qu'il est *artériel* ou *veineux*.

A l'aide du microscope on voit qu'il se compose de deux parties principales : l'une liquide, de couleur jaunâtre, le *plasma*, et l'autre solide, les *globules*.

Globules. — Ceux-ci sont des corpuscules d'une extrême petitesse, puisqu'il en faut cent trente mis à la suite les uns des autres pour faire une longueur d'un millimètre, et pas moins de six cents, empilés les uns sur les autres, pour former la même hauteur. Le plus grand nombre des globules sont rouges, et ce sont eux qui donnent au sang sa couleur caractéristique. Elle est due à une substance spéciale, l'*hématine*, dont l'un des éléments essentiels est le fer. Ces globules ont la forme de disques, ou, si l'on veut, de pièces de monnaie, dont les bords seraient un peu renflés.

C'est par milliards que ces corpuscules se trouvent dans le sang.

Parmi les globules rouges on trouve des *globules blancs* (fig. 10, b); ceux-ci sont un peu plus gros, non

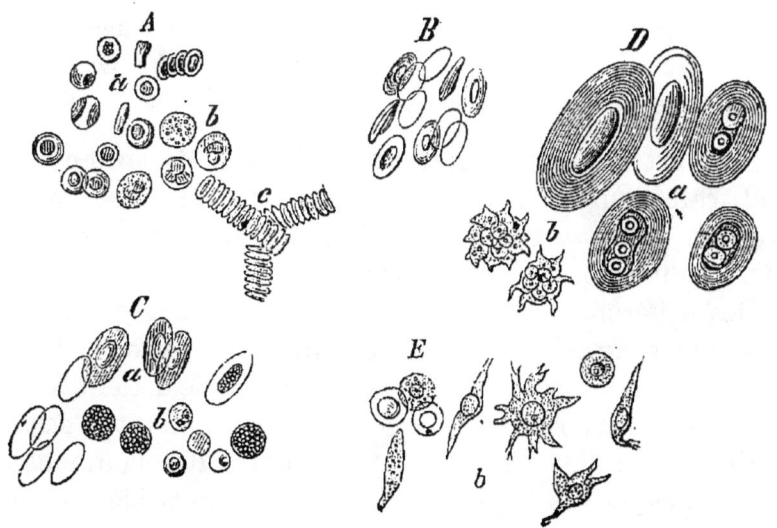

Fig. 10. — Globules du sang : *A*, de l'Homme; *B*, des Oiseaux; *C*, des Poissons; *D*, des Batraciens; *E*, des Invertébrés (Insectes et Mollusques). — *a*, globules rouges; *b*, globules blancs; *c*, globules rouges disposés en piles.

pas aplatis, mais sphériques et susceptibles de prendre des changements de forme bizarres. Ils ne sont pas autre chose que les corpuscules de la lymphe et du chyle, étudiés dans le chapitre précédent, qui ont passé dans le sang; aussi sont-ils bien plus nombreux après les repas qu'à jeun et surtout qu'après une abstinence prolongée. Dans l'état normal on compte environ 1 globule blanc pour 300 rouges.

Ces globules blancs, bien que continuellement versés dans le sang par la digestion, ne s'y montrent pas plus nombreux, parce qu'ils s'y transforment en globules rouges. C'est dans le foie et la rate que cette métamorphose paraît s'accomplir.

Plasma. — Quant au *plasma* du sang, il est composé surtout d'un liquide, le *sérum*, lequel tient en dissolution une substance particulière, la *fibrine*. Celle-ci a la propriété de se solidifier dès que le sang est retiré des vaisseaux ; en même temps, elle en emprisonne, comme dans un réseau, tous les globules, pour former avec eux une seule masse, appelée *caillot*. On a donné à ce phénomène le nom de *coagulation du sang*.

Sang artériel et sang veineux. — On appelle *sang artériel* celui qui part du cœur pour se distribuer aux organes, et *sang veineux* celui qui revient de ces derniers pour retourner au cœur (1).

Des différences considérables existent entre ces deux sortes de sang : le premier est d'un rouge vermeil, tandis que le second a une teinte noirâtre. Cela tient à ce que le sang artériel est chargé d'un gaz vivifiant, l'*oxygène*, retiré de l'air par l'intermédiaire des poumons, d'où il passe dans le sang, comme on le verra bientôt au chapitre de la respiration. Le sang veineux, au contraire, contient un gaz nuisible, l'*acide carbonique*, résultat d'une véritable combustion qui s'accomplit aux dépens de certains éléments fournis par nos organes.

Le cœur ; sa structure et ses fonctions. — Le sang est animé d'un mouvement incessant, et c'est le *cœur* qui est chargé de le lui imprimer.

Le cœur (fig. 11 et 12) est un organe musculeux, contractile, c'est-à-dire de la même nature que la chair de nos membres. Son volume est à peu près celui du poing : il a une forme conique, avec la pointe tournée en bas et

(1) On verra toutefois un peu plus loin que, contrairement à ce qui vient d'être dit, le sang qui part du ventricule droit pour aller aux poumons est veineux et que celui qui revient de ces organes pour retourner au cœur est artériel.

à gauche, tandis que sa base ou partie la plus large est dirigée en haut et à droite. Il est placé dans la poitrine, derrière le sternum, à peu près sur la ligne médiane; il est vrai qu'on le sent battre à gauche, mais c'est seulement parce que sa pointe est un peu reportée de ce côté. Enfin, le cœur est renfermé dans une sorte de poche ou sac entièrement clos, le *péricarde*.

Le cœur est creux et divisé en quatre cavités (fig. 11), deux supérieures, les *oreillettes,* et deux inférieures, les *ventricules*. Les premières ont des parois fort minces, tandis que les secondes en ont de bien plus épaisses. Cette différence s'explique bien : le rôle des oreillettes se borne à faire passer le sang dans les cavités placées au-dessous d'elles, c'est-à-dire dans les ventricules, tandis que ceux-ci doivent l'envoyer bien plus loin, à savoir, dans tous les organes du corps, même les plus reculés. Pour une raison du même ordre, le ventricule gauche est bien plus puissant que le ventricule droit : le premier envoyant le sang dans tout le corps, le second ne le poussant que dans les poumons.

Orifices et valvules du cœur. — Il n'existe aucune communication entre les cavités droites et les cavités gauches du cœur, comme s'il y avait deux cœurs distincts et séparés. Mais, entre l'oreillette et le ventricule d'un même côté il y a une communication facile, par le moyen d'un large trou, appelé *orifice auriculo-ventriculaire;* celui-ci s'ouvre et se ferme alternativement, suivant qu'il est nécessaire, grâce au jeu de replis membraneux ou *valvules*. En raison de leur forme, les valvules ont reçu, celle du cœur gauche, le nom de *mitrale,* et celle du cœur droit, le nom de *tricuspide* (1). Ces

---

(1) La *valvule mitrale* est ainsi appelée parce que, formée de deux replis, on l'a comparée à la mitre d'un évêque; et la *valvule tricuspide* (du latin *tri,* pour *tres,* trois; et *cuspides,* pointes), parce qu'elle présente ordinairement trois replis terminés en pointe.

valvules permettent bien au sang de descendre des oreil-

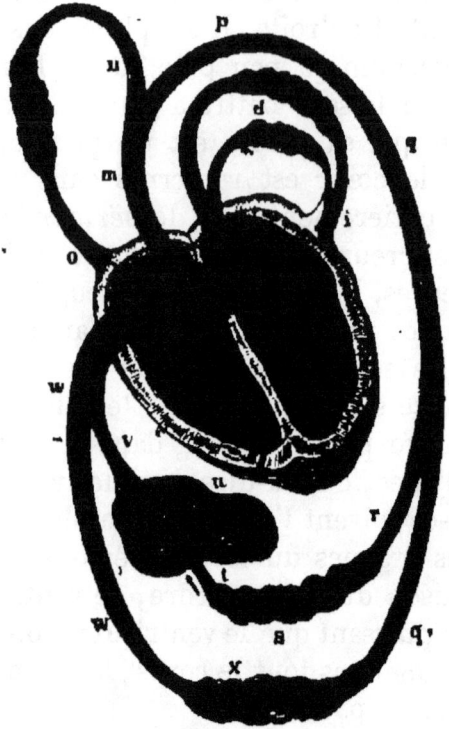

Fig. 11. — Vue théorique de la circulation du sang chez l'Homme et les Mammifères : *m, m*, artère aorte partant du ventricule gauche (*l*); elle fournit : 1° les artères de la tête (*n*), dont le sang, devenu veineux, revient par la veine cave supérieure (*o*) à l'oreillette droite (*e*); 2° les artères qui se distribuent au reste du corps (*p, q*); les unes vont à l'intestin (*r*), se réduisent en capillaires (*s*), puis se réunissent en un tronc unique, la veine-porte (*t*), qui pénètre dans le foie, où elle se ramifie et se réduit en capillaires (*u*), et en ressort par les veines sus-hépatiques (*v*), qui débouchent dans la veine cave inférieure (*w*); les autres ramifications de l'aorte se distribuent aux parties inférieures du corps (*q'*), se réduisent en capillaires (*x*), qui se réunissent en veines pour constituer enfin la veine cave inférieure (*w*), laquelle débouche dans l'oreillette droite (*e*). Le sang des deux veines caves (*o, w*), amené à l'oreillette droite (*e*), passe dans le ventricule droit (*f*), est lancé dans l'artère pulmonaire (*g*) et distribué aux deux poumons (*d*), d'où il revient par les veines pulmonaires (*i*), qui aboutissent à l'oreillette gauche (*k*), et passe dans le ventricule gauche (*l*), pour être lancé de nouveau dans l'aorte (*m*).

lettes dans les ventricules, mais s'opposent à ce qu'il remonte par le même chemin.

On trouve d'autres valvules à l'origine des grosses artères qui partent des ventricules; elles ont de même pour but d'empêcher le sang de retomber dans ces cavités, après qu'il en a été chassé par la contraction du cœur.

Mouvement du sang ou Circulation. — Les cavités droites du cœur sont toujours remplies de sang noirâtre ou veineux, tandis que les cavités gauches ne contiennent que du sang vermeil ou artériel.

Partant du ventricule gauche (fig. 11), le sang artériel passe dans l'*aorte*, grosse artère qui est le point de départ de toutes les autres. Celles-ci se divisent en artères de plus en plus petites et distribuent le sang aux différentes parties du corps. Puis, le sang revient par les *veines*, qui se réunissent successivement les unes aux autres en constituant des vaisseaux de plus en plus gros, pour former enfin les *veines caves*, qui aboutissent à l'oreillette droite, d'où le sang veineux passe dans le ventricule droit.

C'est alors qu'avant de recommencer le circuit qu'il vient de parcourir, le liquide nourricier va se purifier, se revivifier par son contact avec l'air. Parti du ventricule droit, il arrive aux poumons en passant par l'artère pulmonaire, en revient avec les caractères du sang artériel, et arrive à l'oreillette gauche par les veines pulmonaires, pour recommencer le trajet que nous venons de suivre. (*Pour la distribution des principaux vaisseaux dans le corps de l'Homme, voy. la fig. 12.*)

Le sang décrit donc chez l'Homme un double circuit dont le centre se trouve au cœur : l'un de ces circuits, le plus long, porte le nom de *grande circulation*, et l'autre celui de *petite circulation* ou de *circulation pulmonaire* (1).

(1) D'après cela, on doit voir qu'il n'est pas parfaitement exact de dire, comme on l'a fait à la page 26, pour simplifier la description, que tout le sang qui part du cœur est *artériel* et que

Mouvements et chocs du cœur. — Les mouvements au moyen desquels le cœur chasse le sang se font avec une grande régularité : les deux oreillettes se contractent et se relâchent ensemble; les deux ventricules font de même de leur côté.

Le mouvement de contraction s'appelle *systole;* le mouvement de relâchement ou de dilatation s'appelle *diastole.*

Au moment où les ventricules se contractent et chassent le sang dans les artères, les oreillettes se dilatent pour recevoir celui qui leur est amené par les veines; puis, les oreillettes se contractent à leur tour et poussent le sang dans les ventricules, qui se relâchent pour le recevoir.

Entre deux contractions ventriculaires le cœur reste inerte pendant un instant; c'est le *repos* du cœur.

Les mouvements s'accompagnent de certains *bruits*, qui s'entendent facilement quand on applique l'oreille sur la poitrine d'une autre personne. Ils sont dus à la contraction des parois du cœur, et au mouvement des valvules, qui se tendent pour empêcher le sang de refluer vers le côté d'où il arrive.

En outre, à l'aide de la main placée sur le côté gauche de la poitrine, on distingue un *choc* sec, bien détaché, siégeant vers la pointe du cœur et correspondant à la contraction des ventricules. Ce choc ou *battement* du cœur se reproduit en moyenne soixante-dix fois par minute, chez l'Homme. Il est un peu plus fréquent chez l'enfant, un peu moins chez le vieillard. Le

---

tout le sang qui y revient est *veineux*. Ceci est vrai pour la grande circulation, non pour la petite, qui nous montre le sang noir ou *veineux* partant du ventricule droit, et le sang vermeil ou *artériel* revenant des poumons vers l'oreillette gauche. Il en résulte que les artères qui partent du ventricule droit renferment du sang veineux, et que les veines qui aboutissent à l'oreillette gauche contiennent du sang artériel.

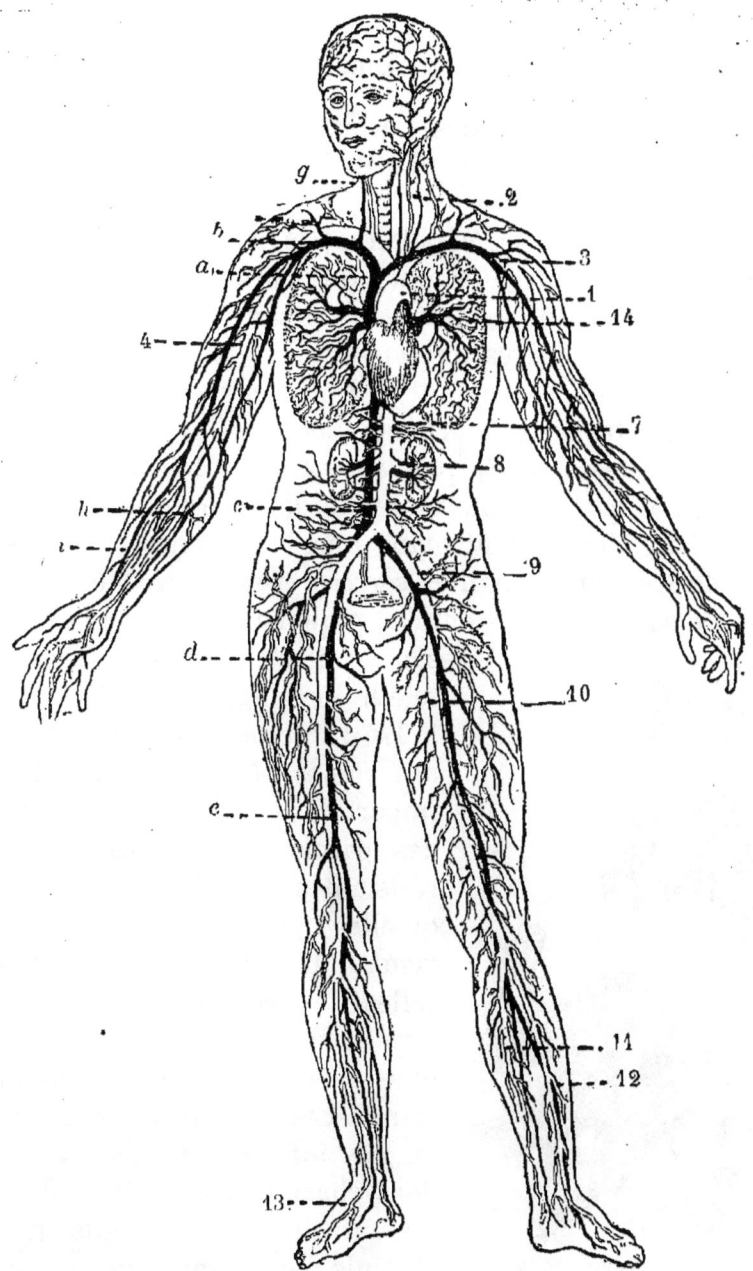

FIG. 12. — Appareil de la circulation.

Les vaisseaux blancs et les chiffres indiquent les artères; les vaisseaux noirs et les lettres les veines. — 1, artère aorte; 2, artère carotide; 3, artère sous-clavière; 4, artère brachiale, qui se divise en artères cubitale et radiale; 7, artère diaphragmatique; 8, artère rénale; 9, artère iliaque, 10, artère fémorale; 11, artère tibiale; 12, artère péronière; 13, artère pédieuse; 14, artère pulmonaire; — a, veine cave supérieure; b, veine sous-clavière; c, veine cave inférieure; d, veine iliaque; e, veine crurale; g, veines jugulaires; h, veine cubitale; i, veine radiale.

nombre et la force des battements augmentent sous l'influence d'une émotion ou de la fièvre.

Artères, veines et capillaires; le pouls. — Les vaisseaux qui partent du cœur sont, avons-nous dit, les *artères;* ceux qui y ramènent le sang sont les *veines.* Mais ces deux ordres de vaisseaux ne se continuent pas directement l'un avec l'autre. Entre eux se trouve interposée une troisième sorte de canaux, les *capillaires*, d'une étroitesse telle, que les comparer à la finesse des cheveux (*capillus*, cheveu) n'en donne qu'une idée très imparfaite. Ils forment, dans tous les organes et les tissus, des réseaux à mailles serrées et si rapprochées, que l'on ne saurait, par exemple, piquer un point de la peau sans qu'il s'en écoule une gouttelette de sang.

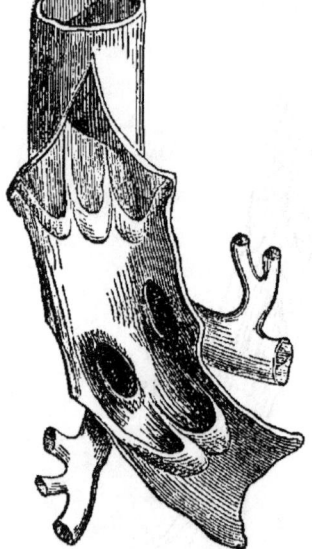

Fig. 13. — Veine de grandeur naturelle, ouverte pour montrer les valvules.

La *structure* des artères et des veines offre des différences importantes. Les premières ont des parois plus fermes, plus résistantes et élastiques, de sorte qu'elles restent béantes si on vient à les couper; tandis que celles des veines, plus molles et plus minces, s'affaissent sur elles-mêmes en pareille circonstance. Le sang jaillit des artères en jets intermittents, saccadés, dont chacun répond à un battement du cœur; tandis qu'il s'écoule des veines en un jet continu.

Les artères reçoivent le sang directement du cœur, et l'impulsion intermittente de cet organe donne lieu au phénomène du *pouls*, sorte de battement que l'on sent sous le doigt quand on comprime une artère. Ce choc ne se fait pas sentir dans les veines; car il a été amorti par le passage du sang à travers les capillaires.

La circulation se fait plus difficilement dans les veines; le sang ayant, pour remonter au cœur, à lutter contre l'action de la pesanteur. Elle est aidée par des *valvules* nombreuses, sortes de replis, disposés en forme de gousset, sur la paroi de ces vaisseaux et qui soutiennent la colonne sanguine (fig. 13).

Axiomes et déductions hygiéniques.

1. — Si le sang ne se trouve pas en assez grande quantité dans l'organisme, ou si, pour une cause ou pour une autre, il n'arrive pas en suffisante proportion dans telle ou telle partie du corps, ou enfin, si sa composition n'est pas ce qu'elle doit être, il en résulte le défaut de sang ou l'*anémie,* laquelle est *générale* ou *partielle*.

2. — L'anémie générale est produite par une perte de sang considérable, des maladies prolongées, une diète trop sévère et de longue durée, des fatigues excessives, des excès de travail, etc.

3. — La diminution notable de la proportion de fer contenue dans les globules du sang est une des causes les plus fréquentes de l'anémie; aussi le meilleur remède en pareil cas est-il de prendre une préparation ferrugineuse avec les aliments.

4. — L'anémie partielle, d'un membre par exemple, tient à un obstacle situé sur le trajet des vaisseaux qui apportent le sang à ce membre; il en résulte de l'engourdissement, de la paralysie, ou même la gangrène, c'est-à-dire la mort complète de la partie qui ne reçoit plus de sang.

5. — Si l'anémie a pour siège le cerveau, le symp-

tôme principal est la syncope ou évanouissement. C'est ce qui a lieu dans le cas d'hémorragie abondante, ou après une maladie qui a diminué la masse du sang ou en a modifié la composition; le convalescent voulant se relever et se remettre sur pied, le sang obéit alors à la pesanteur, se porte vers les extrémités inférieures en abandonnant la région supérieure, d'où résulte un étourdissement et même la syncope.

6. — De même, dans certaines impressions morales très vives, telles que la peur, une joie extrême, un violent dégoût causé par la vue d'un objet répugnant, le cœur n'envoie plus au cerveau la quantité de sang nécessaire, et il y a perte du sentiment ou *syncope*.

7. — Le remède à la syncope consiste à coucher le malade, la tête plus bas que le reste du corps, à pratiquer des frictions énergiques sur les joues, à asperger d'eau fraîche le visage, ou à faire respirer de fortes odeurs, comme celle du vinaigre.

8. — Si, au contraire, la masse du sang est trop considérable dans tout le corps ou dans une portion limitée du corps, il y a ce qu'on appelle *congestion*.

9. — La congestion est *active* quand le sang afflue vers un point en plus grande abondance qu'à l'état normal, par exemple sous l'influence d'un froid vif ou du contact d'un objet très chaud.

10. — Le cerveau est souvent le siège de congestions : les fatigues, les excès de travail, surtout pendant la digestion, un bain glacé, peuvent déterminer de tels accidents.

11. — La congestion est, au contraire, dite *passive*, quand elle dépend de la difficulté qu'éprouve le sang à revenir vers le cœur; un lien fortement attaché autour d'un membre produit une congestion de ce genre dans la partie située au-dessous de la ligature; une cravate, un col trop serré peuvent déterminer un certain degré de congestion du cerveau.

Questionnaire. — Quelle est l'importance du sang? — Quelle est sa composition? — Que savez-vous des globules rouges et des globules blancs? — Qu'est-ce que le sérum? — Qu'appelle-t-on coagulation du sang et à quoi ce phénomène est-il dû? — Indiquez les différences principales qui existent entre le sang artériel et le sang veineux. — Quel est le rôle du cœur? — Où cet organe est-il situé? — Dites ce que vous savez de sa structure. — Parlez des orifices et des valvules qui existent dans ses différentes cavités. — Décrivez le phénomène de la circulation du sang. — Qu'entendez-vous par grande et par petite circulation? — Qu'appelle-t-on systole et diastole? — Indiquez le fonctionnement des oreillettes et des ventricules. — Qu'appelle-t-on choc du cœur? — Quels sont les trois ordres de vaisseaux sanguins du corps? — Quelles sont les différences principales entre les artères et les veines? — Qu'est-ce que le pouls? — Qu'appelle-t-on valvules des veines, et à quoi servent-elles?

CHAPITRE IV

Respiration et Sécrétions.

Définition de la respiration. — La *respiration* est la fonction qui a pour but de rendre au sang les qualités propres à l'entretien de la vie, qualités qu'il a perdues dans son passage à travers les diverses parties du corps.

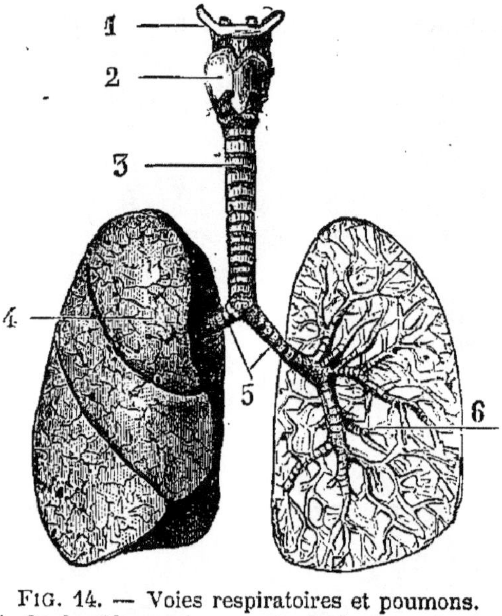

FIG. 14. — Voies respiratoires et poumons.
1. Os hyoïde, qui supporte le larynx; 2, larynx, organe de la voix; 3, trachée-artère; 4, poumon droit, divisé en trois lobes; 5, les deux bronches; 6, poumon gauche disséqué, pour faire voir les divisions des bronches.

Organes de la respiration. — Les organes de la respiration comprennent : les *voies respiratoires*, les *poumons*, la *cage thoracique* et les muscles qui la font mouvoir.

Voies respiratoires. — Les *voies respiratoires* (fig. 14) mettent les poumons en communication avec l'air extérieur. Elles se composent du *larynx*, de la *trachée-artère* et des *bronches*.

Le *larynx*, dont il a déjà été question à propos de la déglutition, est une sorte d'entonnoir aux parois solides, cartilagineuses, qui s'ouvre dans le pharynx; c'est, comme on le verra plus tard, l'organe essentiel de la voix.

La *trachée-artère* est un tube à peu près cylindrique,

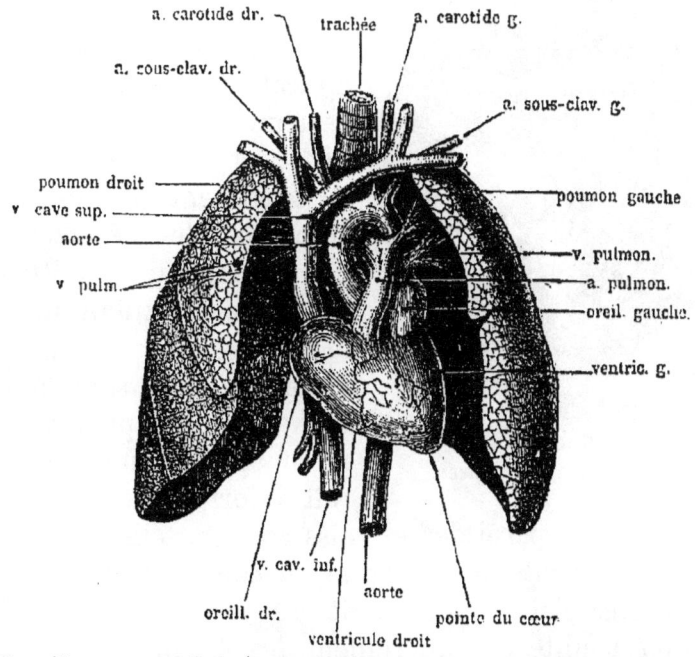

Fig. 15. — Appareil de la respiration, avec le cœur et les vaisseaux qui en partent ou qui y aboutissent.

renforcé par des anneaux cartilagineux, dont l'élasticité la maintient toujours béante et l'empêche de s'affaisser sur elle-même au moment du passage de l'air.

La trachée se partage bientôt en deux tronçons, qu'on appelle les *bronches*. Celles-ci ne tardent pas à se diviser, se ramifier dans l'un et l'autre poumon, à la façon des branches d'un arbre.

Poumons. — Les *poumons*, organes essentiels de la respiration, sont logés dans la poitrine et au nombre de deux, l'un droit, l'autre gauche. Ils ont une structure molle, spongieuse, très élastique, qui leur permet d'exécuter des mouvements alternatifs de dilatation et de contraction comparables à ceux d'un soufflet, et en vertu desquels ils aspirent l'air extérieur et rejettent les gaz nuisibles que le sang leur amène.

Ils sont formés par les ramifications des bronches, qui deviennent de plus en plus fines, et dont les dernières se terminent par de petites ampoules, les *vésicules pulmonaires*, qui constituent la partie fondamentale des poumons.

Ces vésicules sont tapissées de vaisseaux capillaires tellement serrés, que le sang paraît y former une nappe continue ; et la paroi de ces vaisseaux est tellement mince, que leur contenu se trouve en contact presque immédiat avec l'air qui remplit les vésicules. Cette disposition facilite singulièrement les échanges gazeux qui s'opèrent entre ces deux fluides.

Fig. 16.
Vésicules pulmonaires.

Cage thoracique et muscles respiratoires. — Les poumons, enveloppés d'une membrane séreuse, la *plèvre*, sont protégés par une réunion d'os auxquels leur disposition a valu le nom de *cage thoracique*. L'appareil thoracique est mis en mouvement par des muscles.

De tous les muscles respirateurs, celui qui agit le plus efficacement est le *diaphragme*. Il forme une large cloison interposée entre la poitrine et l'abdomen et relevée en forme de voûte, mais qui s'abaisse à chaque mouvement respiratoire (fig. 17, 4).

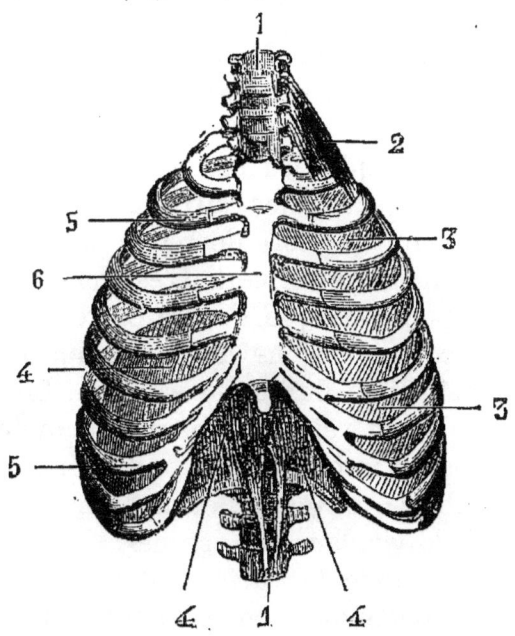

Fig. 17. — Thorax et muscle diaphragme.

1, colonne vertébrale; 2, muscles élévateurs des côtes; 3, muscles intercostaux. (Ces muscles ont été enlevés de l'autre côté, afin de laisser voir une moitié de la voûte du diaphragme.) 4, muscle diaphragme; 5, côtes; 6, sternum.

Mouvements d'inspiration et d'expiration. — Sous l'action des muscles, la cage thoracique agrandit ses dimensions dans tous les sens, aussi bien en avant qu'en bas et sur les côtés. En même temps, les poumons se dilatent, et l'air pénètre dans leurs moindres cavités : c'est ce qui constitue l'*inspiration*.

A celle-ci fait bientôt suite un second mouvement en sens inverse; la cage thoracique et les poumons reviennent sur eux-mêmes, pour rejeter les gaz que le sang y amène continuellement : c'est ce qui constitue l'*expiration*.

Chez l'homme adulte on compte, par minute, de seize

à dix-huit inspirations. Or, à chacune de celles-ci un demi-litre d'air environ pénétrant dans les poumons, on arrive à reconnaître, au moyen d'un calcul bien simple, qu'il faut à un homme environ 12,000 litres ou douze mètres cubes d'air en vingt-quatre heures.

Effets de la respiration sur le sang. — Le sang qui part du cœur pour aller aux poumons est noirâtre, tandis que celui qui sort de ces organes et revient au cœur est d'un rouge vermeil. C'est donc bien dans l'intérieur des poumons que s'opère ce remarquable changement de couleur, signe d'une modification profonde dans la constitution du liquide sanguin. En effet, tandis que le premier est veineux, chargé d'*acide carbonique*, et par là même impropre à la nutrition, le second est artériel, riche en *oxygène*, et par conséquent très apte à entretenir la vie dans nos organes.

On appelle *artérialisation*, ou mieux *hématose*, ce remarquable phénomène en vertu duquel le sang retrouve ses propriétés vivifiantes.

En même temps qu'il se débarrasse de l'acide carbonique, le sang exhale aussi une certaine quantité de *vapeur d'eau*, que le poumon rejette pendant l'expiration. Il est facile de le constater, en se plaçant près d'une vitre; celle-ci se recouvre aussitôt d'une buée légère, due à l'exhalation de la vapeur d'eau qui se condense au contact de ce corps froid.

La chaleur animale; son origine; ses causes modératrices. — Il se passe dans notre corps, quelque étrange que cela paraisse, un phénomène analogue à celui qui se produit dans nos cheminées, à savoir, une véritable *combustion*. Le phénomène, il est vrai, n'a pas lieu dans notre organisme avec une intensité aussi grande; mais il n'en est pas moins réel.

Bien plus, les éléments qui entrent en jeu sont les

mêmes dans les deux cas. En effet, la matière qui se consume en nous est du *carbone,* représentant le charbon ou le bois qui brûle dans nos foyers; et, dans les deux cas, cette combustion a lieu par l'intervention de l'*oxygène,* gaz qui, comme on l'a vu plus haut, est introduit dans notre organisme par la respiration; de sorte que le but de cette grande fonction est de fournir constamment l'un des éléments essentiels de la combustion intérieure. Dans notre corps, comme dans nos foyers, cette combustion, ou, pour parler comme les chimistes, cette *combinaison* du carbone avec l'oxygène, produit de la *chaleur.*

— C'est là l'une des principales causes de la température de notre corps, autrement dit, de la *chaleur animale.* Celle-ci ne peut donc se maintenir qu'à la condition que nous fournissions à notre corps des matériaux suffisants pour entretenir ses combustions; et tel est l'un des principaux offices de l'alimentation. Mais tous les aliments ne sont pas également propres à jouer ce rôle. Tandis, en effet, que les uns paraissent plutôt destinés à se fixer dans nos organes pour en entretenir la masse, d'où le nom, qu'on leur donne, d'*aliments plastiques,* les autres semblent plus favorables à l'entretien de la chaleur et ont reçu pour cela le nom d'*aliments respiratoires;* ces derniers sont les matières grasses, féculentes et sucrées.

La température du corps de l'Homme, dans l'état de santé, se maintient constamment à environ 37°, quelle que soit d'ailleurs celle de l'atmosphère et de la région qu'il habite, aussi bien au milieu des glaces du pôle que sous le climat brûlant de l'équateur.

— D'autre part, certaines causes modèrent cette chaleur quand elle tend à s'accroître : telles sont l'*exhalation de vapeur d'eau* par les poumons et la peau; à la surface de cette dernière, chacun le sait, l'évaporation est d'autant plus active que la chaleur extérieure est plus élevée. De la sorte, l'équilibre de température est maintenu.

Certains animaux partagent avec l'Homme la prérogative de conserver toujours la même température : ce sont les Mammifères et les Oiseaux. On peut donc les réunir sous le nom d'animaux à *température constante*.

Chez tous les autres, la chaleur du corps subit, au contraire, des variations, suivant les saisons et les climats : c'est pourquoi on les appelle *animaux à température variable*.

Ces expressions valent mieux, car elles sont plus exactes, que celles d'*animaux à sang chaud*, appliquée aux premiers, d'*animaux à sang froid*, attribuée aux seconds.

Les Sécrétions.

Définition et division des sécrétions. — On donne le nom de *sécrétions* aux fonctions accomplies par des organes répandus en grand nombre dans notre corps, et qu'on appelle les *glandes*. Celles-ci forment, aux dépens du sang, certains liquides ou humeurs.

De ces produits de sécrétion, les uns sont inutiles ou même nuisibles et doivent être rejetés au dehors : telle est, par exemple, la sueur. Les autres sont destinés, au contraire, à être absorbés et utilisés pour concourir à de nouvelles fonctions; nous pouvons citer parmi eux le suc gastrique, le suc intes-

FIG. 18. — Structure d'une glande en grappe ou composée.

tinal, le suc pancréatique, la salive, etc., sécrétions dont nous nous sommes occupés en étudiant les fonctions digestives. De là deux groupes principaux.

Sécrétions des reins et de la peau. — Entre les sécrétions qui appartiennent au premier groupe, deux l'emportent sur toutes les autres par leur importance : l'une a son siège dans les reins, l'autre dans la peau.

Les *reins* (fig. 19), appelés vulgairement *rognons*, sont situés dans la cavité de l'abdomen ; ils sont au nombre de deux, et leur forme rappelle celle d'un haricot.

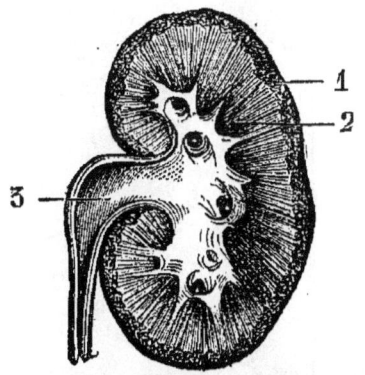

Fig. 19. — Coupe verticale du rein. 1, substance corticale ; 2, substance tubuleuse ; 3, bassinet, par où sort du rein le liquide sécrété.

Ils jouent, par rapport au sang qui les traverse, le rôle d'un filtre qui aurait la propriété de débarrasser ce liquide de l'eau qu'il contient en excès, en même temps que de certaines substances dont l'accumulation serait nuisible, telles que l'*urée* et l'*acide urique*, résultant de l'usure des organes.

La *peau* laisse exhaler à sa surface, d'une façon continue, mais le plus souvent insensible, une certaine quantité d'eau à l'état de vapeur. En outre, dans certaines circonstances, cette exhalation ne suffisant pas, la peau sécrète un liquide de nature spéciale, la *sueur*.

Ce liquide est formé dans les *glandes sudoripares* (fig. 20, *c*), petits appareils logés dans l'épaisseur de la peau et formés chacun d'un tube pelotonné sur lui-même. Ces glandes sont excessivement nombreuses, et il est facile d'apercevoir leurs orifices, à la surface de la peau, à l'aide d'un faible grossissement ou même à l'œil nu.

La sueur a un goût nettement salé, dû au chlorure de sodium ou sel marin qu'elle contient; de plus, elle est légèrement acide, sauf dans certaines régions, celle des aisselles, par exemple, où elle est alcaline.

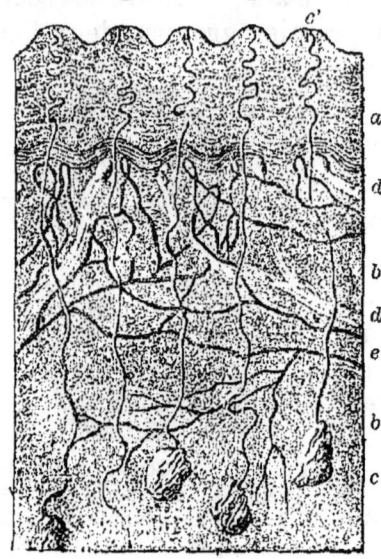 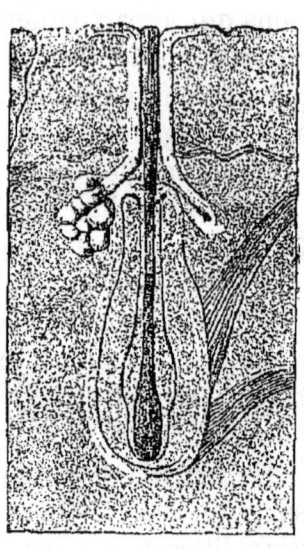

Fig. 20. — Coupe verticale de la peau. *a*, épiderme; *b*, *b*, derme; *c*, glande sudoripare logée dans les profondeurs de la peau, d'où part un *conduit sudoripare*; *d*, *d*, nerfs et corpuscules du tact, ces derniers placés à la limite du derme et de l'épiderme; *e*, vaisseaux de la peau.

Fig. 21. — Un follicule pileux. En bas, le bulbe renflé du follicule, sur le côté droit duquel se voient *deux petits muscles* (muscles de l'horripilation); plus haut, deux glandes sébacées s'ouvrant à la surface de la peau de chaque côté du poil.

La peau sécrète encore une autre matière, très épaisse, grasse, qui a pour but d'en entretenir la souplesse et l'imperméabilité; elle s'élabore dans des organes microscopiques en forme de *doigt de gant*, enfoncés dans la peau, et qu'on appelle les *follicules sébacés* (fig. 21). Ces glandes, répandues sur presque toute la surface du corps, sont plus nombreuses en certains points, tels que les côtés du nez, le pavillon de l'oreille, le dos. Souvent le produit de sécrétion reste accumulé dans leur intérieur et se montre à l'orifice de la glande comme une petite tache noire;

en pinçant forment la peau, on peut la faire sortir sous la forme d'un petit cordon blanc.

Axiomes et déductions hygiéniques.

1. — L'homme respire cinq cents litres d'air par heure et rejette de l'acide carbonique dans une proportion qui rend l'air impropre à la respiration, s'il n'est pas suffisamment renouvelé. Un homme renfermé pendant toute une journée dans un espace parfaitement clos, dont la capacité ne dépasserait pas douze mille litres ou douze mètres cubes, mourrait asphyxié. C'est ce qui explique l'inconvénient qu'il y a à entasser un grand nombre de personnes dans un endroit restreint et mal aéré.

2. — Une bonne hygiène réclame, par individu et par heure, un espace de 80 mètres cubes d'air dans les hôpitaux, 30 dans les écoles, 20 pour une personne isolée et dans les conditions ordinaires. Il ne faut donc pas craindre d'ouvrir largement les fenêtres à certains moments pour renouveler l'air des appartements.

3. — Un excellent indice de l'insuffisance de l'aération, c'est l'odeur désagréable qui affecte l'odorat d'une personne venant du dehors pour pénétrer dans une salle où un trop grand nombre d'individus se trouvent réunis.

4. — Un *air confiné*, c'est-à-dire non renouvelé, est aussi impropre à entretenir la respiration, qu'une eau sale est incapable de nettoyer le corps.

Après la bataille d'Austerlitz, trois cents prisonniers Autrichiens furent renfermés dans un étroit caveau. Au bout de quelques heures, à l'exception de quarante, tous avaient péri.

5. — Dans les villes, certains quartiers doivent leur insalubrité à ce qu'ils sont composés de logements resserrés, percés de petites fenêtres par lesquelles l'air ne se renouvelle que difficilement. Ces quartiers, aux rues étroites et sombres, sont des foyers d'épidémie et de mortalité.

6. — On appelle *asphyxie* le résultat de la privation plus ou moins complète de l'air nécessaire à l'entretien de la respiration.

Cet accident peut se produire de différentes façons : par insuffisance du renouvellement de l'air, comme c'est le cas des personnes qui restent dans un air confiné; par compression des conduits aériens, ou par suite de la présence d'un obstacle sur leur trajet, de façon à empêcher le passage de l'air, comme c'est le cas des gens qui meurent étranglés, pendus ou noyés.

7. — Dans toutes ces circonstances, la mort est due à une double cause, à savoir : l'arrivée nulle ou insuffisante de l'oxygène de l'air aux poumons, et, d'autre part, l'accumulation de produits nuisibles dans le sang, notamment l'acide carbonique, qui devraient être rejetés au dehors.

8. — Le remède réellement efficace, dans l'asphyxie, consiste à faire pénétrer de l'air dans les poumons. On arrive à ce résultat de différentes façons :

En introduisant de l'air au moyen d'un tube que l'on fait pénétrer jusque dans le larynx;

En déterminant, au moyen de pressions méthodiques faites avec les mains, des mouvements alternatifs d'expansion et de resserrement du thorax;

Ou bien, et c'est le meilleur moyen, en élevant, une quinzaine de fois par minute, les bras du patient au-dessus de sa tête, puis les abaissant sur les côtés du corps en comprimant légèrement la poitrine.

9. — Les fonctions de la peau et ses sécrétions sont favorisées par l'usage des bains chauds et des bains froids, qui agissent ainsi d'une façon heureuse sur la santé.

10. — Les bains froids excitent la circulation du sang de la peau et activent davantage les fonctions de cet organe, mais à la condition de les prendre courts et de ne pas rester immobile dans l'eau.

Le moment de sortir du bain est indiqué par une

douce sensation de chaleur, qui fait place au vif sentiment de froid que l'on éprouve en entrant dans le bain; c'est là ce qu'on appelle la *réaction*.

11. — Il n'y a aucun danger à se jeter dans l'eau froide lorsqu'on a chaud, mais à la condition de prendre le bain très court; il en résulte une réaction d'autant plus vive et bienfaisante.

12. — Il est dangereux, au contraire, de rester sur la plage en costume de bain, exposé au vent souvent violent qu'il y fait, de se refroidir comme le font beaucoup de baigneurs avant de se jeter à l'eau; c'est là l'origine de nombreux rhumes et fluxions de poitrine.

QUESTIONNAIRE. — Définissez la respiration. — Quels sont les organes de la respiration? — Qu'appelle-t-on trachée-artère? — Quelle est la structure de ce conduit? — Qu'est-ce que les bronches? — Quelle est la structure des poumons? — Qu'appelle-t-on vésicules pulmonaires? — Comment s'appelle cette partie du corps qui renferme les poumons? — De quoi se compose le thorax? — Qu'est-ce que le diaphragme? — Quel rôle joue-t-il dans la respiration? — Comment s'appellent les deux mouvements de la respiration? — Combien en compte-t-on par minute? — Combien faut-il de litres d'air à l'Homme en vingt-quatre heures? — Quel est le but de la respiration? — Qu'appelle-t-on hématose? — Quels changements physiques se passent dans le sang pendant la respiration? — Quels produits rejettent les poumons? — Quelles raisons a-t-on de comparer le corps de l'Homme à un foyer embrasé? — Quelle est la température de notre corps? — Qu'est-ce qui produit la chaleur animale? — Quels sont les aliments les plus propres à entretenir la chaleur? — Qu'est-ce qui modère cette chaleur? — Qu'entend-on par animaux à sang chaud ou à température constante? par animaux à sang froid ou à température variable?

Qu'appelle-t-on sécrétions? — Comment les divise-t-on? — Citez des exemples de sécrétions dont les produits sont résorbés et employés par l'économie. — Quelles sont les fonctions des reins? — Quelles sont les matières sécrétées par la peau? — Comment appelez-vous les glandes qui les sécrètent?

CHAPITRE V

ORGANES ET FONCTIONS DE RELATION

Organes de la Locomotion.

Notions générales sur les fonctions de relation; division de ces fonctions. — Les fonctions qu'il nous reste à étudier, appelées *fonctions de relation,* parce qu'elles servent à mettre l'Homme en rapport avec les autres êtres, sont sous la dépendance des deux facultés prépondérantes que l'on rencontre en lui, comme d'ailleurs chez tous les animaux, à savoir, la *sensibilité* et le *mouvement*.

Ces fonctions caractérisent si bien l'animalité, qu'on les appelle souvent *fonctions animales,* par opposition à celles que nous avons jusqu'ici passées en revue, lesquelles, comme on l'a déjà dit, ayant leurs analogues chez les végétaux, méritent pour cela le nom de *fonctions végétatives*.

Au-dessus des fonctions de relation se trouvent l'*instinct* et l'*intelligence,* qui les mettent en œuvre et sans lesquels elles n'auraient pas leur raison d'être. C'est, en effet, en vertu de leur intelligence ou de leur instinct que l'Homme et tous les êtres animés se dirigent, exécutent les mouvements qui ont pour but la recherche de la nourriture, la défense ou l'attaque, etc.

Les organes que nous avons à étudier dans les fonctions de relation sont :

Les *os*, dont l'ensemble constitue le *squelette*, et les *muscles* ou le *système musculaire*, qui mettent les premiers en mouvement;

La *voix*, qui se rattache manifestement aux fonctions de relation et sera étudiée ensuite;

Le *système nerveux*, qui recueille toutes les impressions sensitives et qui commande et dirige les organes de la locomotion, aussi bien que ceux des fonctions végétatives.

Les os; leur composition et leur variété de forme. — Une expérience bien simple à faire, et à la portée de chacun, donne de suite des notions exactes sur la *composition* des os. Que l'on en jette un dans le feu : si au bout de quelques minutes on le retire, on verra qu'il est devenu beaucoup plus léger et très cassant; il ressemble tout à fait à du calcaire, à de la craie. Qu'on en prenne un autre, et qu'on le dépose dans un flacon renfermant un liquide acide, de l'acide chlorhydrique, par exemple : on constatera au bout d'un certain temps que, tout en ayant gardé sa forme primitive, il est devenu plus léger et très flexible.

Cette double expérience prouve, tout au moins, que les os se composent de deux substances : l'une inorganique, semblable à du calcaire ou *carbonate de chaux*, sur laquelle le feu est sans action, mais qui est soluble dans les acides; l'autre, organique, brûlée par le feu, mais respectée par l'acide, et appelée l'*osséine*, vulgairement connue sous le nom de *gélatine*. Cette dernière est en plus forte proportion dans les os des enfants que dans ceux des vieillards; c'est pourquoi ces organes, plus souples et élastiques chez les premiers, sont au contraire plus cassants chez les seconds.

Les os sont assez variés dans leur *forme;* les uns, allongés, comme ceux des membres, sont creusés d'un long canal plein d'une matière grasse, la *moelle*; d'autres sont courts, de forme ramassée, comme ceux du poignet, du cou-de-pied; d'autres, enfin, sont très aplatis, au point de devenir translucides, comme l'omoplate, os de l'épaule.

Les os s'*accroissent* en longueur et en épaisseur; une membrane qui les recouvre, ce qui lui a valu le nom de *périoste* (1), joue dans cet accroissement le rôle principal.

Principaux os du corps. — On peut répartir tous les os du corps en trois groupes : ceux de la *tête*, ceux du *tronc* et ceux des *membres* (fig. 24).

La tête comprend deux parties : le *crâne*, qui en forme la région supérieure et postérieure et renferme le cerveau; la *face*, située au-dessous et en avant, et qui offre des cavités pour loger quatre organes des sens, à savoir : les orbites pour les yeux, les fosses nasales pour l'odorat, la bouche pour le goût, les oreilles pour l'ouïe. La tête et le crâne sont formés de la réunion d'un assez grand nombre d'os, fortement encastrés les uns dans les autres, de façon à être complètement immobiles, sauf celui de la mâchoire inférieure.

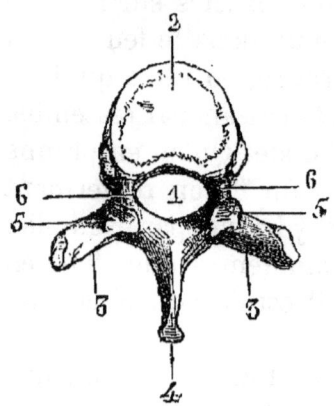

FIG. 22. — Une vertèbre.
1, Trou vertébral, par où passe la moelle épinière; 2, corps de la vertèbre; 3, apophyses transverses; 4, apophyse épineuse; 5, apophyses articulaires; 6, échancrures, servant à former avec la vertèbre voisine les trous de conjugaison, par où sortent les nerfs.

Le tronc est formé, en arrière, par la *colonne vertébrale*, sorte de tige résistante, creusée d'un canal (fig. 4, *1*) contenant la moelle épinière et composée d'un grand nombre de petits os superposés ou *vertèbres*, au nombre

(1) Ce mot, qui vient du grec, signifie « autour de l'os ».

de trente-trois, à savoir : sept vertèbres cervicales ou du cou, douze dorsales ou du dos, cinq lombaires ou des reins, neuf enfin, soudées entre elles pour former le *sacrum* et le *coccyx* (fig. 23).

De cette colonne partent les *côtes*, articulées avec les vertèbres dorsales et qui, au nombre de douze de chaque côté, se portent en avant en se recourbant, pour venir s'attacher sur le *sternum*, qui complète la poitrine en avant (fig. 24).

Les **membres** sont au nombre de quatre, deux supérieurs, deux inférieurs.

Les premiers se composent de l'*épaule*, du *bras*, de l'*avant-bras* et de la *main*.

L'*épaule* est formée de deux os, l'un très large, situé en arrière, l'*omoplate*; l'autre allongé, placé en avant, la *clavicule*.

Le *bras*, suspendu à l'épaule, est formé d'un seul os, l'*humérus*; l'*avant-bras* en compte deux, placés parallèlement l'un à l'autre, le *cubitus* et le *radius*.

La *main* est formée de petits os nombreux, formant trois séries superposées, à savoir : le *carpe* ou poignet, qui compte huit os; le *métacarpe*, qui en a cinq, et qui répond au dos et à la paume de la main; enfin les *doigts*, formés eux-mêmes de *phalanges*, au nombre de deux pour le pouce, de trois pour les autres doigts.

Les *membres postérieurs* se composent aussi de quatre parties principales : le *bassin*, constitué par la réunion

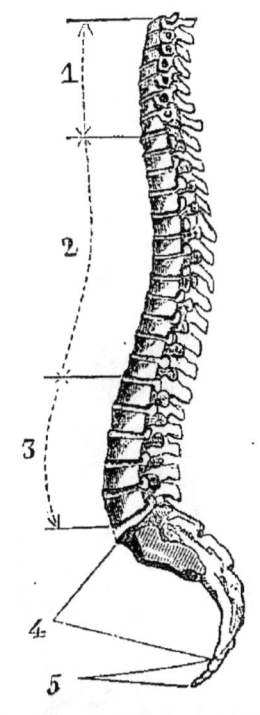

FIG. 23. — Colonne vertébrale. — 1, les sept vertèbres de la région cervicale; 2, les douze vertèbres de la région dorsale; 3, les cinq vertèbres de la région lombaire; 4, les cinq vertèbres de la région sacrée, ou sacrum; 5, les quatre vertèbres de la région caudale, ou coccyx.

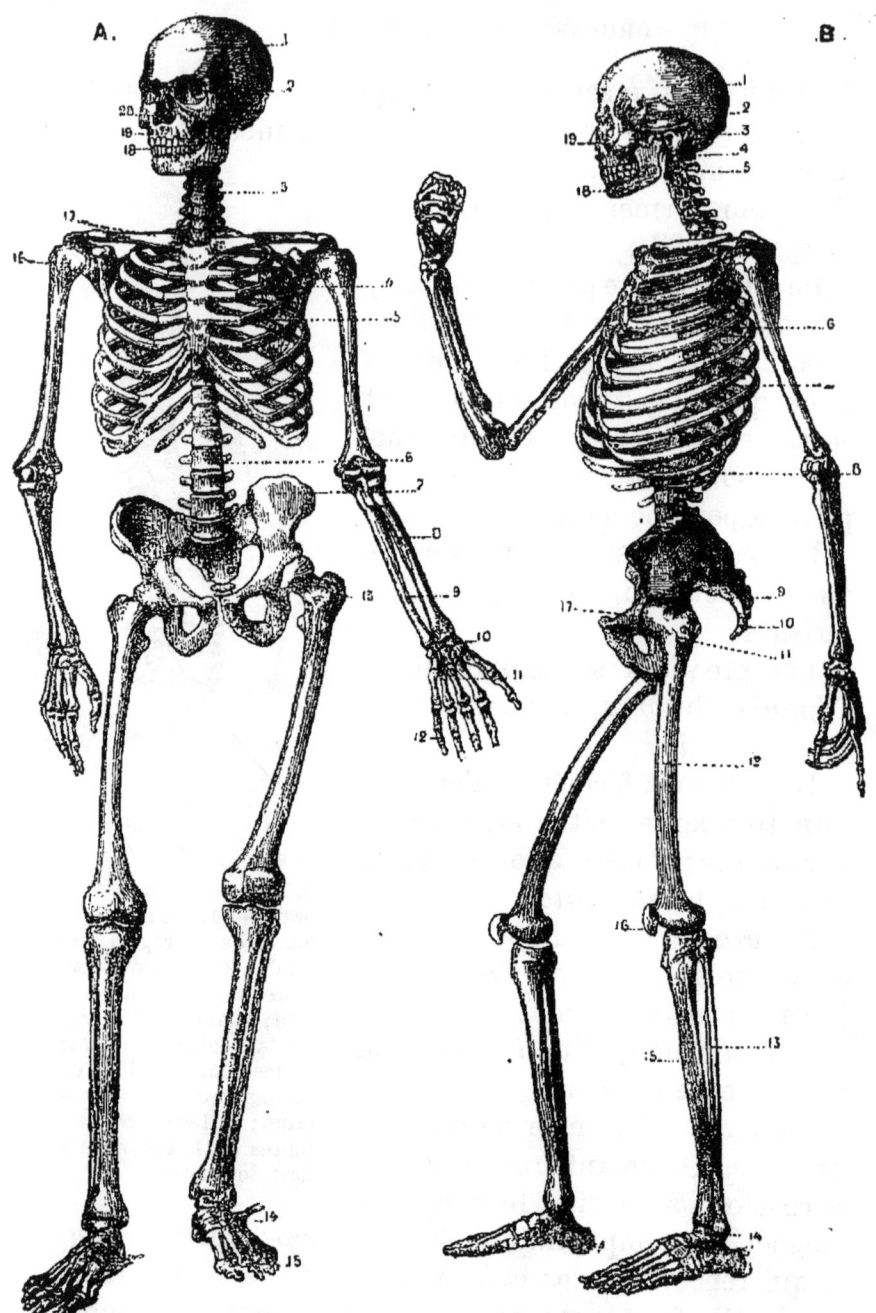

FIG. 24. — A. 1, frontal; 2, orbite; 3, vertèbres cervicales; 4, omoplate;
5, sternum; 6, vertèbres lombaires; 7, os iliaque ou du bassin; 8, radius;
9, cubitus; 10, carpe; 11, métacarpe; 12, phalanges; 13, col du fémur;
14, métatarse; 15, orteils; 16, humérus; 17, clavicule; 18, mâchoire infé-

rieure; 19, maxillaire supérieur; 20, fosses nasales. — B. 1, pariétal; 2, temporal; 3, occipital; 4, atlas (première vertèbre cervicale); 5, axis (deuxième vertèbre cervicale); 6, vertèbres dorsales; 7, côtes; 8, fausses côtes; 9, sacrum; 10, coccyx; 11, col du fémur; 12, fémur; 13, péroné; 14, tarse; 15, tibia; 16, rotule; 17, tête du fémur; 18, maxillaire inférieur; 19, pommette.

de deux larges os plats, entre lesquels est interposé le sacrum; la *cuisse*, formée d'un seul os, le *fémur*; la *jambe*, qui en a deux, le *tibia* et le *péroné*. Vient enfin le *pied*, composé de trois séries d'os, à savoir : le *tarse*, formé de cinq os, dont les deux plus gros sont le *calcanéum*, qui forme le talon, et l'*astragale*, qui sert à l'articulation du pied avec la jambe; le *métatarse* et les *orteils*, offrant le même nombre de pièces que les parties correspondantes de la main.

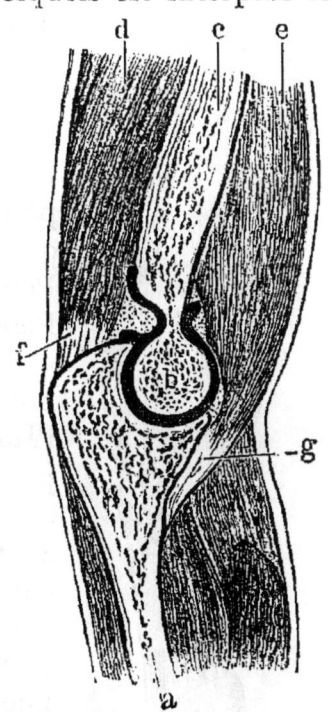

Fig. 25. — Articulation du coude coupée verticalement d'avant en arrière : *a*, l'un des os de l'avant-bras (cubitus); *b*, extrémité inférieure de l'os du bras (*c*); *d*, muscle extenseur de l'avant-bras, dont le tendon (*f*) s'attache à la partie postérieure du cubitus; *e*, muscle fléchisseur (biceps), dont le tendon (*g*) s'attache en avant du cubitus.

Articulation des os. — Contrairement aux os du crâne, ceux du tronc et des membres sont mobiles et capables d'exécuter des mouvements plus ou moins étendus.

De solides ligaments unissent les extrémités des os qui se trouvent en contact. L'un des os est ordinairement renflé en forme de tête (fig. 25, *b*), tandis que l'autre (*a*) offre une cavité correspondante pour la recevoir.

En outre, les parties qui frottent l'une sur l'autre sont recouvertes d'une couche de *cartilage*, substance élastique et qui s'use difficilement. Enfin elles sont enduites d'un liquide onctueux, la *synovie,* qui en facilite les glissements et joue le rôle de l'huile dans les engrenages d'une machine.

Muscles. — Les os sont incapables de produire des mouvements par eux-mêmes ; les organes qui les mettent en jeu sont les *muscles.*

Les muscles ne sont autre chose que ce qu'on appelle vulgairement la chair, laquelle est rouge chez l'Homme et dans bien d'autres espèces, le Bœuf, par exemple, mais qui est blanche chez le Lapin et le Poulet, noire chez le Lièvre et le Pigeon.

On compte un très grand nombre de muscles dans le corps de l'Homme. Chacun d'eux se compose d'une masse principale, le *corps du muscle,* plus ou moins allongée et renflée, terminée à ses deux extrémités par un cordon blanc, d'aspect nacré, très résistant, le *tendon,* qui va se fixer solidement sur l'os qu'il doit mettre en mouvement. (Voy. fig. 26.)

Les muscles agissent en se *contractant.* On entend par là qu'ils diminuent de longueur, en même temps qu'ils deviennent plus épais et plus durs, ce qui, on le comprend, a pour effet, selon le groupe de muscles qui agissent, de fléchir l'un sur l'autre deux os articulés ensemble, ou au contraire de les écarter (fig. 25).

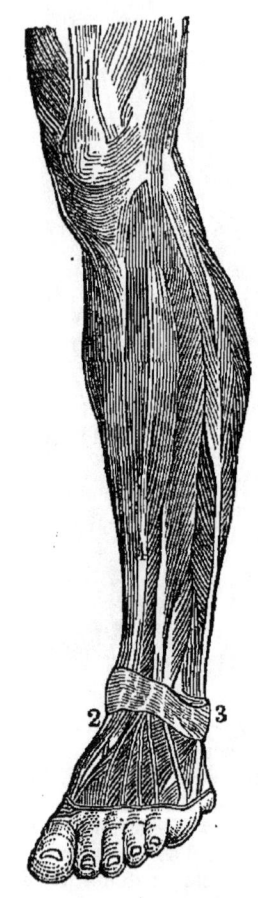

Fig. 26. — La jambe, dont la peau a été enlevée pour montrer les muscles et les tendons qui les terminent.

La contraction d'un muscle ne peut jamais être de longue durée ; après un moment d'effort, il faut qu'il se repose, comme le montre bien la difficulté que nous éprouvons à tenir le bras tendu pendant plus de quelques minutes.

La Voix.

Définition; organes de la voix. — On peut définir la *voix* la production de sons modulés, destinés à servir de moyens d'expression.

On peut considérer la voix de l'Homme comme l'une des plus importantes fonctions de relation. En effet, c'est surtout par son intermédiaire qu'il se met en rapport avec ses semblables et s'en fait comprendre, qu'il manifeste les passions qui l'agitent, les désirs qui occupent son âme, qu'il implore ou commande.

L'organe principal de la voix est le *larynx*, sorte de tube placé à la partie supérieure de la trachée-artère, et dont les parois sont formées de solides cartilages, qui constituent, en avant, la saillie du cou, bien connue sous le nom de *pomme d'Adam*.

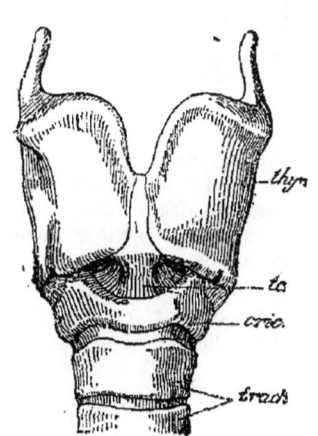

FIG. 27. — Le larynx vu extérieurement; *thyr.*, cartilage thyroïde; *cric.*, cartilage cricoïde; *tc.*, membrane qui les unit; *trach.*, premiers anneaux de la trachée-artère.

La cavité du larynx offre quatre replis dirigés d'avant en arrière, et superposés deux par deux ; les inférieurs seuls servent à la production des sons et méritent le nom de *cordes vocales*. Celles-ci peuvent se rapprocher ou s'écarter l'une de l'autre; dans le premier cas, il se produit des sons aigus, dans le second des sons graves. L'espace que limitent les cordes vocales porte le nom de *glotte*. Enfin, au-dessus de la glotte, à l'entrée du larynx, se voit une sorte de large languette élastique et mobile, l'*épiglotte*, dont il a été déjà question à propos de la déglutition.

Les *sons* résultent de la vibration des cordes vocales, produite sous l'influence du passage de l'air expulsé de la poitrine.

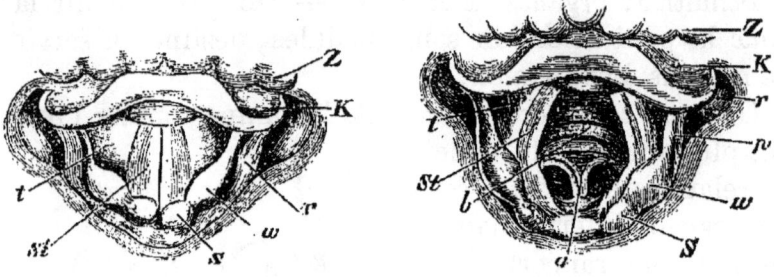

FIG. 28.   FIG. 29.

FIG. 28. — Le larynx vu d'en haut; la glotte est fermée par le rapprochement des cordes vocales (*St*); *S*, cartilage aryténoïde, dont les mouvements amènent la tension des cordes vocales; *K*, épiglotte; *Z*, base de la langue.

FIG. 29. — La glotte largement ouverte, par suite de l'écartement des cordes vocales (*St*) et permettant d'apercevoir entre elles les anneaux de la trachée (*b*) et même la bifurcation des bronches (*a*).

Mais le larynx est incapable, à lui seul, de former la *voix articulée*. Ce n'est qu'en passant par le pharynx et la cavité buccale que les sons prennent ce dernier caractère; les parois mobiles de ces cavités, et surtout la langue et les lèvres, jouent un rôle considérable dans la formation de la voix.

Axiomes et déductions hygiéniques.

1. — Grâce à la forte proportion de matière organique (osséine ou gélatine) qui entre dans la composition des os des enfants, ces organes jouissent d'une grande élasticité, en vertu de laquelle ils résistent assez bien à des chocs violents. Il est de notion vulgaire que les enfants tombent souvent d'une grande hauteur sans se rien casser.

2. — Chez les vieillards, au contraire, la matière calcaire l'emporte sur la matière organique; aussi leurs os sont-ils bien plus fragiles.

3. — Une longue course ou une marche excessive détermine dans les muscles l'accumulation d'un acide, qui donne à la chair des animaux un goût désagréable, comme on peut l'observer pour celle des cerfs tués à courre ou des bœufs surmenés par de longues marches.

4. — Pendant la contraction musculaire, il se fait dans le muscle une active absorption d'oxygène et un dégagement correspondant d'acide carbonique; c'est une véritable combustion, d'où production de chaleur. L'exercice musculaire est, en effet, comme chacun le sait, un excellent moyen de se réchauffer.

5. — Plus un muscle travaille, plus il se développe : les bras des boulangers et des gymnastes le montrent surabondamment. D'où l'importance des exercices physiques, notamment de la gymnastique, pour augmenter la puissance musculaire et par là même la force des jeunes gens.

QUESTIONNAIRE. — Quel est le but des fonctions de relation? — Par quoi sont-elles dominées? — Quel nom donne-t-on à l'ensemble des os du corps? — Quelle est la composition des os? — Par quels procédés la met-on en évidence? — Comment divise-t-on le squelette? — Qu'avez-vous à signaler au sujet de la tête? — De quels os se compose le tronc? — De quelles parties se composent les membres supérieurs? les membres inférieurs? — Énumérez-en les principaux os. — Dites quelques mots sur la façon dont les os sont unis entre eux. — Qu'est-ce qu'un muscle? — Quel rôle jouent les muscles dans la locomotion? — Décrivez les principales parties d'un muscle. — Un muscle peut-il rester longtemps contracté?

Qu'est-ce que la voix? — Où se produisent les sons de la voix humaine? — Décrivez les parties essentielles du larynx. — Quels sont les organes accessoires de la voix?

CHAPITRE VI

Le Système nerveux.

Importance du système nerveux. — Tous les organes et appareils que nous avons étudiés jusqu'ici sont placés sous la dépendance du système nerveux ; celui-ci les domine tous et les relie les uns aux autres. C'est lui qui règle les fonctions de la digestion, de la circulation, de la respiration, de la locomotion, en un mot toutes les actions vitales, aussi bien celles qui appartiennent à la vie végétative que celles qui dépendent de la vie animale.

Il a un rôle encore plus élevé et plus noble ; car, plus que tous les autres organes, il sert de trait d'union entre notre corps et notre âme, entre la matière et l'esprit, qui réunis constituent la personne humaine. En effet, d'une part, il transmet au corps les ordres de notre volonté ; et, d'un autre côté, c'est par lui que passent, avant que notre âme les perçoive, les impressions produites par l'action des objets extérieurs.

Constitution du système nerveux : cerveau, moelle, nerf ; grand sympathique. — Le système nerveux comprend trois parties principales : le *cerveau*, la *moelle épinière* et les *nerfs*.

Le cerveau (fig. 30), ou mieux l'encéphale (1), est logé

---

(1) Mot tiré du grec et qui signifie *dans la tête*, parce que cette partie du système nerveux s'y trouve renfermée.

dans le crâne; il se compose d'une masse principale, le *cerveau* proprement dit, formé de deux parties symétriques, l'une gauche et l'autre droite, appelées les *hémisphères cérébraux*. Sa surface, comme plissée et

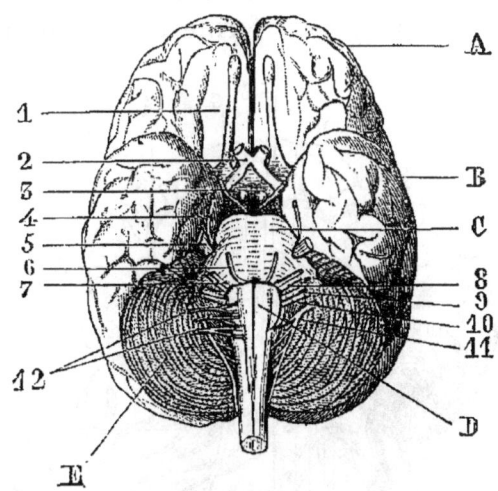

Fig. 30. — Encéphale vu par sa face inférieure.

A, lobe antérieur du cerveau ou lobe frontal; B, lobe moyen; C, protubérance annulaire ou pont de Varole; D, bulbe rachidien; E, cervelet. A droite comme à gauche le cervelet cache en grande partie le lobe postérieur du cerveau. 1, nerf olfactif, avec son renflement ou bulbe; 2, nerfs optiques; une partie des fibres de chaque nerf s'entrecroisent avec celles du nerf opposé; 3, nerf moteur oculaire commun; 4, nerf pathétique; 5, **nerf** trijumeau ou trifacial; 6, nerf moteur oculaire externe; 7, nerf facial; 8, nerf acoustique; 9, nerf glosso-pharyngien; 10, nerf pneumogastrique; 11, nerf spinal; 12, nerf hypoglosse.

contournée, constitue ce qu'on appelle les *circonvolutions* du cerveau. En outre, chaque hémisphère est creusé de cavités assez compliquées, appelées *ventricules*.

En arrière du cerveau se trouve le *cervelet*, logé comme lui dans la boîte osseuse du crâne et dont la coupe montre des herborisations grises et blanches désignées sous le nom d'*arbre de vie* (fig. 31, D).

Ces parties sont très molles et protégées par des enveloppes au nombre de trois, les *membranes du cerveau*, dont la plus extérieure est très résistante, tandis que **la** plus intérieure est d'une extrême délicatesse (1). Ces membranes se continuent dans le canal formé par les vertèbres et fournissent également une triple enveloppe à la moelle, que nous allons maintenant étudier.

La moelle épinière part du point de jonction du cerveau et du cervelet, sous forme d'un cordon d'abord

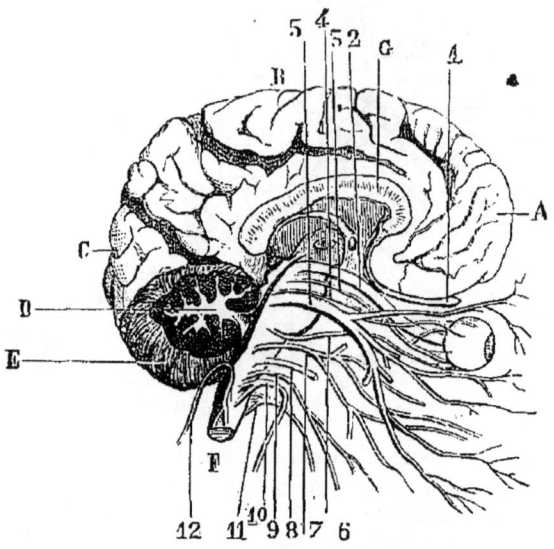

Fig. 31. — Coupe verticale antéro-postérieure de l'encéphale.
A, lobe antérieur du cerveau; B, lobe moyen; C, lobe postérieur; D, arbre de vie; E, cervelet; F, moelle épinière; G, corps calleux, coupé par le milieu. Les chiffres ont la même signification que dans la figure 30, sauf les deux derniers: 11, nerf hypoglosse; 12, nerf spinal.

renflé, et désigné sous le nom de *moelle allongée* ou de *bulbe rachidien* (fig. 30, D), auquel fait suite la moelle proprement dite, d'apparence presque cylindrique, qui descend dans le canal vertébral (fig. 32 et 33).

Les nerfs se détachent de la moelle, par paires, au niveau de chaque vertèbre; l'un part à droite, l'autre à gauche (fig. 33). Tous ces nerfs vont en se ramifiant, pour se distribuer dans les différentes parties du corps.

(1) On leur donne les noms de *dure-mère*, *arachnoïde* et *pie-mère*.

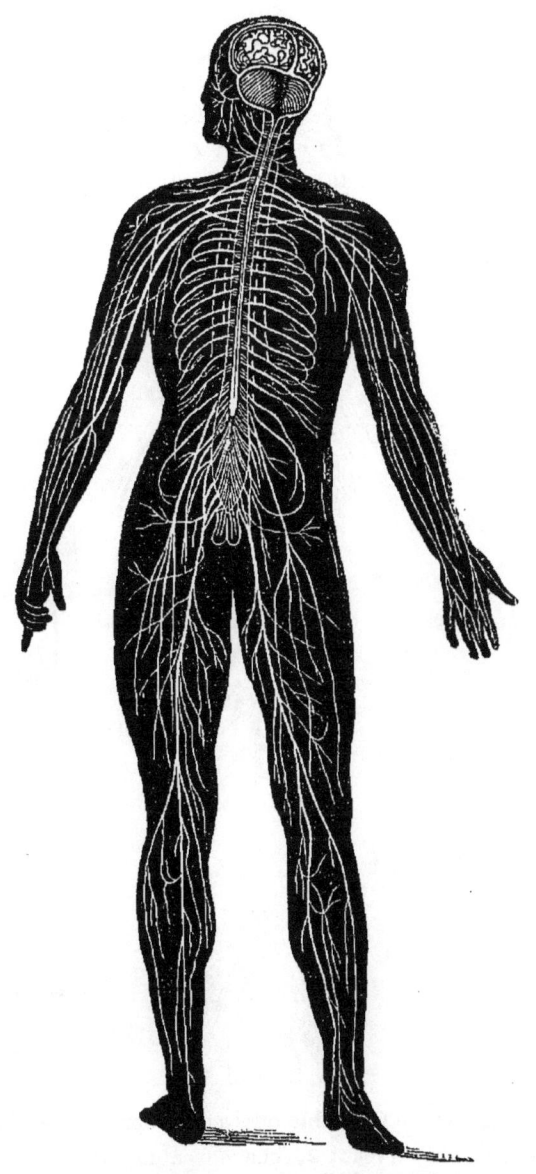

Fig. 32. — Ensemble du système nerveux, montrant le cerveau, le cervelet, la moelle épinière, les nerfs de la face, l'entrecroisement compliqué (plexus) des nerfs qui vont se distribuer aux bras; les nerfs de la poitrine et de l'abdomen, ceux des membres inférieurs.

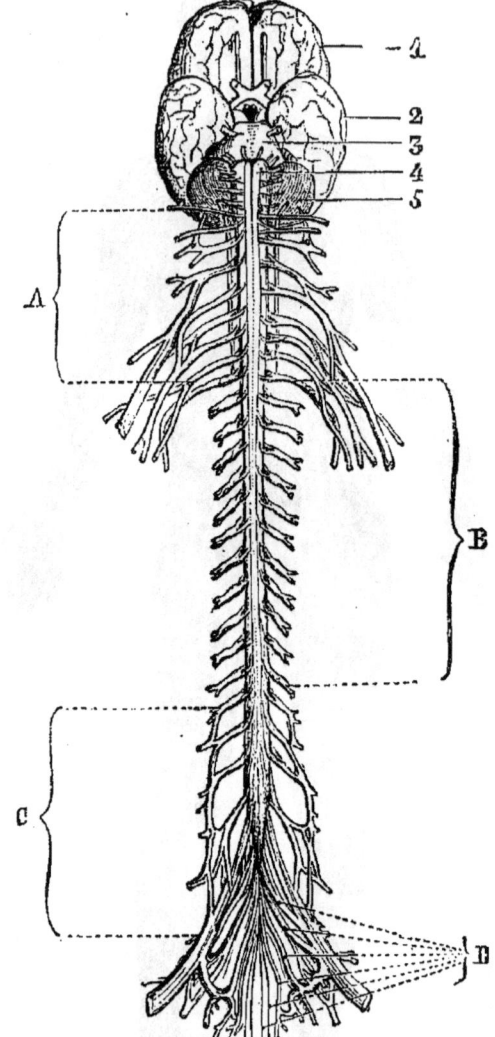

Fig. 33. — **Ensemble du système nerveux central.**

1, lobe antérieur du cerveau; 2, lobe moyen du cerveau; 3, protubérance annulaire; 4, bulbe rachidien, commencement de la moelle épinière; 5, cervelet, qui cache le lobe postérieur du cerveau; A, les huit paires cervicales de nerfs rachidiens; B, les douze paires dorsales; C, les cinq paires lombaires; D, les six paires sacrées. Chaque nerf naît de la moelle épinière par une double racine.

A leur point de départ, chacun d'eux est formé de deux parties distinctes ou *racines*, qui se réunissent presque aussitôt l'une à l'autre. Le rôle des deux racines est différent : l'une préside aux mouvements et aux sécrétions de la partie à laquelle le nerf se distribue, et est appelée

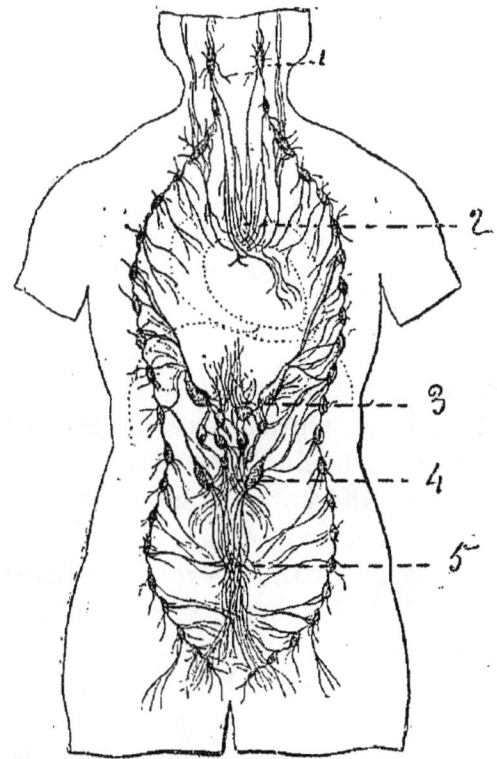

Fig. 34. — Système du grand sympathique.
1, ganglions cervicaux; 2, plexus cardiaque; 3, ganglions semi-lunaires; 4, plexus solaire; 5, plexus mésentérique et iliaque.

racine motrice; tandis que l'autre conduit au cerveau les impressions sensitives, et est dite *racine sensitive*. Le nerf *mixte* qui résulte de leur accolement participe des propriétés spéciales à chacune d'elles.

Les nerfs partis de la colonne vertébrale ou *rachis*, et appelés pour cela *nerfs rachidiens*, ne sont pas les seuls qui existent; du cerveau même en partent douze autres paires, dites *nerfs cérébraux,* dont le plus grand nombre se rendent aux organes des sens (fig. 30 et 31).

Le système nerveux cérébro-spinal, que nous venons d'étudier, est ainsi appelé parce que ses parties essentielles sont le cerveau et la moelle épinière. Il en existe un autre, le *système nerveux grand sympathique* (fig. 34), qui est en réalité une dépendance du premier, car il lui est rattaché en plusieurs points. Situé de chaque côté de la colonne vertébrale, il fournit des nerfs, qui, souvent entrecroisés d'une façon inextricable (*plexus nerveux*) *(2)* et pourvus de nombreux renflements ou *ganglions (1, 3),* se distribuent exclusivement aux viscères, c'est-à-dire aux organes dont le fonctionnement est indépendant de la volonté.

Structure des centres nerveux. — Rôle de la substance blanche, de la substance grise et des nerfs. — Les centres nerveux, cerveau et moelle, sont composés de deux substances de couleur différente : l'une, blanche, qui forme la plus grande partie du cerveau et la partie superficielle de la moelle; l'autre, grise, constituant une sorte d'écorce autour de la masse du cerveau, tandis que dans la moelle elle occupe le centre.

Or ces deux substances ont des propriétés essentiellement différentes.

La *substance blanche* est simplement un organe conducteur, c'est-à-dire qu'elle amène jusqu'au cerveau les impressions transmises par les nerfs, et conduit vers les organes les ordres émanés du cerveau.

La *substance grise,* au contraire, aussi bien celle de la moelle que celle du cerveau, possède une activité propre.

S'il s'agit du cerveau, les impressions qui lui sont transmises par les organes des sens y sont modifiées, transformées en *sensations,* lesquelles servent souvent de point de départ aux opérations de l'esprit.

S'il s'agit de la moelle, les excitations qui arrivent

jusqu'à elle produisent ce qu'on appelle des *actions réflexes*. En voici un exemple. On tranche la tête à une grenouille, puis on pince la patte de l'animal : celui-ci retire aussitôt le membre pincé. Ce mouvement ne peut pas avoir été volontaire, puisque le cerveau, siège unique de la volonté, a été supprimé. Que s'est-il donc passé? Les nerfs de la peau ont conduit à la moelle épinière l'excitation produite par le pincement. Alors la moelle *a réfléchi*, par l'intermédiaire d'autres nerfs, vers les muscles du membre, l'excitation qu'elle a reçue ; ces muscles se contractent, et par conséquent la patte se déplace.

Un grand nombre des actes que nous accomplissons chaque jour, pour ainsi dire, sans nous en apercevoir, sont des actions réflexes : tels sont les mouvements de déglutition, le clignement des paupières, l'éternuement, la toux, etc. Ces mouvements sont souvent appelés *instinctifs*.

Quant aux *nerfs* (fig. 32), ils agissent simplement comme des fils conducteurs, soit en dirigeant les impressions sensitives des organes vers le cerveau, soit en portant les ordres émanés de celui-ci jusqu'aux organes du mouvement.

En résumé, nous pouvons comparer le système nerveux à un appareil télégraphique. Les extrémités des nerfs, disposées sur toute la surface de la peau et impressionnées par des causes extérieures, représentent autant de personnes qui enverraient des dépêches télégraphiques; ces dépêches passent rapidement par les cordons nerveux qui sont les fils conducteurs, puis arrivent au cerveau ou à la moelle, lesquels jouent le rôle de la personne qui reçoit les dépêches. A leur tour, ces centres nerveux communiquent, par les nerfs, avec les nombreux organes du mouvement et des sécrétions.

Il est clair que tous ces phénomènes se trouvent placés, en dernière analyse, sous la direction de *l'âme*, c'est-à-dire de ce principe immatériel qui fait partie intégrante de l'être humain et le domine tout entier.

Axiomes et déductions hygiéniques.

1. — Le rôle prépondérant du système nerveux dans notre organisme étant connu, il est facile de voir combien il serait funeste de le surmener. Réprimer ses passions, user modérément de toutes les choses permises, est le meilleur moyen de ménager l'activité de ce système et par là même de s'assurer une bonne santé et une heureuse vieillesse.

2. — Le cerveau et la moelle épinière présidant aux diverses fonctions de l'organisme, on conçoit que toute lésion qui atteint une partie de ces organes amène le désordre dans les fonctions correspondantes.

3. — De même, une lésion, une altération quelconque d'un nerf, soit sensitif, soit moteur, détermine la paralysie du mouvement ou de la sensibilité dans la partie à laquelle ce nerf se distribue.

4. — Les relations intimes qui existent entre le système du grand sympathique, qui tient sous sa dépendance les organes de la vie végétative, et le système cérébro-spinal, qui préside aux fonctions de la vie animale, expliquent comment une action qui s'exerce sur l'un d'eux retentit sur le second; comment, pour en citer un exemple, une émotion vive produit un dérangement d'entrailles ou la jaunisse, et comment une mauvaise digestion agit d'une façon fâcheuse sur le caractère.

QUESTIONNAIRE. — Donnez une idée de l'importance du système nerveux. — De quoi se compose le système nerveux? — Décrivez les parties principales de ce système. — D'où viennent les nerfs? — Que présentent-ils de particulier à leur origine? — Qu'appelle-t-on système nerveux du grand sympathique? — Quelle est la structure des centres nerveux? — Quel est le rôle des substances blanche et grise? — A quoi servent les nerfs? — A quoi peut-on comparer l'ensemble du système nerveux?

CHAPITRE VII

Les Sens.

Il nous est donné de connaître, d'apprécier les qualités physiques des corps, de nous rendre compte de leur couleur, de leur forme, de leur degré de dureté ou de mollesse, de leur température, etc., au moyen de certains organes, doués chacun d'une sensibilité d'une nature toute particulière, à savoir, les *organes des sens*. Ils sont au nombre de cinq : le *toucher*, la *vue*, l'*ouïe*, le *goût* et l'*odorat*.

Du Toucher.

Le *toucher* est de tous les sens le moins spécial et le moins nettement localisé; on peut dire, en effet, qu'il est répandu sur toute la surface de notre corps, car celle-ci est tout entière sensible. Mais cette *sensibilité générale* ne nous rend compte que d'une façon très incomplète des qualités extérieures des objets avec lesquels notre peau se trouve en contact.

Aussi le sens du toucher proprement dit est-il surtout concentré dans un organe particulier, doué d'une délicatesse de tact très grande, à savoir, la *main*. La souplesse de cet organe, la forme des doigts, leur mobilité, la propriété qu'ils ont de se mouler en quelque sorte sur les objets, la faculté qu'a le pouce de s'opposer aux autres doigts pour mieux saisir, sont autant de circonstances qui aident à la perfection du toucher.

Structure de la peau. — La structure de la peau explique la grande sensibilité dont elle jouit. Elle est composée de deux parties, le *derme* et l'*épiderme* (fig. 20).

La plus superficielle, l'*épiderme*, joue le rôle d'un vernis étendu sur l'autre partie, afin d'en atténuer la trop grande sensibilité. Les ongles et les cheveux sont des dépendances de l'épiderme.

Quant au *derme*, ses éléments les plus importants sont de petits organes microscopiques doués d'une extrême sensibilité, les *corpuscules du tact (d)*, et qui ne sont autre chose que des terminaisons de nerfs. Or, ces corpuscules étant excessivement nombreux à l'extrémité des doigts, cette particularité anatomique explique la sensibilité exquise de ces derniers.

Dans le derme sont en outre enfoncés les nombreux organes glandulaires qui déversent leurs produits de sécrétion à la surface de la peau, à savoir, les *glandes sudoripares* et les *glandes sébacées*, dont il a été question au chapitre IV, page 42.

De la Vue.

Structure de l'œil. — Le sens de la *vue* nous permet d'acquérir des notions sur la couleur, la forme, la dimension, la position des objets, etc. L'organe préposé à ce sens est l'*œil*.

Celui-ci offre à peu près la forme d'une sphère, et est enchâssé dans une cavité de la face appelée l'*orbite*. Il est susceptible d'exécuter des mouvements dans tous les sens, grâce à la présence de *muscles*, insérés d'une part en certains points de sa surface, et d'autre part dans le fond de l'orbite.

Les *paupières*, au nombre de deux pour chaque œil, sont des voiles qui le protègent contre une trop vive lumière ou le contact des corps étrangers. En s'abaissant et se relevant elles étendent à sa surface, pour la lubrifier constamment, un liquide spécial, les

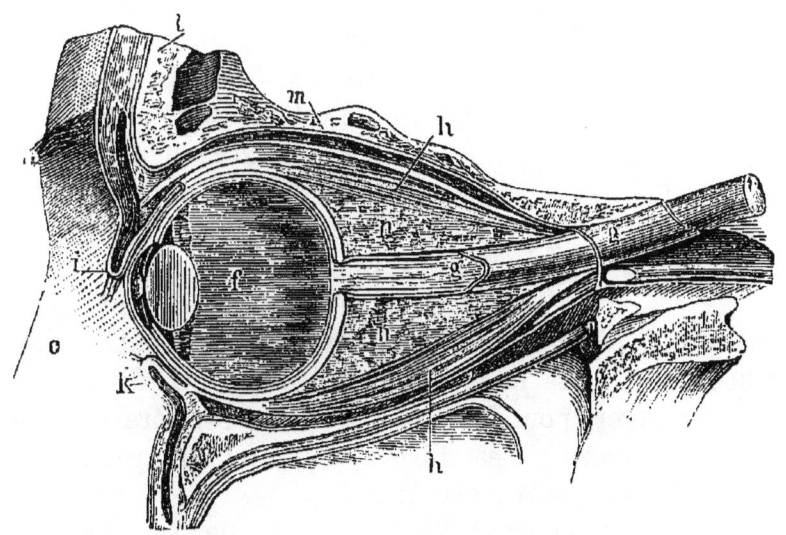

Fig. 35. — L'œil et l'orbite supposés coupés d'avant en arrière : *f*, globe de l'œil ; *g*, nerf optique ; *h*, muscles de l'œil, *i*, paupière supérieure ; *k*, paupière inférieure ; *l*, os frontal ; *m*, voûte de l'orbite ; *n*, arrière-cavité de l'orbite remplie par des pelotons de graisse ; *o*, racine du nez.

larmes, sécrétées par la *glande lacrymale ;* celle-ci est interposée entre l'œil et l'orbite, à la partie supérieure et externe de ces organes. Les larmes traversent les *points* et *conduits lacrymaux*, placés dans l'angle interne de l'œil, puis le *canal nasal,* et s'écoulent dans le nez (fig. 36).

La structure de l'œil est assez compliquée ; voici l'énumération des parties principales dont il se compose, en allant d'avant en arrière (fig. 37) :

La *cornée transparente (1)*, qui, comme l'indique son

nom, a la propriété de laisser passer la lumière, laquelle de là pénètre jusqu'au fond de l'œil. On peut la comparer, pour sa forme, à un verre de montre convexe, enchâssé dans l'ouverture que présente une membrane fort résistante, de couleur blanche, qui constitue en quelque sorte la coque de l'œil, et qu'on appelle la *sclérotique (9)*, vulgairement le *blanc de l'œil*. Cette membrane est en outre interrompue en arrière, pour donner passage au nerf optique à son entrée dans l'œil.

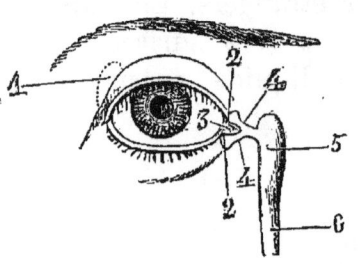

Fig. 36. — Appareil lacrymal.
1, glande lacrymale; 2, points lacrymaux; 3, caroncule lacrymale; 4, conduits lacrymaux; 5, sac lacrymal; 6, canal nasal.

Derrière la cornée transparente se voit l'*iris (3)*, espèce de rideau circulaire, percé à son centre d'un orifice arrondi, la *pupille*, susceptible de se dilater ou de se resserrer, pour laisser passer une lumière plus ou moins abondante; c'est l'iris qui donne aux yeux leur couleur bleue, noire, verdâtre.

Puis vient le *cristallin (4)*, lentille transparente comme du verre et élastique, convexe en avant et en arrière, et qui a pour but de réunir sur le fond de l'œil les rayons lumineux qui arrivent à cet organe (fig. 38). C'est par lui aussi que nous *accommodons* notre œil de façon à voir les objets très éloignés comme les objets très rapprochés; pour cela nous augmentons à des degrés divers la convexité du cristallin, par la contraction instinctive du *muscle ciliaire (8)*, qui forme autour de lui une sorte de couronne.

Toutes les parties que nous venons d'énumérer ne sont pas appliquées directement l'une sur l'autre : un étroit espace, la *chambre antérieure* de l'œil *(2)*, que remplit un liquide très clair, l'*humeur aqueuse*, se trouve interposé entre la cornée et l'iris.

En arrière du cristallin se trouve un large espace, rempli par un autre liquide d'une transparence parfaite, l'*humeur vitrée (13)*.

Vient ensuite la *rétine (11)*, membrane nerveuse, qui résulte de l'épanouissement du *nerf optique (14)*, lequel,

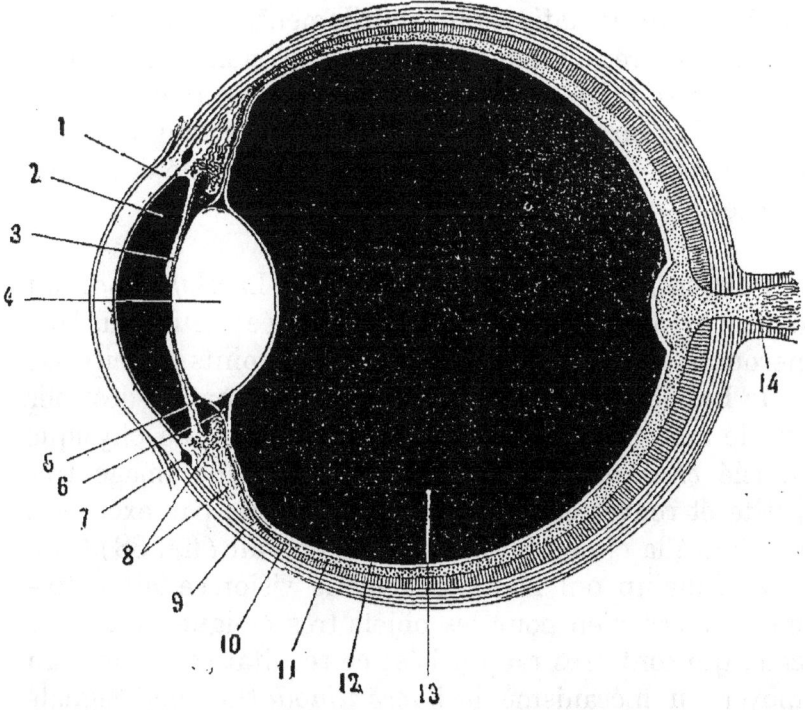

Fig. 37. — Coupe verticale antéro-postérieure du globe de l'œil : 1, cornée transparente, que recouvre la partie la plus superficielle de la conjonctive ; 2, chambre antérieure de l'œil ; 3, iris appliqué sur le cristallin, et au centre duquel est ménagé un orifice circulaire, la pupille ; 4, cristallin ; 5, petit espace désigné parfois sous le nom de chambre postérieure de l'œil ; 6, canal de Petit, entourant le cristallin ; 7, canal de Fontana, au point d'union de la cornée et de la sclérotique ; 8, muscles ciliaires ; 9, sclérotique ; 10, choroïde ; 11, rétine ; 12, membrane hyaloïde ou enveloppe de l'humeur vitrée (13) ; 14, nerf optique.

venu du cerveau et arrivé à la partie postérieure de l'œil, traverse la sclérotique dont il a été question plus haut. La rétine est la partie la plus importante de l'œil, celle qui est impressionnée par les rayons lumineux.

Enfin, entre cette membrane et la sclérotique, que nous retrouvons de nouveau pour former la coque de l'œil en arrière, est interposée une autre membrane, la *choroïde (10)*, imprégnée d'une matière très noire, qui a pour but d'absorber, à travers la rétine, laquelle est transparente, l'excédent de lumière qui arrive à l'œil et qui le fatiguerait inutilement. De même, les physiciens recouvrent d'une couche noire les parois intérieures des instruments d'optique, pour éviter que les rayons lumineux qui les traversent soient réfléchis dans tous les sens, ce qui nuirait à la netteté des expériences.

Phénomènes principaux de la vision. — La *physiologie* du délicat organe de la vision est compliquée; nous nous bornerons à en indiquer quelques-uns des points principaux.

1º Les objets que nous regardons viennent se dessiner sur le fond de l'œil, comme dans l'appareil de physique appelé *chambre claire,* sous forme d'une image très petite et renversée, de sorte qu'un arbre, par exemple, est figuré la cime en bas, le tronc en l'air (fig. 38).

2º Dans un œil bien conformé la vision se fait nettement, aussi bien pour les objets très éloignés que pour ceux qui sont très rapprochés; ce résultat est obtenu au moyen du mécanisme de l'*accommodation* déjà signalé plus haut, p. 66, à propos du cristallin.

3º Mais si l'œil est trop aplati d'avant en arrière (*hypermétropie*), ou si, par suite de la vieillesse, le cristallin a perdu son élasticité et ne peut plus se modifier dans sa forme (*presbytie*), l'œil ne voit plus d'une façon nette que les objets éloignés. Dans ces cas, en effet, l'image des objets rapprochés tend à se faire en arrière même de l'œil.

4º Dans le cas contraire, c'est-à-dire le diamètre antéro-postérieur de l'œil étant trop allongé (*myopie*), l'image des objets tend à se faire à quelque distance en avant de la rétine; et la vue ne devient nette que quand on rapproche beaucoup l'œil des objets.

On remédie à ces diverses infirmités au moyen de verres de lunettes, convexes dans les deux premiers cas, concaves dans le troisième.

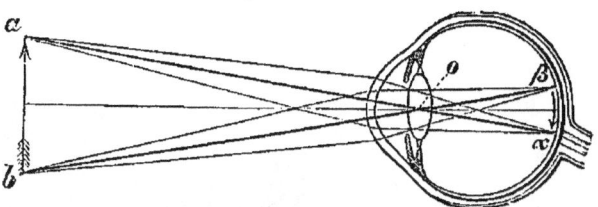

Fig. 38. — Figure destinée à montrer la marche des rayons lumineux dans l'œil, et comment un objet donné vient se dessiner renversé sur le fond de cet organe.

5° La rétine n'est pas dans toutes ses parties également sensible à la lumière; ainsi le point même où le nerf optique pénètre dans l'œil est complètement insensible. Par contre, un peu en dehors de ce point se trouve un petit espace, d'un millimètre carré, appelé la *tache jaune*, qui est la partie la plus sensible de l'œil, celle sur laquelle les objets viennent se dessiner quand nous les fixons.

6° L'impression faite par les objets sur la rétine dure un certain temps; il en résulte que nous avons encore la sensation de leur présence, alors qu'ils ont disparu depuis un instant. C'est ce que prouve l'expérience qui consiste à faire tourner rapidement un objet brillant tenu à la main : on croit voir un cercle continu, comme si l'objet se trouvait en même temps occuper les différents points du cercle qu'on lui fait décrire.

De l'Ouïe.

Structure de l'oreille. — L'*ouïe* est le sens qui nous fait percevoir les sons. Elle a pour organe l'*oreille*, placée sur les côtés de la tête.

Celle-ci présente trois parties principales, appelées *oreille externe, oreille moyenne, oreille interne* (fig. 39).

L'oreille externe offre le *pavillon (M)*, qui est la partie visible au dehors, et le conduit *auditif (G)*, que ferme en dedans une mince cloison, la *membrane du tympan*.

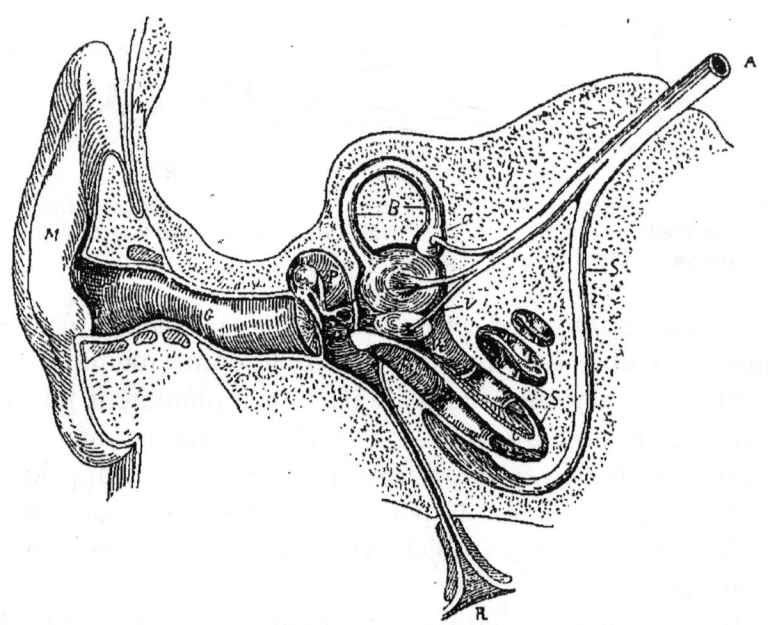

FIG. 39. — Structure de l'oreille. *M*, pavillon; *G*, conduit auditif; *P*, oreille moyenne et osselets de l'ouïe; *V*, vestibule; *B*, l'un des canaux semi-circulaires; *C*, limaçon; *R*, trompe d'Eustache; *A*, nerf acoustique qui envoie des rameaux (*S*) au limaçon, aux canaux semi-circulaires (*a*) et au vestibule (*V*).

L'oreille moyenne (P), dont le fonctionnement a été comparé à celui d'une caisse sonore ou d'un tambour, commence à la membrane du tympan (fig. 40, *9*), qui la sépare de l'oreille externe, et se termine à deux autres petites membranes (la *fenêtre ovale (3)* et la *fenêtre ronde (10)*, qui la séparent de l'oreille interne.

Cette sorte de caisse sonore est traversée par une chaîne de quatre petits osselets (*marteau, enclume, os lenticulaire, étrier*, fig. 40, *4, 6, 7*), qui relie la membrane du tympan à la membrane de la fenêtre ovale, et qui a pour but de les mettre dans un état de tension convenable pour la propagation des sons. D'autre part, cette caisse est remplie d'air, qui se renouvelle fréquemment par un conduit qui s'ouvre dans la gorge et qu'on appelle la *trompe d'Eustache* (fig. 39, *R*).

Enfin, l'*oreille interne*, encore appelée *labyrinthe*, en raison de sa complexité, est la partie la plus importante, celle qui est impressionnée par les sons, tandis que les deux premières servent seulement à les recueillir ou à les renforcer. Trois parties

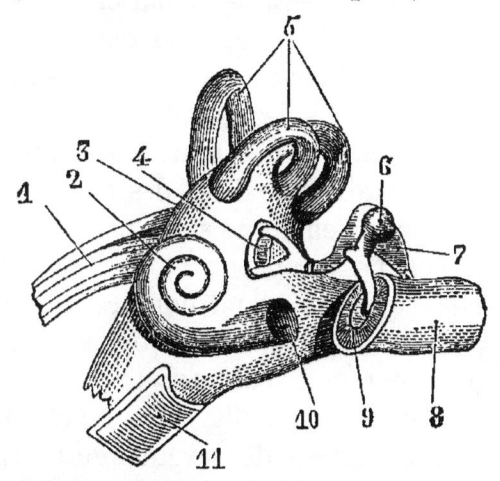

Fig. 40. — Parties intérieures de l'oreille.
1, Nerf acoustique; 2, limaçon; 3, vestibule; 4, fenêtre ovale, sur laquelle s'applique la base de l'étrier; 5, canaux semi-circulaires; 6, le marteau, dont le manche s'appuie sur la membrane du tympan; 7, enclume (l'os lenticulaire entre l'enclume et l'étrier); 8, conduit auditif; 9, membrane du tympan; 10, fenêtre ronde communiquant avec le limaçon; 11, trompe d'Eustache.

la composent : le *vestibule* (fig. 40, *3*), les *canaux semi-circulaires (5)*, au nombre de trois, et le *limaçon (2*, et fig. 39, *S)*. Dans ce dernier sont disposées des fibres d'une délicatesse extrême, que l'on a comparées pour leur usage et leur disposition aux cordes d'une harpe.

Un nerf spécial, le *nerf acoustique* ou *auditif* (fig. 39, *A*), se distribue et se ramifie dans les différentes parties de l'oreille interne, puis gagne le cerveau, auquel il transmet les impressions auditives.

Du Goût et de l'Odorat.

Siège du goût. — Condition indispensable à l'exercice de ce sens. — Le *goût*, qui nous fait percevoir les saveurs, réside exclusivement dans la bouche, par conséquent à l'entrée des voies digestives; il est en quelque sorte une annexe de la digestion, puisqu'il nous permet d'apprécier certaines qualités des aliments. La *langue*, surtout à sa base, en est le siège principal, les autres parties de la bouche y concourant fort peu. La langue est en effet pourvue d'un grand nombre de petits prolongements ou *papilles*, de formes diverses, auxquels se rendent des filets nerveux spéciaux.

Mais toute substance, pour produire sur la langue une sensation de saveur, doit être dissoute; aussi les glandes salivaires, dont la sécrétion opère la dissolution de certains aliments, doivent-elles être regardées comme des organes accessoires du goût.

Organe de l'odorat. — Le sens de l'*odorat* réside dans le *nez* et consiste dans la perception des odeurs. Le nez, qui sert aussi à l'entrée de l'air destiné à la respiration, se compose d'un double conduit, les *fosses nasales*, tapissées d'une membrane, la muqueuse *olfactive* ou *pituitaire*. C'est la partie supérieure de cette membrane, c'est-à-dire celle qui s'étend sur la voûte du nez, qui seule est le siège de l'odorat, car c'est à elle seule qu'aboutit et se distribue le *nerf olfactif*, qui préside à cette fonction.

Axiomes et déductions hygiéniques.

1. — **Toucher.** — La sensibilité générale répandue à la surface de la peau peut être supprimée ou augmentée à la suite de certains états maladifs du système nerveux. Il n'est pas rare de voir, par exemple, tout un côté du

corps devenu insensible, tandis que l'autre moitié a conservé sa sensibilité normale.

2. — Les travaux rudes diminuent la délicatesse du toucher en déterminant un épaississement de l'épiderme, tandis que l'abstention de travaux manuels et l'usage fréquent des lavages à l'eau de savon entretiennent la finesse du tact.

3. — Vue. — Une lumière trop vive, surtout rouge, jaune ou violette, fatigue la vue et peut produire des inflammations de l'œil. Il en est de même et surtout de la réverbération du soleil sur le sable des grèves, par exemple, ou sur la surface polie des glaciers. On obvie à ces inconvénients par l'usage de lunettes à verres de couleur, bleus ou mieux de teinte fumée.

4. — L'habitude qu'ont certains enfants de trop se pencher sur leur table de travail pour écrire, fatigue la vue et favorise le développement de la myopie. La distance entre l'œil et le livre ou le papier sur lequel on écrit doit être de 30 centimètres environ.

5. — Par suite de l'âge, les milieux transparents de l'œil deviennent moins clairs, tendent à devenir opaques ; le cristallin est fréquemment le siège d'une altération de ce genre, connue sous le nom de *cataracte*, laquelle est une cause de cécité.

6. — Ouïe. — Les bruits très violents, tels que la décharge des pièces de canon, peuvent amener la surdité.

7. — Une cause fréquente de diminution de la finesse de l'ouïe consiste dans l'accumulation d'une matière cireuse formée dans le conduit auditif; des soins de propreté suffisent à empêcher ce petit accident.

8. — Goût. — Les aliments épicés, les condiments, en flattant le sens du goût et la sécrétion de la salive, favorisent la digestion. Mais leur usage habituel avec excès serait fort nuisible; l'excitation prolongée de ce sens finirait par en émousser la finesse.

9. — Odorat. — Ce qui vient d'être dit des épices, à propos du goût, s'applique parfaitement aux odeurs, pour l'odorat. Un léger parfum produit sur le cerveau une sensation et une excitation agréables ; mais des parfums violents donnent des maux de tête, des étourdissements, etc. L'abus des odeurs a l'inconvénient d'émousser le sens de l'odorat, si bien que celui qui en fait habituellement usage est amené inconsciemment à en augmenter souvent la dose, au grand préjudice de ses voisins et de sa santé.

QUESTIONNAIRE. — Qu'appelle-t-on organes des sens ? Énumérez-les. — Qu'est-ce que le toucher ? — Exposez en quelques mots la structure de la peau.

Qu'est-ce que la vue ? — Quel est le but des paupières et des glandes lacrymales ? — Qu'est-ce que la sclérotique ? la cornée transparente ? — Qu'appelle-t-on iris ? — Quel est le rôle de la pupille ? — Quelle est la forme du cristallin et quel est son usage ? — Qu'appelez-vous humeur vitrée ? — Qu'est-ce que la rétine ? — Qu'est-ce que la choroïde et quelle est son utilité ? — Quels sont les caractères de l'image des objets formés au fond de l'œil ? — Quels sont les inconvénients d'un œil trop court et ceux d'un œil trop allongé d'avant en arrière ? — La rétine jouit-elle partout d'une égale sensibilité ?

Quelles sont les trois parties de l'oreille ? — Où est située la membrane du tympan ? — Comment est fermée l'oreille moyenne ? — Quels objets renferme-t-elle ? — Quel est le rôle de la chaîne des osselets ? — L'oreille moyenne communique-t-elle avec le dehors et comment ? — Quelles sont les parties principales de l'oreille interne ? — Comment appelez-vous le nerf spécial de l'ouïe ?

Où réside principalement le sens du goût ? — Quelle est la condition indispensable pour qu'un objet ait de la saveur ?

Où réside le sens de l'odorat ? — Comment appelle-t-on la membrane qui tapisse le nez et qui est le siège propre de l'odorat ? — Quel est le nerf qui préside à ce sens ?

DEUXIÈME PARTIE

ZOOLOGIE DESCRIPTIVE

CHAPITRE PREMIER

De la Classification.

En présence de l'innombrable quantité d'animaux qui peuplent notre globe, ou dont les restes sont enfouis à des profondeurs diverses dans les couches de la Terre, on se trouve obligé, pour mettre de l'ordre dans cette étude presque infiniment variée, d'employer des procédés spéciaux; c'est la *classification* qui nous les fournit. Grâce à elle, chaque être a sa place nettement marquée au milieu de tous les autres; et à l'aide de recherches très simples l'observateur est amené à reconnaître quelle est cette place.

Voici comment s'établit une classification : un animal en particulier, un individu, étant envisagé, on reconnaît bientôt qu'un certain nombre d'autres animaux ont une organisation très semblable à la sienne; de la réunion de ces individus on fait une *espèce*. Après avoir agi de même pour d'autres animaux différents, et avoir ainsi reconnu d'autres espèces, on observe que certaines présentent entre elles plusieurs caractères identiques, en même temps qu'elles diffèrent un peu par quelques autres; de la réunion de ces espèces, voisines par leur organisation, on constitue un *genre*. Les genres, à leur tour, composent de la même façon les *tribus*, qui se réunissent pour former les *familles*, auxquelles succèdent les *ordres;* puis viennent les *classes*, de la réunion desquelles résultent les *embranchements*, qui sont le terme le plus large de la classification.

Pour mieux fixer les idées, prenons un cas en particulier. Tous les *Chats* qui vivent dans nos maisons sont autant d'*individus*, lesquels ont entre eux une très grande ressemblance et dont la réunion constitue une *espèce* bien distincte, que l'on ne peut confondre avec aucune autre. Mais il y a plusieurs espèces de Chats : le Tigre, la Panthère, le Léopard, etc. ; ce sont autant d'espèces distinctes, mais qui, par ailleurs, se ressemblent assez entre elles pour qu'on les réunisse en un seul groupe, qui est le *genre Chat*.

Les classificateurs ont l'habitude, depuis Linné, de désigner chaque animal sous deux noms latins; le premier est celui du genre auquel il appartient, le second celui de l'espèce qu'il constitue : c'est ainsi que le Chat de nos maisons s'appelle *Felis catus*.

Maintenant, nous voyons entre le genre Chat et plusieurs autres genres d'animaux, tels que les genres Hyène, Renard, Chien, des traits de ressemblance non équivoques; aussi en avait-on jadis formé une *tribu* sous le nom de *Digitigrades*, ce qui veut dire : animaux qui marchent en s'appuyant seulement sur les doigts; tandis que d'autres formaient une seconde tribu, celle des *Plantigrades* : tels étaient les Ours, les Blaireaux, qui ne reposent plus seulement sur les doigts, mais sur la plante des pieds tout entière. La réunion de ces deux tribus constituait la *famille* des *Carnivores*. Mais les Carnivores portent des mamelles et appartiennent, par conséquent, à la *classe* des *Mammifères*, dont les Chevaux, les Bœufs, les Cochons, etc., font également partie. Enfin, les Mammifères présentent un squelette intérieur, formé d'os articulés; c'est pour quoi on range les animaux qui viennent d'être cités avec les Oiseaux, les Serpents, les Poissons, qui ont également un squelette osseux, dans l'*embranchement* des *Vertébrés*.

Ajoutons, comme complément à ces notions sur la classification, que parmi les individus appartenant à une même espèce, il en est qui, s'écartant des autres par des différences d'importance secondaire, constituent ce qu'on appelle des *variétés*.

Si ces variétés se conservent de génération en génération, de façon à persister pendant une longue durée, elles forment des *races*.

Classification suivie dans cet ouvrage. — C'est à la classification créée par un illustre naturaliste français du commencement de ce siècle, Georges Cuvier, que l'on s'en tenait jusqu'à ces dernières années. Mais les remarquables progrès accomplis récemment en histoire naturelle, ont forcément amené les naturalistes à faire subir à cette classification d'importants changements.

G. Cuvier avait divisé tout le règne animal en quatre embranchements, caractérisés surtout par la disposition du système nerveux, à savoir : les *Vertébrés*, les *Annelés*, les *Mollusques* et les *Zoophytes* ou *Rayonnés*.

Aujourd'hui, par suite du dédoublement de plusieurs des groupes précédents, on admet généralement huit embranchements, à savoir : les VERTÉBRÉS, les TUNIciers, les Mollusques, les Articulés ou Arthropodes, les Vers, les Échinodermes, les Cœlentérés et les Protozoaires.

PREMIER EMBRANCHEMENT

Vertébrés.

Caractères généraux des Vertébrés. — L'embranchement des Vertébrés comprend tous les animaux dont les caractères essentiels sont d'avoir :

1° Un *squelette interne*, c'est-à-dire un assemblage d'os, autour desquels sont fixés les muscles chargés de les mouvoir ;

2° Les parties principales du *système nerveux* placées *au-dessus* du tube digestif et logées dans un canal formé par une série de petites pièces osseuses ou cartilagineuses, appelées *vertèbres* (1) ;

3° Enfin, une *symétrie bilatérale* du corps, c'est-à-dire la moitié droite du corps semblable à la moitié gauche.

Examen sommaire de l'organisation du Chien, du Coq, du Lézard, de la Grenouille, de la Carpe, pour montrer les caractères de l'embranchement des Vertébrés et de leurs classes.

Pour faire saisir, par des exemples, les caractères des principaux groupes de Vertébrés, nous allons com-

---

(1) Il existe une exception à cette règle. Le plus inférieur des Vertébrés, un petit Poisson long de quelques centimètres, l'Amphioxus, n'a pas de vertèbres.

parer sommairement l'organisation de cinq animaux connus de tout le monde, que nous allons prendre comme types : le Chien, le Coq, le Lézard, la Grenouille et la Carpe.

Personne n'ignore que dans chacun de ces animaux les organes sont disposés avec *symétrie*, de telle sorte que si l'on suppose leur corps coupé verticalement d'avant en arrière, en passant par son milieu, il se trouve divisé en deux moitiés semblables.

Tous sont pourvus d'os formant un *squelette intérieur*, qui soutient les organes plus mous, les viscères, et sur lequel les muscles de la locomotion viennent s'attacher. La partie essentielle de ce squelette est constituée par une série de petits os en forme d'anneaux, appelés *vertèbres*, qui logent les parties principales du système nerveux, et au-dessous desquelles s'étend le tube digestif.

Cet appareil digestif commence pas un orifice buccal, formé de deux *mâchoires superposées* et dont les mouvements, par conséquent, se font de haut en bas. Quoique les parties qui entrent dans sa constitution soient fondamentalement les mêmes, la forme de cette bouche est très variable, comme il est facile de le constater en comparant notamment la gueule du Chien, pourvue de solides mâchoires armées de fortes dents, au bec pointu et corné du Coq.

L'appareil de la respiration est loin d'avoir chez tous la même structure. Ainsi, dans le Chien, le Coq, le Lézard et la Grenouille, il se compose des *poumons,* masses spongieuses creusées de nombreuses cavités dans lesquelles pénètre l'air atmosphérique; tandis que chez la Carpe il est formé de lamelles nombreuses, serrées les unes contre les autres, constituant des *branchies*, lesquelles, continuellement baignées par l'eau dans laquelle vivent ces animaux, en retirent l'air qui s'y trouve dissous. Mais dans tous les cas, du moins chez l'animal adulte, *l'air* ou *l'eau passe par la bouche* pour arriver à l'organe respiratoire.

Tous ont un appareil circulatoire pourvu d'un *cœur* creusé de *deux* à *quatre cavités* et garni de *valvules* qui assurent au sang une direction constante. Ce *sang* est toujours *rouge*, couleur qu'il doit à ses globules, lesquels en constituent la partie essentielle.

Les *membres*, enfin, sont de forme extrêmement variable, il est vrai ; cependant, chez nos cinq espèces, ils sont au nombre de quatre, deux antérieurs, deux postérieurs, et se composent, dans tous, des mêmes parties essentielles, lesquelles répondent à ce qu'on appelle chez l'Homme : épaule, bras, avant-bras, carpe, et main, s'il s'agit des membres antérieurs ; hanche, cuisse, jambe, tarse, pied, s'il s'agit des postérieurs.

Cette ressemblance, présentée par ces cinq espèces, dans les traits essentiels de leur organisation, justifie leur rapprochement en un même embranchement, qui est celui des Vertébrés.

Mais s'il existe des caractères communs, il existe aussi de nombreuses différences, qui permettent, comme nous allons le voir, de répartir ces cinq espèces dans cinq *classes* différentes.

— Parmi ces animaux, deux seulement, le Chien et le Coq, ont le sang chaud, ou plutôt possèdent une *température constante* et élevée, quelle que soit celle de l'extérieur ; le contact des autres, au contraire, nous paraît froid, leur température propre étant fort basse et ne s'élevant qu'avec celle de l'extérieur, dont elle subit toutes les oscillations.

Cette différence entre la température des premiers et celle des seconds tient à ce que la circulation et la respiration sont bien plus actives chez les uns que chez les autres.

La circulation du sang dans le Chien et le Coq offre, en effet, deux circuits complets, dont le point de départ et le point d'arrivée est au *cœur*, lequel est creusé de quatre cavités. L'un des circuits passe par les différents organes du corps, où le sang devient *veineux*, l'autre par les poumons, où il se revivifie et devient *artériel*. Sur tout leur parcours, ces deux sortes de sang ne se trouvent jamais mêlées l'une à l'autre.

Quant à la respiration, elle se fait à l'aide de *poumons* très développés et est fort active.

De notables rapprochements existent donc entre les deux espèces dont nous parlons.

Mais, d'autre part, des cinq espèces que nous avons prises pour types, celle du Chien seule donne naissance à des petits vivants ; toutes les autres pondent des œufs. Aussi le Chien est-il seul pourvu de *mamelles*, à l'aide desquelles il allaite ses petits.

En outre, le Chien seul a la peau couverte de *poils*.

Les différents caractères présentés par le Chien, et que nous venons d'énumérer, le font placer dans la classe des MAMMIFÈRES.

— Le Coq, qui comme le Chien possède une *circulation double* et *complète*, a une respiration plus active que la sienne, car elle se fait non seulement par des *poumons*, mais à l'aide de *sacs aériens* placés dans différentes régions de son corps, et communiquant d'une part avec les poumons et de l'autre avec les cavités dont les os sont creusés. En outre, son corps est recouvert de *plumes*. Enfin, et surtout, ses membres antérieurs sont disposés en forme d'*ailes* et portent de longues plumes pour le vol, caractère qui à lui seul permettrait de ranger le Coq dans la classe à laquelle il appartient, celle des OISEAUX.

— Le Lézard, avons-nous dit, possède, comme la Grenouille et la Carpe, une *température variable*, car sa respiration, laquelle se fait également à l'aide de *poumons*, est moins active et la circulation moins parfaite que dans les deux premiers types.

En effet, son *cœur* n'est creusé que de *trois cavités*, dans l'une desquelles le sang veineux, qui revient des organes, se trouve mêlé au sang artériel arrivant des poumons ; il en résulte que la circulation, tout en étant encore *double*, est *incomplète*, comme dans les espèces suivantes.

Quant à la peau, elle est recouverte de petites *écailles*.

Le Lézard est, pour ces différentes raisons, rangé dans la classe des REPTILES.

— La Grenouille possède également une *température variable* et un *cœur à trois cavités*, et par conséquent une circulation double et incomplète. Pendant le jeune âge, bien différente en cela du Lézard, sa respiration se fait non pas à l'aide de poumons, mais de *branchies*, organes qui servent à puiser non plus l'air atmosphérique, mais celui qui est dissous dans l'eau.

Elle n'arrive à sa forme définitive qu'après avoir subi des *métamorphoses* : ainsi, au sortir de l'œuf, elle a la forme de têtard, c'est-à-dire qu'elle possède un gros corps terminé par une longue queue et dépourvu de membres ; ceux-ci ne se développeront que plus tard et la queue finira par disparaître.

Enfin, la *peau* de la Grenouille est entièrement *nue*, c'est-à-dire qu'elle ne porte ni poils, ni plumes, ni écailles. Aussi, place-t-on avec raison cet animal dans une classe différente de celle du Lézard, la classe des BATRACIENS OU AMPHIBIENS.

— Quant à la Carpe, la circulation du sang s'est encore simplifiée chez elle, puisque le *cœur* n'offre plus que *deux cavités,* et que le sang décrit un circuit unique ; de plus, la respiration se fait, pendant toute la vie, seulement à l'aide de *branchies.*

En outre, les *membres* ont une forme toute spéciale et sont plus nombreux que chez les animaux étudiés jusqu'ici. On y retrouve, il est vrai, les quatre membres ordinaires, qui sont transformés en *nageoires ;* mais, de plus, il existe des *membres impairs,* placés sur la ligne médiane du corps et désignés sous les noms de nageoires dorsale, caudale, anale.

Quant à la peau, elle est toute couverte d'*écailles.*

Ces caractères sont précisément ceux des Poissons.

Or, quelles que soient les espèces des Vertébrés que nous ayons à étudier, nous constaterons que les caractères organiques qu'elles possèdent sont semblables à ceux que présentent l'un ou l'autre des animaux qui viennent d'être examinés, le Chien, le Coq, le Lézard, la Grenouille ou la Carpe.

Nous sommes ainsi amenés à répartir tous les Vertébrés en cinq classes, à savoir :

Les Mammifères ;
Les Oiseaux ;
Les Reptiles ;
Les Batraciens ;
Les Poissons.

I. — Classe des Mammifères.

Caractères généraux des Mammifères. — Les Mammifères comprennent tous les animaux pourvus de *mamelles,* au moyen desquelles ils nourrissent leurs petits dans les premiers temps de la vie. Cette règle s'applique aussi bien aux Mammifères qui se tiennent dans l'eau, qu'à ceux qui vivent sur le sol. Ainsi les Baleines, les Dauphins et les autres Cétacés appartiennent à cette classe et non pas à celle des Poissons, desquels ils se rapprochent cependant par la forme du corps.

Le nombre des mamelles varie avec les espèces; il est ordinairement en rapport avec celui des petits. Ainsi on en compte deux chez l'Éléphant et le Cheval, quatre chez la Vache, une douzaine chez le Rat.

Tous les Mammifères sont des animaux à sang chaud, ou, pour parler plus exactement, à *température constante*, quelle que soit d'ailleurs celle du dehors. Leur sang est rouge.

Leur peau est plus ou moins complètement recouverte de *poils*.

Ils sont *vivipares*, c'est-à-dire qu'ils mettent au monde leurs petits tout formés, tandis que la plupart des animaux vertébrés des autres classes ne produisent que des œufs, d'où sortent ensuite les petits.

Leurs *membres* sont au nombre de quatre, sauf chez les Cétacés, qui n'ont que les antérieurs, lesquels sont disposés en nageoires.

On peut diviser la classe des Mammifères en quatorze ordres principaux, à savoir : 1° les *Bimanes*, 2° les *Quadrumanes*, 3° les *Prosimiens*, 4° les *Cheiroptères*, 5° les *Carnivores*, 6° les *Insectivores*, 7° les *Rongeurs*, 8° les *Proboscidiens*, 9° les *Ongulés* (qui se divisent en *Jumentés* et *Bisulques*), 10° les *Phoques*, 11° les *Cétacés* (ces deux ordres comprenant les *Mammifères marins*), 12° les *Édentés*, 13° les *Marsupiaux*, 14° les *Monotrèmes*.

PREMIER ORDRE — LES BIMANES

Caractères généraux des Bimanes. — Les Bimanes, caractérisés, au point de vue anatomique, par la présence de mains seulement à l'extrémité des membres antérieurs, ne renferment qu'une espèce, l'*Homme*.

Celui-ci, en effet, par son organisation corporelle se rapproche des animaux supérieurs; il est simplement le premier d'entre eux. Et si, de nos jours quelques naturalistes ont cru devoir faire pour lui un règne spécial, le règne humain, c'est en prenant en considération le côté intellectuel et moral de l'Homme, bien plus que son organisation physique.

Cependant, même au point de vue de sa constitution matérielle, on peut dire qu'il offre un ensemble de qualités qui l'élèvent au-dessus de n'importe quelle autre espèce animale.

Sans doute on peut citer certains animaux qui l'emportent sur lui par la force, ou par la rapidité, ou encore par la perfection des organes des sens, la vue ou l'ouïe. Mais chez aucun on ne voit l'organisme présenter un ensemble aussi parfait, aussi bien équilibré, dans lequel la force, la souplesse, l'agilité, la vitesse, la perfection des cinq sens, toutes les qualités physiques, en un mot, se rencontrent à la fois à un pareil degré.

Seul, parmi tous les Mammifères, l'Homme est *bipède* et *bimane*, c'est-à-dire qu'il a deux pieds uniquement destinés à la marche, et deux mains merveilleusement disposées pour le mettre en relation avec les objets extérieurs, lui permettre d'en apprécier les qualités physiques et de les employer à son usage. Les animaux qui se rapprochent le plus de l'Homme, les Singes, lui sont bien inférieurs à ce point de vue. Leurs pieds sont faits à la fois pour supporter le poids du corps et pour saisir les objets; il en résulte qu'ils sont imparfaitement disposés pour la marche. C'est pourquoi ces animaux sont obligés de s'appuyer sur leurs membres antérieurs. Ceux-ci, par contre, sont terminés par des mains, qui, servant à la fois à la marche et à la préhension, sont par là même moins parfaitement adaptées à ce dernier usage.

En résumé, le pied de l'Homme est admirablement organisé pour la marche, et sa main pour saisir les objets, tandis que le pied et la main du Singe sont moins bien disposés pour remplir ces mêmes fonctions.

Dans les lignes précédentes, on s'est contenté d'établir la supériorité de l'Homme en se plaçant exclusivement au point de vue de l'organisation physique. Que serait-ce, si l'on considérait en lui le côté intellectuel, qui, bien plus que toutes ses autres perfections, le met au-dessus de tout le reste de la création! Ce corps si beau, en effet, reçoit son éclat d'une *âme immortelle*, qui comprend, qui sait, qui raisonne et qui juge, qui connaît la distinction du bien et du mal, qui s'élève au-dessus de la matière, pour pénétrer dans le monde de l'infini et arriver jusqu'à la connaissance de Dieu.

Races humaines. — L'Homme constitue une espèce unique, c'est-à-dire que, quel que soit le pays où l'on rencontre des hommes, ils ont toujours entre eux une grande ressemblance, de sorte que l'on ne saurait les confondre avec aucune autre espèce animale.

Cependant, sous l'influence de la diversité des climats, le type humain subit quelques modifications secondaires, qui justifient la division de notre espèce en un certain nombre de groupes distincts que l'on appelle des *races*. Celles-ci sont établies d'après la couleur de la peau, la conformation du visage, du nez, de la bouche, du menton, etc. La forme de la tête dans son ensemble est surtout prise en considération; tantôt, en effet, elle est allongée d'avant en arrière (races *dolichocéphales*, fig. 47), et tantôt elle est courte (races *brachycéphales*, fig. 50).

Georges Cuvier admettait trois races ; et aujourd'hui encore, après les nombreux travaux faits

Fig. 41. — Race blanche. — Européen.

depuis par les naturalistes sur cet important sujet, son opinion est généralement acceptée ; quelques-uns cependant admettent l'existence d'une quatrième race.

En voici l'énumération :

1° La *race blanche* ou *caucasique* ; 2° la *race jaune* ou *mongolique* ; 3° la *race noire* ou *africaine* ; 4° la *race rouge* ou *américaine*, qui n'est regardée par d'autres savants que comme une variété de la seconde.

1° *Race blanche ou caucasique* (1). — C'est elle qui de toutes est la plus parfaite au point de vue physique et intellectuel. Elle a les cheveux fins et lisses, droits ou ondulés, blonds ou bruns, la barbe bien fournie, les yeux

Fig. 42. — Race jaune. — Chinois.

grands, la fente des paupières horizontale, les sourcils bien arqués, le nez étroit et proéminent, la bouche modérément fendue, les dents verticales, la peau fine, douce, blanche ou brune. (fig. 41).

(1) Le nom de caucasique donné à cette race vient de ce que les peuples qui la composent tirent leur origine de la chaîne du Caucase, entre la mer Caspienne et la mer Noire.

A cette race appartiennent les habitants de l'Europe, de l'Asie occidentale et de l'Afrique septentrionale (Égyptiens, Coptes).

Fig. 43. — Race jaune. Kalmouck.

Fig. 44. — Race jaune. Jeune fille japonaise.

2° *Race jaune ou mongolique*. — Dans cette race la face est plate, avec les pommettes des joues saillantes; le front est bas et fuyant, l'ouverture des paupières obliques, de façon à être plus relevée en dehors qu'en dedans; le nez est comme écrasé, le menton un peu saillant; la peau a une teinte olivâtre; les cheveux sont noirs et plats, la barbe rare. Cette race renferme les Mongols, les Malais, les Chinois, les Thibétains, les Japonais.

Fig. 45. — Race jaune. — Samoyède.

3° *Race noire ou éthiopienne*. — Cette race, que l'on divise assez généralement aujourd'hui en *Nègres de l'Afrique* et en *Nègres de l'Océanie* ou *Mélanésiens*, comprend les Hommes dont la peau est noire, le front fuyant,

Fig. 46. — Race noire. — Nègre d'Afrique.

le nez large et comme écrasé, les mâchoires portées en avant, caractère qui a reçu le nom de *prognathisme*

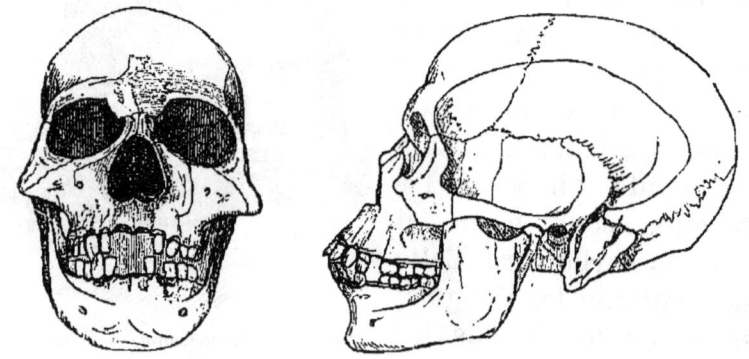

Fig. 47. — Crâne dolichocéphale de nègre d'Afrique, vu de face et de profil.

(fig. 47), et qui se retrouve, mais beaucoup plus marqué,

chez les Singes ; leurs lèvres sont épaisses, retroussées, leurs dents fortes et obliques en avant, leurs cheveux

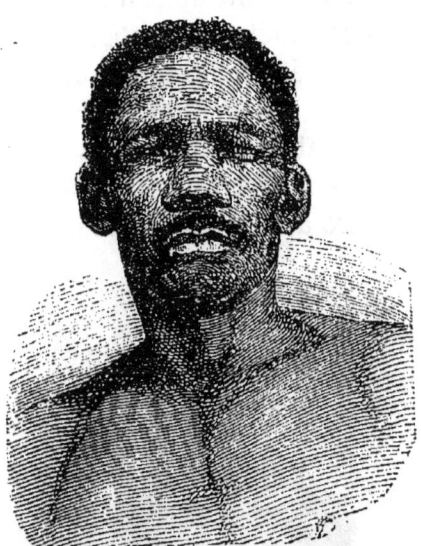

Fig. 48. — Race noire. — Hottentot vu de face.

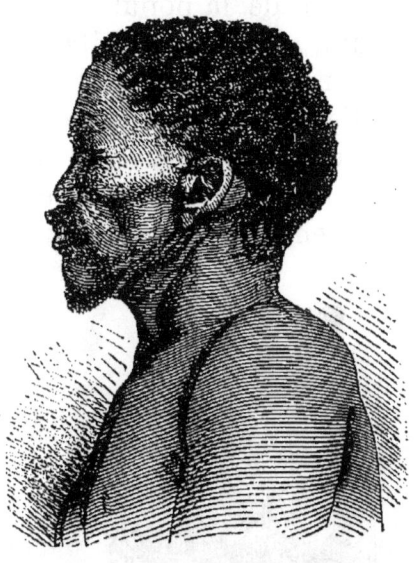

Fig. 49. — Hottentot vu de profil.

noirs et laineux ou crépus. A cette race appartiennent les Éthiopiens, les Cafres, les Hottentots et les Boschimans. Ces deux derniers groupes sont considérés comme

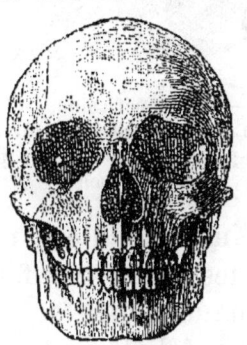 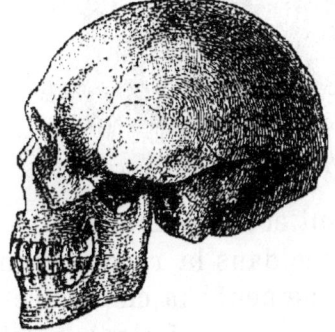

Fig. 50. — Crâne brachycéphale d'un Américain (Brésil), vu de face et de profil.

les variétés les plus dégradées du type humain, au double point de vue physique et intellectuel.

4° *Race rouge ou américaine*. — Il s'agit ici, bien entendu, de la population primitive du continent américain, celle qui l'habitait avant la conquête par les Européens, lesquels y ont apporté des éléments nouveaux. Elle se rapproche assez de la race mongolique, mais s'en distingue surtout par la coloration cuivrée de la peau. De plus, le visage est moins large, le nez proéminent et recourbé au lieu d'être aplati ; le front est

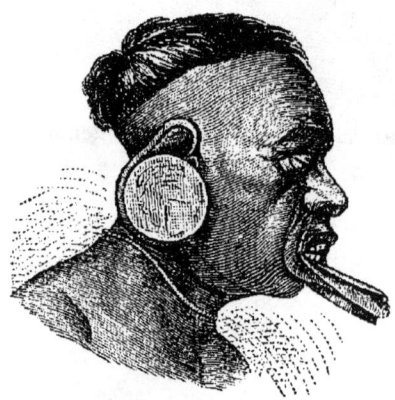

Fig. 51. — Race américaine.

Fig. 52. — Race américaine. — Un Botocudo, avec l'oreille et la lèvre inférieure percées et distendues par de larges rondelles de bois.

fuyant et les pommettes sont moins saillantes ; mais, comme dans la race mongolique, les yeux sont fendus obliquement ; la chevelure est longue, noire et plate, la barbe rare. Le crâne est dolichocéphale ou brachycéphale (fig. 50).

Observations générales sur les races humaines. — Malgré les caractères différentiels qui existent entre les races humaines, un ensemble de traits communs les rapproche les unes des autres, et prouve d'une façon non douteuse qu'elles appartiennent bien toutes à une même espèce.

Toutes ont la *parole* et seules elles la possèdent, les animaux n'ayant que la *voix*, comme l'avait déjà fait

Fig. 53. — Race américaine. — Un Esquimau.

remarquer Aristote. Le langage articulé doit donc être regardé comme l'un des plus hauts attributs de l'espèce humaine, qui seule, également, pour conserver d'une façon permanente l'expression de sa pensée, a le langage des signes ou l'*écriture*. Celle-ci est assurément très variable suivant les races, puisque pour certaines peuplades elle consiste simplement dans un certain rangement symbolique de cailloux, ou bien dans la juxtaposition de coquilles ou de morceaux de bois enfilés dans des cordelettes de couleurs différentes et entremêlées de nœuds ; tandis que pour d'autres elle est formée de dessins sculptés ou peints sur la pierre ou d'autres matières, afin d'exprimer les idées à l'aide de la représentation même des objets ; et qu'enfin, chez les nations plus civilisées elle consiste en signes phonétiques, c'est-à-dire qui reproduisent les mots mêmes du langage articulé.

L'Homme ne vit jamais isolé d'une façon permanente, mais bien en société ; il est par excellence un être *sociable*. Les anciens avaient été si frappés de ce besoin constant de l'espèce humaine, qu'un des sages de la Grèce disait : « Si quelqu'un montait au Ciel *seul* et entendait *seul* l'harmonie des mondes, il ne jouirait pas de ces merveilles. »

Partout l'Homme est *industrieux*, fait preuve d'un véritable esprit d'invention, pour se procurer non seulement les choses indispensables à la vie, mais encore tout ce qui peut lui donner un certain bien-être ; aussi a-t-on pu dire avec justesse que l'Homme est tout autant qu'un *être raisonnable*, un *être qui a besoin du superflu*. C'est qu'en effet il est dans la nature de l'Homme de vouloir toujours atteindre le *mieux*.

A cette propension se rattache le caractère d'être continuellement *perfectible*. Mais toutes les races sont loin de se valoir à ce point de vue. C'est ainsi que la race nègre n'a pour ainsi dire rien produit qui indique un mouvement progressif, tels que monuments architecturaux, artistiques ou littéraires. Il ne faudrait cependant pas croire pour cela que cette race soit fatalement vouée à l'état sauvage, le contraire étant prouvé par le succès qui a plusieurs fois couronné les éducations de nègres.

Dans tous les pays du monde, l'Homme a des idées de *morale*. Il est vrai que les conséquences qu'il tire de ces principes supérieurs varient beaucoup; et que, suivant les traditions, l'organisation sociale et la forme de la religion, la notion du bien et du mal change singulièrement, au point que ce qui passe pour coupable dans une région est regardé comme louable dans telle autre. Il s'en faut, assurément, que chez tous les peuples les notions de morale aient atteint un égal degré d'élévation.

De même aussi, malgré les formes très variées que la religion revêt suivant les nations, on ne peut soutenir qu'il y ait des peuples sans *idées religieuses*. On les a constatées chez les tribus les plus dégradées, Australiens, Mélanésiens, Boschimans, Hottentots, Cafres, etc. Toutes, en effet, reconnaissent l'existence d'êtres supérieurs à l'Homme, ayant une certaine influence sur sa destinée, et admettent qu'à la mort tout n'est pas fini pour lui. Cette règle ne va pas cependant jusqu'à ce point, que l'on ne puisse admettre que certaines individualités, quelques groupes d'une race, d'une nation, aient perdu le sentiment religieux, comme malheureusement on pourrait peut-être en citer plus d'exemples dans les nations civilisées que parmi les peuplades sauvages. « Obligé, par mon enseignement même, écrit M. de Quatrefages, de passer en revue toutes les races humaines, j'ai cherché l'athéisme chez les inférieures comme chez les plus élevées. Je ne l'ai rencontré nulle part, si ce n'est à l'état individuel ou à celui d'écoles plus ou moins restreintes, comme on l'a vu en Europe au siècle dernier, comme on l'y voit encore aujourd'hui. »

Nous pouvons donc terminer cette étude sur les

races humaines, en disant que l'Homme possède partout au point de vue de la constitution organique et de l'intelligence, les mêmes traits essentiels, et que seul il possède le langage articulé et l'écriture, qu'il est essentiellement sociable, industrieux, perfectible, moral et religieux.

QUESTIONNAIRE. — Qu'entendez-vous par classification en histoire naturelle ? — Quelles sont les grandes divisions employées dans la classification ? — Montrez comment on constitue les espèces, genres, tribus, familles, etc. — Comment, depuis Linné, les classificateurs désignent-ils les espèces animales ? — Qu'est-ce qu'une variété ? une race ? — Quelle était la classification de G. Cuvier ? — Laquelle admet-on aujourd'hui ?

Énumérez les principaux caractères des Vertébrés. — Montrez pourquoi le Chien, le Coq, le Lézard, la Grenouille et la Carpe appartiennent au même embranchement. — Montrez pourquoi chacun de ces animaux appartient à une classe différente. — Énumérez les classes de l'embranchement des Vertébrés. — Quels sont les caractères des Mammifères ? — Indiquez les divisions principales de cette classe. — Que comprend l'ordre des Bimanes ? — Montrez la supériorité de l'Homme sur les autres espèces animales. — Comparez notamment la main et le pied de l'Homme avec ces mêmes organes chez le Singe. — Qu'est-ce qui fait surtout la supériorité de l'Homme par rapport à toutes les autres créatures terrestres ? — Combien y a-t-il de races humaines ? — Énumérez-les et indiquez les caractères principaux de chacune. — Quels sont les principaux peuples qui appartiennent à chacune d'elles ? — Indiquez brièvement les traits communs qui relient entre elles les différentes races humaines.

CHAPITRE II

Classe des Mammifères (*Suite*)

DEUXIÈME ORDRE. — LES QUADRUMANES

Les *Quadrumanes* doivent leur nom à ce que leurs membres postérieurs sont, comme les antérieurs, pourvus de mains, de sorte que celles-ci sont au nombre de quatre. On voit, en effet, qu'aux pieds comme aux mains, le pouce peut s'opposer aux doigts pour saisir les objets (fig. 55).

On connaît généralement ces animaux sous le nom de *Singes*. Ils se partagent en deux groupes principaux : les Singes de l'ancien continent et les Singes du nouveau continent.

Les **Singes de l'ancien continent**, appelés encore **Catarrhiniens**, à cause de la forme de leur nez, divisé comme celui de l'Homme par une cloison étroite, sont bien différents de ceux d'Amérique, et par leur configuration se rapprochent bien plus de l'Homme que ces derniers. Ils ont comme lui vingt dents de lait et trente-deux dents permanentes ; tandis que les autres ont toujours vingt-quatre dents de lait et souvent trente-six dents définitives. Quoi qu'il en soit de la ressemblance qui existe entre la configuration des Singes et celle de l'Homme, on peut la caractériser en disant que les premiers sont la *caricature* du second. Si l'on compare, en effet, les organes de celui-ci aux organes de ceux-là, on note à peu près pour tous des différences sensibles, surtout s'il s'agit des organes de relation : à première vue, en effet, l'examen des membres fournit à cette démonstration un argument saisissant. La comparaison de la tête du Singe à celle de l'Homme est particulièrement démonstrative. Celle du premier est *bestiale*, c'est-à-dire que le front est fuyant et les mâchoires très proéminentes : la partie qui mange l'emporte sur la partie qui pense. Chez l'Homme, la proportion est inverse. Aussi, l'angle facial au lieu d'être de 50° à 60° comme dans le Gorille (voy. fig. 54), atteint, dans l'espèce humaine, 80° et davantage.

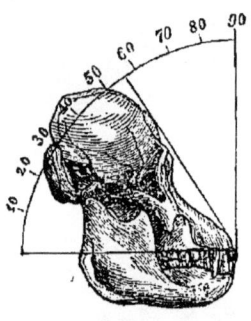

Fig. 54. — Tête de Singe (Gorille) montrant la proéminence des mâchoires (prognathisme), d'où il résulte que l'angle facial est aigu.

L'*Orang-Outang*, le *Chimpanzé*, le *Gorille*, les *Gibbons*, les *Macaques*, les *Semnopithèques*, les *Cercopithèques*, les *Cynocéphales* appartiennent à ce premier groupe de Singes.

L'*Orang-Outang*, expression qui signifie *homme des bois*, habite les forêts du Sumatra et de Bornéo (fig. 55). Sa taille est de quatre pieds environ ; ses oreilles sont petites et peu écartées ; ses longs bras descendent jusqu'aux pieds. Bien qu'il puisse se tenir debout pendant quelque temps, il est obligé, dans les marches un peu longues, d'appuyer sur le sol le dos de ses doigts à moitié fermés. Recouvert d'un poil épais et roux, il est dépourvu de queue, de même que les deux espèces suivantes, le Chimpanzé et le Gorille. Ce singe est susceptible d'une certaine éducation et peut être amené à

Fig. 55. — Orang-Outang.

exécuter un grand nombre d'actes qui semblent demander une intelligence assez développée (1).

Le *Chimpanzé* (fig. 56) habite l'Afrique, particulièrement le Congo et la Guinée. Sa taille, plus petite que celle de l'Homme, est de quatre pieds et demi environ ; ses oreilles sont grandes et écartées de la tête, ses bras descendent jusqu'aux genoux. Il lui est impossible, comme à l'Orang, de marcher longtemps debout ; comme lui aussi il peut recevoir une certaine éducation. Ses facultés intellectuelles sont relativement fort développées. En voici un exemple entre autres. Un naturaliste ayant un jour présenté un miroir à un jeune Chimpanzé, celui-ci parut d'abord surpris de voir son semblable, puis se mit à tourner autour de la glace ; n'ayant rien trouvé, il se plaça de nouveau en face du miroir, et tout en continuant à fixer l'image il passa sa main par derrière, comme pour s'assurer qu'il n'y avait là aucun Singe. Buffon raconte ce qu'il a vu faire à un jeune Chimpanzé, qu'on avait amené à Paris, en 1741 : « J'ai vu cet animal présenter sa main pour reconduire les gens qui venaient le visiter, se promener gravement avec eux et comme de compagnie ; je l'ai vu s'asseoir à table, déployer sa serviette, s'en essuyer les lèvres, se servir de la cuiller et de la fourchette,... aller prendre une tasse et sa soucoupe, l'apporter sur la table, y mettre du sucre, y verser du thé, le laisser refroidir pour le boire, et tout cela sans autre instigation que les signes ou la parole de son maître et souvent de lui-même. »

Le *Gorille* est assurément le géant des Singes. Il atteint une taille de six pieds ; ses membres sont épais

---

(1) Il est bien entendu qu'il n'est question ici que des facultés inférieures de l'intelligence, telles que la mémoire, l'imagination, un certain raisonnement, etc. ; les facultés plus élevées, comme la raison, l'abstraction, la **généralisation**, faisant défaut à ces animaux comme aux autres.

Fig. 56. — Chimpanzé.

et très musculeux; la largeur de ses épaules est énorme; ses oreilles sont plus petites que celles du Chimpanzé, son museau plus proéminent; ses yeux sont surmontés d'arcades sourcilières très saillantes; son visage a une expression menaçante. Cet animal, doué d'une force prodigieuse, est un terrible ennemi pour le voyageur qui se trouve tout à coup en sa présence. On prétend que ses mâchoires et ses dents sont assez puissantes pour écraser le canon de fusil du chasseur.

Les Gorilles vivent en petites troupes, conduites par un individu plus fort que les autres et auquel ceux-ci se soumettent. Ils se retirent pendant la nuit sous des espèces d'abris formés de quelques branches feuillues qu'ils placent sur les enfourchures des arbres. C'est dans les forêts du Gabon que l'on rencontre ces redoutables animaux.

Les *Gibbons* sont des Singes d'humeur douce, mais d'une intelligence bien moins développée que celle des précédents. Une espèce de Gibbons, le *Siamang*, qui habite les forêts de Sumatra, a l'habitude de pousser des cris horribles au lever et au coucher du soleil, d'où son nom de *Singe hurleur*, tandis que pendant le reste de la journée il garde un profond silence.

Il existe en Europe une seule espèce de Singes, laquelle est confinée dans un coin de l'Espagne, à Gibraltar, mais qui se retrouve abondamment en Algérie: c'est le *Magot*, qui appartient à la famille des Macaques. Cette espèce est celle que l'on trouve le plus communément dans les ménageries.

Citons, encore, parmi les Singes de l'ancien continent, les *Guenons* ou *Cercopithèques* (fig. 58), qui, comme leur nom l'indique, sont pourvues d'une longue queue, et dont on connaît un assez grand nombre d'espèces. Toutes ont des formes légères et gracieuses et se tiennent sur les arbres où elles grimpent avec une

Fig. 57. — Gorille.

extrême agilité. C'est en Afrique qu'on les rencontre. Doux lorsqu'ils sont jeunes, ces Singes deviennent souvent, avec l'âge, méchants et dangereux.

Enfin, le groupe des *Cynocéphales* (fig. 59), est composé d'espèces de grande taille; hauts sur jambes, leur corps est fort et leurs membres sont robustes.

Fig. 58. — Cercopithèque ou Guenon.

Leur tête rappelle par sa forme celle du Chien et c'est là ce qui leur a valu le nom sous lequel on les désigne. Leurs canines très fortes et aiguës rendent leurs morsures presque aussi dangereuses que celle des animaux carnassiers. Leur caractère est farouche, surtout chez les individus âgés. Presque tous habitent l'Afrique;

ils se tiennent dans les endroits boisés, rocailleux et montagneux. Les uns ont la queue très courte (*Man-*

Fig. 59. — Cynocéphales.

drills); les autres l'ont allongée (*Cynocéphales proprement dits*).

Les **Singes du nouveau continent**, désignés aussi sous le nom de **Platyrrhiniens**, en raison de la forme aplatie de leur nez, dont les narines sont fort écartées l'une de

Fig. 60. — Ouistiti oreillard; 1/3 de grandeur.

l'autre par une large cloison, sont communément appelés *Sapajous*. Ils ont une queue longue, souvent *prenante*, au moyen de laquelle ils se suspendent et se balancent aux branches des arbres. Tels sont les *Atèles*, dont les mains sont dépourvues de pouce, et dont le corps offre des proportions si grêles et une forme si élancée, qu'on les appelle aussi *Singes-araignées ;*

Les *Ouistitis* (fig. 60), charmants petits animaux, qui ont la douceur et la vivacité des Écureuils, dont ils offrent à peu près l'aspect extérieur ; leurs ongles sont en forme de griffes et leur pouce n'est pas opposable aux autres doigts.

TROISIÈME ORDRE. — LES PROSIMIENS (1)

Il existe un groupe d'animaux que leur organisation rapproche des Singes et dont on fait un ordre à part,

Fig. 61. — Un Lémurien, l'Aye-Aye de Madagascar.

sous le nom de Prosimiens ou de Lémuriens. Ils appartiennent tous à l'ancien continent (Indes, Madagascar, îles de la Sonde, etc.).

(1) Ce terme signifie que ces animaux sont voisins des Singes dans la classification.

Les principaux sont les *Lémures* ou *Makis*, dont quelques-uns, en raison de la forme de leur tête, portent le nom de *Singes à museau de renard* ;

Le *Cheiromys* ou *Aye-Aye*, de Madagascar (fig. 61), dans lequel le pouce des membres postérieurs seuls est opposable aux autres doigts ;

Les *Galéopithèques* (fig. 62), qui offrent de chaque côté de leur corps une expansion de la peau, laquelle.

Fig. 62. — Galéopithèques.

lorsque l'animal s'élance d'un arbre à l'autre, fait office de parachute et le soutient suffisamment pour lui permettre de franchir de la sorte d'assez grands espaces. Cette disposition singulière conduit à l'organisation encore plus remarquable que présentent les animaux de l'ordre suivant.

QUATRIÈME ORDRE. — LES CHEIROPTÈRES (1)

Les animaux de cet ordre, qui sont vulgairement appelés *Chauves-souris*, ont une conformation toute particulière, qui les fait reconnaître dès le premier abord. En effet, de chaque côté de leur corps part une vaste membrane, qui réunit les membres antérieurs aux postérieurs, s'étend même entre ces derniers en comprenant la queue dans son épaisseur, et s'étale

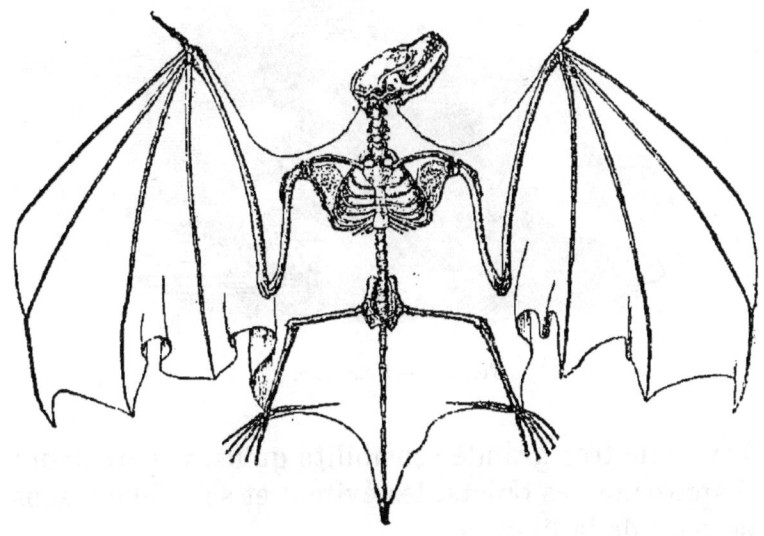

Fig. 63. — Squelette de Chauve-souris.

entre les doigts comme l'étoffe d'un parapluie entre les baleines qui en forment la charpente. Pour offrir une plus large surface à l'air pendant le vol, la partie

(1) Ce mot, qui veut dire *main-aile*, signifie que les animaux de cet ordre ont les membres antérieurs disposés pour le vol; on dit aussi *Chiroptères*.

qui répond à la main s'est considérablement allongée, de manière que sa longueur dépasse celle du tronc tout entier.

Les Chauves-souris ont des mœurs fort curieuses : elles ne font pas de nid, mais portent leurs petits avec elles en volant, jusqu'à ce que ceux-ci soient eux-mêmes en état de voler. Elles ont la singulière faculté de se diriger, sans se heurter jamais aux obstacles, dans la nuit la plus noire; aussi certains naturalistes ont-ils émis l'opinion que ces animaux possèdent un sixième sens; en réalité, c'est simplement

Fig. 64. — Roussette.

grâce à une très grande sensibilité qu'ils s'aperçoivent de l'approche des objets, les évitent et se guident sans le secours de la lumière.

Les Chauves-souris vivent d'insectes, qu'elles chassent seulement le soir et la nuit; aussi pourrait-on les appeler les Hirondelles de la nuit; et les services qu'elles rendent à l'homme en détruisant ainsi une quantité innombrable d'insectes nuisibles ou incommodes devraient les préserver davantage de nos coups.

A l'entrée de l'hiver, alors que le froid fait disparaître les insectes qui sont leur pâture habituelle, elles tombent en léthargie, et suspendues par leurs pattes de derrière, dans quelque cave obscure, elles restent immobiles pendant toute la mauvaise saison, enveloppées de leurs ailes comme d'un manteau, et sans prendre aucune nourriture, jusqu'au retour des beaux jours, où elles retrouvent toute leur activité.

Le groupe des Chauves-souris est très nombreux en espèces. On en rencontre dans le monde entier ; l'Europe en compte une quinzaine.

Fig. 65. — Chauve-souris Vampire.

Dans l'Inde il existe de grandes Chauves-souris appelées *Roussettes* (fig. 64), qui ont plus d'un mètre d'envergure ; mais ces animaux sont très inoffensifs et se nourrissent de fruits.

En Amérique, on trouve des Chauves-souris qui sont véritablement dangereuses pour les animaux domestiques et pour l'homme lui-même ; on les connaît sous le nom de *Vampires* (fig. 65). Ces Chauves-souris sucent le sang des animaux après leur avoir fait une blessure tellement fine qu'elle ne réveille même pas la victime, mais par laquelle s'écoule souvent une grande quantité de sang.

CINQUIÈME ORDRE. — LES CARNIVORES

L'ordre des *Carnivores* renferme un grand nombre d'espèces, qui toutes, on peut le dire, sont armées en guerre. Ces animaux sont en effet pourvus de mâchoires redoutables, offrant des incisives tranchantes, des canines longues et aiguës, des molaires surmontées de tubercules saillants et arrondis. En outre, leurs doigts sont terminés par des griffes puissantes et recourbées (fig. 67). Chez certains d'entre eux ces

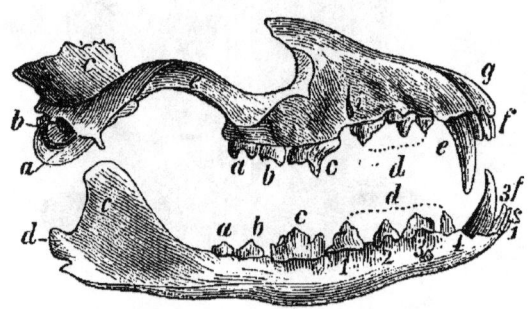

Fig. 66. — Mâchoires d'un Carnivore (Chien), offrant chacune et de chaque côté, trois incisives, une forte canine et de nombreuses molaires aiguës.

griffes sont même *rétractiles*, c'est-à-dire que, pendant qu'elles ne servent pas, elles sont relevées et cachées dans un sillon des doigts, disposition qui a pour but d'empêcher leur pointe de s'émousser au contact du sol. L'agilité de ces animaux est, en général, très grande, et la force de certains d'entre eux prodigieuse. Il en est parmi eux qui marchent sur la plante du pied : tels sont le Blaireau, l'Ours (fig. 69) ; les autres appuient seulement les doigts sur le sol, par exemple le Chien, le Chat, le Lion, etc. (fig. 68).

FIG. 67. — Ours brun et ses petits.

Cette distinction avait pendant longtemps motivé la répartition des Carnivores en deux sous-ordres, les *plantigrades* et les *digitigrades;* mais aujourd'hui on les partage plutôt en six familles, dont plusieurs renferment à la fois des plantigrades et des digitigrades. Nous dirons quelques mots de chacune d'elles.

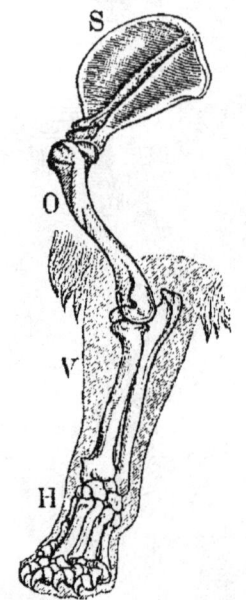

Fig. 68. — Jambe du Lion.

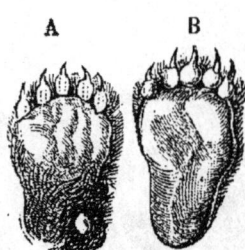

Fig. 69. — Pieds d'Ours; A, pied de devant; B, de derrière.

La **première famille** est celle des *Ours,* animaux plantigrades, omnivores, c'est-à-dire qui usent également d'aliments végétaux et animaux; leur queue est rudimentaire. Ils vivent dans les pays froids et ont une épaisse fourrure; ils grimpent facilement sur les arbres, mais sont

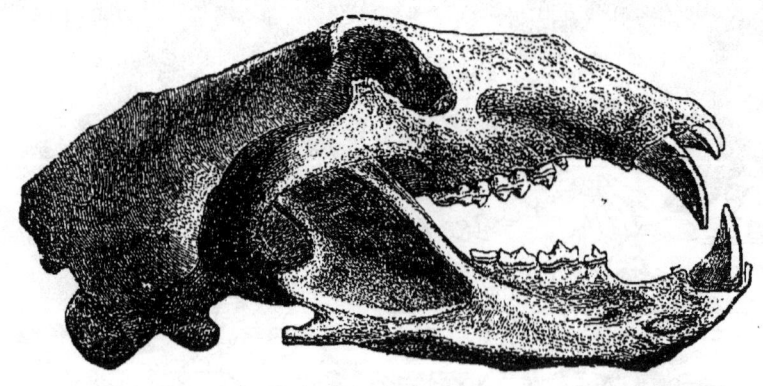

Fig. 70. — Crâne d'Ours.

lents à la course. L'*Ours brun* habite les Alpes et les

Pyrénées; l'*Ours noir*, la Russie et l'Amérique du Nord; le plus remarquable par sa force et sa brutalité est l'*Ours blanc* de la mer Glaciale, lequel se nourrit principalement de poissons.

Dans la deuxième famille on trouve les *Civettes*, qui habitent les contrées les plus chaudes de l'Afrique, ainsi que Bornéo et Sumatra. Ces animaux ont sous le ventre une double poche, pleine d'une substance

Fig. 71. — Lévrier de Russie (à droite); Lévrier anglais (au milieu); Levrette d'Italie (en avant).

très odorante, rappelant le musc, et qui, comme l'animal qui la produit, porte le nom de *civette*. On trouve en France, dans les départements situés sur le cours de la Loire, un animal voisin de la Civette, c'est la *Genette*, qui répand aussi une odeur de musc.

La troisième famille nous offre le *Chien*, ce fidèle ami de l'homme, si intelligent et si docile. Il y a de très nombreuses variétés de Chiens, qui toutes appartiennent à la même espèce : ainsi le *Lévrier,* qui doit son nom à ce qu'il atteint le Lièvre à la course; le *Chien de berger,* qui s'entend si bien à garder les troupeaux ; l'*Épagneul,* aux poils longs et soyeux, à la queue en panache, et coiffé de longues oreilles; le *Bouledogue,* aux mâchoires redoutables; le *Chien couchant,* si admirablement organisé pour la chasse, et dont l'odorat subtil lui permet de percevoir les émanations que le

Fig. 72. — Chien de garde anglais (en haut); Chien de chasse anglais ou Pointer (au milieu); Chien courant (à droite); petit Épagneul (à gauche).

gibier a laissées après son passage : la tête en avant, le tronc effacé, la queue immobile, tout le corps en arrêt, il avertit le chasseur de se tenir prêt à faire feu.

A la même famille appartiennent encore :

Le *Renard,* qui fait tant de dégâts dans les basses-cours ;

Le *Loup,* qui ne ménage guère plus les bergeries ;

Le *Chacal*, qui ressemble assez au Chien, mais dont le museau est plus allongé ; les Chacals habitent en bandes nombreuses l'Inde et l'Afrique ;

Dans la **quatrième famille** nous rencontrons les animaux à coup sûr les plus redoutables pour l'homme, à savoir : le *Lion*, le *Tigre*, la *Panthère*, le *Jaguar*, etc.

Fig. 73. — Dogue ou Mastiff anglais (en haut) ; Bouledogue (à gauche) ; Doguin (à droite).

Tous ces carnassiers sont d'une grande férocité ; et d'autre part, leur force et leur agilité leur permettent d'attaquer avec succès des espèces bien plus grandes qu'eux, mais moins bien armées. Ces animaux pullulent dans certaines parties de l'Inde : c'est ainsi que pendant une période de quarante années on a tué, dans un seul district, plus de 1,000 Tigres. Tous les ans quelques centaines d'Indiens deviennent la proie de ces terribles carnassiers.

Notre *Chat domestique* appartient à cette famille ; aussi garde-t-il, malgré toutes les douceurs dont on le comble, un fond de défiance et de méchanceté qui rarement l'abandonne complètement. C'est un égoïste, qui se trouve bien dans nos maisons, et c'est pour cela qu'il y reste ; il nous rend service, il est vrai, en fai-

Fig. 74. — Renard.

sant la guerre aux souris et aux rats, mais parce qu'il y trouve plaisir et profit.

La **cinquième famille** est celle des *Hyènes* (fig. 76), animaux lâches et qui se nourrissent principalement de cadavres. On les trouve dans l'Inde, dans la Turquie d'Asie et en Afrique.

La **dernière famille** renferme un grand nombre de

petits carnassiers, qui inoffensifs pour l'homme, ne sont pas sans lui causer souvent de réels dommages en détruisant les animaux qu'il élève pour son usage.

On cite parmi eux :

Le *Blaireau*, qui comme l'Ours, est plantigrade ; son

Fig 75. — Jaguar.

corps égale presque celui du Chien, mais ses pattes sont beaucoup plus courtes. Il se nourrit de rats, de grenouilles, d'insectes et aussi de fruits ; son poil sert à faire des pinceaux fins ;

Les *Martres* ou *Martes*, comprenant plusieurs espèces,

telles que la *Martre commune*, qui est de couleur brune avec une tache jaunâtre sous la gorge ; la *Martre fouine*, ou simplement la *Fouine*, qui a la gorge blanchâtre et qui est plus à redouter que la précédente, car tandis que la première évite les lieux habités, se contente de faire la guerre aux petits oiseaux et de dévorer leurs œufs, la seconde pénètre dans les basses-cours et tue sans

Fig. 76. — Hyène.

pitié tous les jeunes poulets ; la *Martre zibeline*, qui habite les régions les plus glaciales de l'Asie et qui est si recherchée pour son épaisse et magnifique fourrure ; le dessous même de ses pattes est recouvert de poils ;

Le *Putois*, dont le nom est dû à l'odeur infecte qu'il dégage, et qui se nourrit seulement du sang des petits

Mammifères ou Oiseaux qu'il égorge, sans dévorer leur chair ;

Fig. 77. — Blaireau.

Le *Furet*, souvent employé pour la chasse aux lapins de garenne et qui est originaire d'Afrique ;

La *Belette*, au corps fluet d'une teinte rousse uniforme ·

Fig. 78. — Hermine.

L'*Hermine* (fig. 78), au pelage de couleur rousse en été et d'un blanc éclatant l'hiver, sauf à l'extrémité de la queue qui reste toujours noire ; sa fourrure est des plus recherchées ;

Les *Loutres*, dont les pieds sont palmés et la queue aplatie, disposition qui permet à ces animaux de nager

Fig. 79. — Loutre.

facilement. Les uns habitent le bord des eaux douces, les autres le rivage de la mer ; la fourrure des dernières est la plus estimée et se paye un prix considérable. Ces animaux détruisent beaucoup de poissons et font de grands dégâts dans les viviers.

Questionnaire. — Que veut dire Quadrumanes ? — Pourquoi désigne-t-on ainsi les Singes ? — Indiquez quelques-uns des principaux caractères qui différencient la conformation du Singe de celle de l'Homme. — Comment divise-t-on cet ordre d'animaux ? — Quels sont les caractères des principaux Singes de l'ancien continent ? — Donnez le nom des principales espèces de ce groupe. — Dites les caractères qui séparent l'Orang-Outang du Chimpanzé. — Faites connaître quelques-uns des caractères du Gorille. — Où le trouve-t-on ? — Donnez quelques détails sur les Gibbons. — Où habitent-ils ? — Existe-t-il en

Europe des Singes à l'état sauvage ? — Dans quelle région, et comment les appelle-t-on ? — Que savez-vous des Cercopithèques et des Cynocéphales ? — Donnez une idée des espèces de Singes du nouveau continent. — Nommez-en quelques-unes.

Que savez-vous des Lémuriens ? — Faites connaître une des espèces les plus remarquables de cet ordre. — En quoi les Chauves-souris se distinguent-elles de tous les autres Mammifères ? — Dites quelques mots sur les habitudes de ces singuliers animaux. — Comment les Chauves-souris passent-elles l'hiver ? — Qu'est-ce que les Roussettes et les Vampires ?

Quels sont les principaux caractères des Carnivores ? — Qu'appelle-t-on Carnivores plantigrades et digitigrades ? — Que savez-vous de la famille des Ours ? — Qu'est-ce que les Civettes ? — Qu'offrent-elles de remarquable ? — Quelles sont les principales races de Chiens ? — Où trouve-t-on le Chacal ? — Citez quelques-uns des animaux les plus dangereux de l'ordre des Carnivores. — Quelles sont les principales espèces du groupe des Martres et quels sont leurs principaux caractères ? — Qu'avez-vous à dire sur la Loutre ?

CHAPITRE III

Classe des Mammifères (*Suite*)

SIXIÈME ORDRE. — LES INSECTIVORES

Les espèces de cet ordre, qui comme leur nom l'indique, se nourrissent presque exclusivement d'insectes, et ont pour cela les mâchoires armées de dents très aiguës (fig. 82), sont toutes de petits animaux, qui vivent d'ordinaire dans des galeries souterraines, d'où ils ne sortent guère que la nuit.

Fig. 80. — Hérisson.

Les genres qui composent l'ordre des Insectivores sont assez nombreux ; il suffira de citer les trois espèces principales : le *Hérisson*, la *Taupe* et la *Musaraigne*.

Le *Hérisson* est assurément un des animaux les mieux

armés : au lieu de poils, sa peau est implantée de piquants, qui constituent une défense efficace pour ce petit animal et une arme terrible contre l'ennemi qui ose s'en approcher. Le ventre seul en est dépourvu ; mais le Hérisson est court sur jambes, et vienne un ennemi, il se roule en boule et n'offre plus qu'une pelote hérissée de pointes menaçantes. Son museau se termine par un petit groin analogue à celui du Porc, au moyen duquel il peut fouiller la terre pour y chercher les limaces et les insectes dont il fait sa nourriture. Bien plus, le Hérisson fait la chasse aux Serpents et s'en nourrit sans en être incommodé ; il semble, en effet, que la morsure des Vipères ne produit sur lui aucun effet fâcheux. C'est donc bien à tort que l'on fait la guerre à ce petit animal ; dans beaucoup d'endroits on le recherche pour le manger, et même on a parfois la cruauté de l'écorcher vivant, sous prétexte qu'ainsi dépouillé, sa chair devient plus savoureuse.

Fig. 81. — Taupe.

La *Taupe* est faite pour habiter sous terre ; elle ne présente pas de trace extérieure d'un appareil de l'ouïe, et ses yeux sont si petits que l'on a cru pendant longtemps qu'elle n'en avait pas. Ses pattes antérieures sont robustes et terminées par cinq doigts forts et armés d'ongles puissants, qui lui permettent de fouiller le sol et d'y creuser des galeries. Tout en détruisant beaucoup de larves et d'insectes nuisibles, et en étant par là utile à l'agriculture, la Taupe cause de véritables dégâts en coupant les racines des plantes qu'elle rencontre sur son chemin. Aussi lui fait-on une guerre acharnée, laquelle, assurément, n'est qu'en partie justifiée.

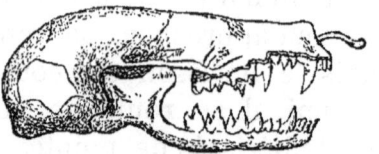

Fig. 82. — Crâne de Taupe.

Fig. 83. — Habitation de la Taupe dans le sol.

Les *Musaraignes* sont les plus petits des Mammifères ; une espèce même n'atteint guère plus de trois centimètres de long. Ce sont de charmantes petites bêtes, qui ont l'aspect de la Souris, mais dont le museau est beaucoup plus allongé et pointu. Les Musaraignes se tiennent dans les champs ou dans les prairies humides, sur le bord des fossés, et vivent d'insectes et d'autres petits animaux. On croit généralement dans nos campagnes, que la morsure des Musaraignes est venimeuse;

Fig. 84. — Musaraigne.

cette opinion, qui remonte à une très haute antiquité, ne semble être appuyée sur aucun fait bien établi.

SEPTIÈME ORDRE. — LES RONGEURS

Les animaux de cette division sont bien faciles à reconnaître aux caractères fournis par leur dentition.

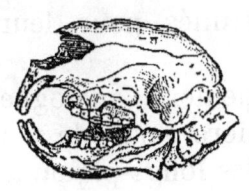

Fig. 85. — Crâne de Rongeur (Castor).

Chaque mâchoire possède seulement deux incisives et des molaires; les canines manquent, et la place qu'elles devraient occuper est vide : c'est ce qu'on appelle une *barre* (voy. fig. 85). Quant aux incisives, elles sont très longues et taillées en biseau; profondément enfoncées dans les mâchoires, elles s'usent assez promptement, mais elles s'accroissent d'autant par leur base, de façon à conserver toujours la même longueur.

Cet ordre est des plus nombreux en espèces. On lui rapporte :

Les *Cochons d'Inde* ou *Cobayes* (fig. 86) qui, malgré leur nom, ne viennent pas de l'Inde, mais ont été rapportés du Pérou, après la conquête espagnole ;

Fig. 86. — Cochons d'Inde.

Le *Chinchilla* et la *Viscache*, si estimés pour leur fourrure ;

Le *Porc-épic* (fig. 87), dont le grognement, analogue à celui du Cochon, lui a valu la première partie de son nom, tandis que la seconde rappelle les longs piquants dont sa peau est hérissée ;

Les *Castors* (fig. 88), qui servis par un admirable instinct, savent construire de solides huttes en terre sur le bord des cours d'eau et établir en travers de ceux-ci, au moyen de branchages et d'arbres entiers, qu'ils font tomber en les rongeant à la base, des barrages résistants, pour maintenir les eaux à un niveau constant, afin que leurs habitations en soient toujours baignées jusqu'à la même hauteur.

Malgré leurs formes lourdes, ils nagent fort bien. Leur peau est entièrement recouverte d'un poil épais

Fig. 87. — Porc-épic.

qui constitue une belle fourrure ; mais leur queue large et aplatie est garnie d'écailles. Ils produisent, enfin, une substance employée en médecine et qui a de l'analogie avec le musc : c'est le *castoréum* (1) ;

Les *Écureuils*, aux mouvements si rapides, qui le jour se cachent d'ordinaire dans leur nid arrondi, artiste-

---

(1) Les Castors habitent surtout le Canada et la Sibérie. Ils n'étaient pas rares autrefois sur les rives du Rhône, mais on ne les y rencontre plus aujourd'hui qu'exceptionnellement.

ment fait de mousse et de brindilles, placé à l'entre-croisement de deux branches ; vers le soir ils le quittent pour aller à la recherche de leur nourriture. C'est une espèce de ce genre, habitant l'Amérique, qui fournit la fourrure si estimée appelée *Petit-gris* ;

La *Marmotte* et le *Loir*, qui, pendant l'hiver, tombent dans une sorte de léthargie analogue à celle des Chauves-souris.

Fig. 88. — Castor.

Citons la famille si nombreuse des *Rats*, comprenant le *Rat* de nos maisons ; le *Surmulot*, plus gros que le précédent et qui vit dans les égouts des villes ; la *Souris*, etc., tous animaux redoutables pour nos provisions alimentaires et nos vêtements.

A cet ordre se rattachent enfin les *Lièvres* et les *Lapins*, qui présentent ce caractère particulier d'avoir derrière les incisives supérieures une paire de dents plus petites, cachées par elles et d'une forme différente.

HUITIÈME ORDRE. — PROBOSCIDIENS (1)

Les *Éléphants*, qui constituent à eux seuls cette famille (2), sont bien remarquables par l'extrême allongement de leur nez, transformé en un organe de préhension et qui a reçu le nom de *trompe*. Celle-ci est formée d'un double canal musculaire, très souple, et que l'animal dirige facilement dans tous les sens ; elle se termine par un appendice, une espèce de doigt charnu, mobile, qui permet à l'animal de saisir les objets les plus délicats. La peau de ces animaux est très épaisse (3) ; leurs yeux sont petits et leurs oreilles de grande dimension.

Les Éléphants ont deux sortes de dents, des incisives et des molaires. Les *incisives* de la mâchoire supérieure, au nombre de deux, atteignent parfois un énorme développement, jusqu'à peser deux cents livres ; elles s'allongent considérablement en dehors de la bouche et ont reçu le nom de *défenses*. Quant à la mâchoire inférieure, elle est dépourvue d'incisives. En outre, il n'existe de *canines* ni en haut ni en bas. Les *molaires* sont composées de lames verticales d'ivoire et d'émail enfoncées dans une grosse masse de cément (fig. 89), et dont la disposition varie avec les espèces. Chaque mâchoire a quatre molaires, deux de chaque

---

(1) Du grec *proboskis*, trompe.
(2) On croit devoir en rapprocher cependant un groupe qui est réduit au seul genre *Daman*, petit Mammifère de la grosseur d'un Lapin, qui habite les contrées montagneuses de la Syrie.
(3) L'épaisseur de leur peau leur avait valu le nom de *Pachydermes*, terme sous lequel on rangeait aussi les Rhinocéros, les Porcs, etc.

côté. Mais, comme ces dents sont sujettes à s'user, elles sont remplacées peu à peu par de nouvelles, qui se développent derrière elles et les repoussent en avant.

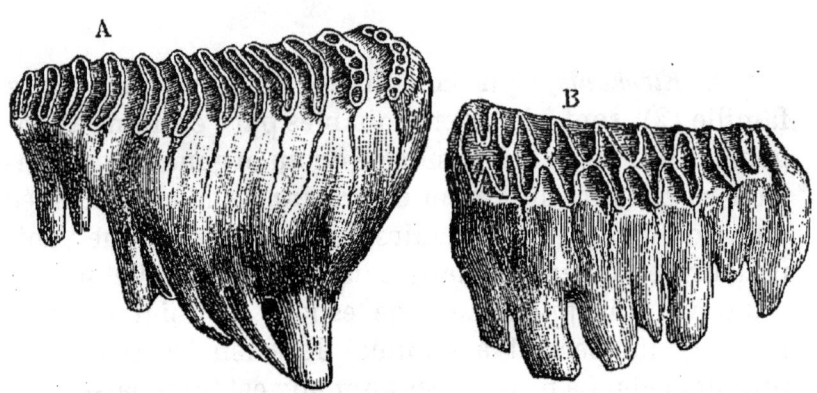

Fig. 89. — Dents molaires d'Éléphants : A, de l'Inde; B, d'Afrique.

La force de ces animaux est prodigieuse; et, malgré leur poids énorme, leur vitesse est aussi grande que celle du Cheval. Leur intelligence est assez développée pour qu'on puisse les dresser à différents exercices. Enfin, l'ivoire de leurs défenses est employé à la fabrication d'une foule d'objets.

On distingue deux espèces d'Éléphants : l'une appartient à l'Afrique, l'autre à l'Inde.

L'*Éléphant d'Afrique* a sur la tête une bosse simple, les défenses plus longues, atteignant jusqu'à huit pieds; les lames d'émail des molaires figurent des losanges ; les oreilles, très grandes, retombent jusque sur les épaules ; enfin, les pieds de derrière sont pourvus de cinq ongles.

L'*Éléphant de l'Inde* a une double bosse à la tête, les défenses plus courtes, les lames d'émail des dents molaires disposées en forme d'ovales allongés, les oreilles moins grandes, les pieds postérieurs pourvus de quatre ongles seulement.

Fig. 90. — Éléphant de l'Inde.

Outre les espèces actuelles, on a trouvé sur différents points du globe des débris d'Éléphants appartenant à des espèces disparues depuis longtemps. Parmi ces Éléphants anciens, signalons le *Mammouth*, qui était pourvu d'une véritable crinière, et que l'Homme a connu vivant. On en a trouvé, qui ensevelis depuis des siècles dans le sol glacé de la Sibérie, étaient encore recouverts de leur chair non corrompue, de leur peau intacte et garnie même de longs poils, évidemment destinés à défendre ces animaux contre le froid de ces régions glaciales.

Citons encore, comme représentants également disparus de cette famille, les *Mastodontes*, énormes animaux, dont les dents molaires étaient hérissées de mamelons; les *Dinothériums*, dont la mâchoire inférieure portait deux puissantes défenses recourbées en bas.

QUESTIONNAIRE. — Quels sont les trois Insectivores les plus communs? — Que savez-vous du Hérisson? — Pourquoi doit-on éviter de le détruire? — La Taupe a-t-elle des yeux et des oreilles? — Est-elle utile ou nuisible? — La Musaraigne est-elle venimeuse?

Quelle est la dentition des Rongeurs? — Comment appelle-t-on l'espace libre que devraient occuper les canines? — Citez quelques-uns des principaux Rongeurs. — En quoi la dentition des Lièvres et des Lapins diffère-t-elle de celle des autres Rongeurs?

A quel organe des autres Mammifères répond la trompe des Éléphants? — Parlez de la dentition de l'Éléphant. — Combien distingue-t-on d'espèces d'Éléphants? — Quelles sont-elles? — Indiquez le caractère de chacune. — Qu'appelle-t-on Mammouth? — Où le trouve-t-on? — Pouvez-vous citer deux autres espèces d'Éléphants fossiles et en indiquer quelque caractère saillant?

CHAPITRE IV

Classe des Mammifères (*Suite*)

NEUVIÈME ORDRE. — LES ONGULÉS

Dans cet ordre on range un très grand nombre d'espèces, qui ont pour caractère commun d'avoir la dernière phalange de chaque doigt renfermée dans un ongle de grande dimension.

On peut le diviser en deux sous-ordres :

Le premier comprend les *Jumentés*, c'est-à-dire les espèces, qui comme le Cheval, ont les doigts en nombre impair (1).

Le second est celui des *Bisulques* (2); il est formé des espèces, qui comme le Bœuf, ont les doigts en nombre pair.

Premier Sous-ordre. — *Les Jumentés*

Les Mammifères de ce groupe, qui renferme les *Chevaux*, les *Rhinocéros* et les *Tapirs*, ont ordinairement trois doigts à chaque membre, mais parfois un seul, du moins complètement développé, comme chez le Cheval, et protégés chacun par une sorte d'étui corné ou

---

(1) On les appelle encore *Périssodactyles* (du grec *périssos*, impair, et *dactulos*, doigt).

(2) *Bisulque* signifie « pied fourchu ». On appelle encore ces animaux *Artiodactyles*, ce qui veut dire « à doigts pairs ».

sabot. Les dents sont de trois sortes, et l'émail y forme des lames saillantes, disposition qui indique l'usage d'un régime végétal. Entre les incisives et les molaires il existe toujours un espace libre ou *barre*, les canines faisant défaut ou étant très rudimentaires (fig. 92).

Le *Cheval*, qui est incontestablement le plus utile des animaux domestiques, vit à l'état sauvage dans les steppes de la Tartarie, qui paraissent être son berceau, et aussi dans les plaines de l'Amérique, où il a été importé par les Espagnols, lors de la conquête de ce continent.

A côté du Cheval se trouve l'*Ane* (fig. 93), modeste animal, mais utile, qui vit à l'état sauvage en troupes nombreuses dans les déserts de l'Asie occidentale, et aussi en Abyssinie. Il fait depuis un temps immémorial partie des animaux domestiques.

Le *Mulet*, qui tient du Cheval et de l'Ane, est le produit de ces deux espèces.

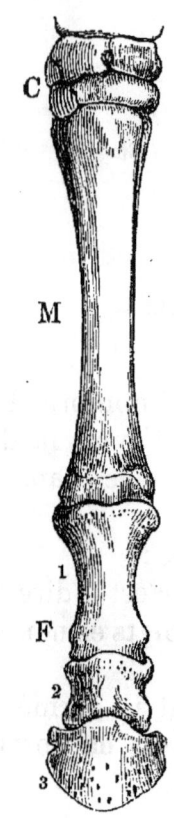

Fig. 91. — Partie inférieure de la jambe du Cheval. C, carpe; M, métacarpe, appelé encore le *canon*; F, doigt (1re, 2e, 3e phalanges).

Ces trois sortes d'animaux ont différents genres d'utilité : leur chair sert de nourriture dans plusieurs pays; le lait de jument et d'ânesse constitue un bon aliment et est surtout employé en Asie. Certaines peuplades le font fermenter et en obtiennent une liqueur agréable, le koumys. Mais la plus grande utilité de ces animaux est de servir de bêtes de somme.

Le *Zèbre*, dont la forme rappelle celle du Cheval et de l'Ane, est un bel animal d'Afrique, dont le pelage de couleur blanchâtre est marqué de bandes ou zébrures noirâtres. Il est fort difficile à dompter.

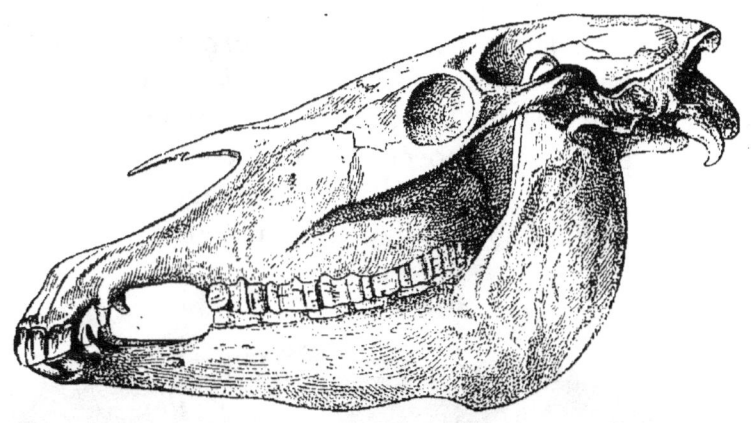

Fig. 92. — **Crâne de Cheval.** Les mâchoires offrent en avant la *pince*, formée par les douze incisives ; puis, viennent quatre petites canines, suivies d'un large espace libre ou *barre* ; enfin, de fortes et nombreuses molaires.

Les *Rhinocéros* (fig. 94), qui sont des animaux de

Fig. 93. — **Ane.**

grande taille, d'une force énorme, et très dangereux,

ont la peau si épaisse, que les balles s'y aplatissent souvent sans l'entamer. On en connaît deux espèces : l'une habite l'Afrique et l'autre l'Inde. L'espèce *africaine* a le nez surmonté de deux cornes placées l'une derrière l'autre, et chez elle les dents canines et incisives disparaissent de très bonne heure. L'espèce *indienne* a une seule corne, mais des dents canines et incisives qui se développent davantage avec l'âge et servent pendant toute la vie de l'animal.

Fig. 94. — Rhinocéros de l'Inde.

Les cornes qui surmontent le nez de ces animaux sont de simples dépendances de la peau et de la même nature que les poils et les ongles ; elles sont pleines, au lieu de former, comme celles des Bovidés, un étui corné soutenu par une tige osseuse.

Les *Tapirs* (fig. 95), dont on trouve trois espèces en Amérique et une dans l'Inde, rappellent le Cochon ; mais leur nez est un peu allongé en manière de trompe flexible, laquelle contribue à donner à la lèvre supérieure une plus grande mobilité et permet à l'animal de saisir plus facilement sa nourriture.

FIG. 95. — Tapirs.

Deuxième Sous-ordre. — Les Bisulques

Ce sous-ordre, qui comprend les Mammifères dont le pied est fourchu, se partage en deux tribus. Les Bisulques qui ont un estomac divisé en plusieurs loges, un régime herbivore, et qui ruminent, constituent le groupe des **Ruminants**; ceux qui ont un estomac simple, un régime omnivore et qui ne ruminent pas, forment le groupe des **Porcins**.

I. — Tribu des Ruminants. — Ils ont douze dents molaires à chaque mâchoire, six incisives et deux canines en forme d'incisives à la mâchoire inférieure, la supérieure étant dépourvue des unes et des autres. On ne trouve qu'une exception à cette règle : c'est chez le Chameau (fig. 85), lequel possède à chaque mâchoire des incisives et des canines bien développées. L'estomac est subdivisé en quatre loges, appelées la *panse*, le *bonnet*, le *feuillet* et la *caillette*. La disposition de cet estomac permet à ces animaux d'entasser rapidement dans la première de ces loges une grande quantité d'aliments, qu'ils ramèneront plus tard à leur bouche par un mouvement de régurgitation, pour les soumettre à une mastication plus complète. Cette opération porte le nom de *rumination;* et c'est elle qui a valu aux animaux de ce groupe leur nom de Ruminants.

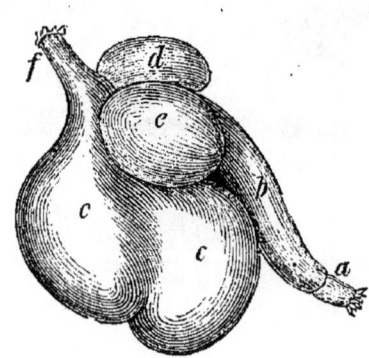

Fig. 96. — Estomac du mouton; *f,* cardia; *c, c,* panse; *d,* bonnet; *e,* feuillet; *b,* caillette; *a,* pylore.

FIG. 97. — Bison d'Amérique.

Cette tribu renferme un grand nombre d'espèces, d'un haut intérêt pour l'homme. On les répartit en plusieurs familles.

La première famille est celle des Bovidés, qui comprend les *Bœufs*, les *Chèvres*, les *Moutons*, les *Antilopes*, c'est-à-dire les Ruminants dont les cornes creuses ont la forme d'un étui, lequel est une production épidermique, comme les poils et les ongles ; ces cornes sont supportées par des prolongements osseux du crâne ; elles ne sont pas caduques, c'est-à-dire qu'elles ne tombent pas d'elles-mêmes à certaines époques, pour être remplacées par d'autres, comme celles des Cerfs, mais persistent pendant toute la vie de l'animal. Nous dirons quelques mots des espèces dont l'homme retire le plus d'avantages.

Le *Bœuf*, dont toutes les parties ont leur utilité, doit être placé en première ligne : sa chair sert d'aliment ; il en est de même du lait de la femelle ou *vache*, dont on fait une si grande consommation, soit à l'état frais, soit après certaines préparations qui le transforment en beurre ou en fromage ; son cuir est très employé dans l'industrie ; pendant sa vie, le Bœuf rend de grands services à l'agriculture ; enfin, son fumier constitue un excellent engrais. On trouve dans l'estomac des *veaux* une matière acide, résultant du mélange du suc gastrique avec le lait que l'animal a pris ; cette matière, qui a reçu le nom de *présure*, est employée dans la fabrication des fromages, parce qu'elle a la propriété de faire cailler le lait.

Une espèce voisine du Bœuf, le *Bison* (fig. 97), existe en prodigieuse quantité en Amérique ; on en abat environ deux millions et demi par an. Il est plus grand que nos plus forts taureaux ; sa croupe est assez grêle, mais la partie antérieure de son corps est énorme ; sa tête, son

Fig. 98. — Bison d'Europe ou Aurochs.

cou et ses épaules sont abondamment pourvus d'une laine noire et crépue.

L'*Aurochs* ou *Bison d'Europe* (fig. 98), dont la forme rappelle celle de l'espèce américaine, atteint une taille considérable; commun en Europe autrefois, et même encore au temps de J. César, il en a presque entièrement disparu aujourd'hui et n'occupe plus qu'une étroite région de la Russie.

Le *Yack* a la queue du Cheval et offre aussi une épaisse crinière sur le dos; il habite le Thibet, où on le dresse à porter des fardeaux et à servir de bête de selle. On tisse son poil pour en faire des tentes. Les Turcs se servent de sa queue comme étendard.

Le *Bœuf musqué*, ainsi appelé à cause de l'odeur que dégage sa chair, habite les régions les plus septentrionales de l'Amérique; son museau est garni de poils: plus petit que notre Bœuf, il se tient sur les pentes escarpées des rochers avec autant de facilité que les Chèvres.

Les *Moutons*, dont il existe plusieurs races, que l'homme utilise et élève avec soin, sont peut-être dérivés de l'espèce suivante, le Mouflon, encore à l'état sauvage, en Corse, en Sardaigne et en Espagne. Notre *Mouton domestique* (fig. 99), dont le mâle ou *bélier* est seul pourvu de cornes, lesquelles sont contournées en tire-bouchon, la femelle ou *brebis* en étant dépourvue, comprend un grand nombre de variétés. Les unes produisent surtout une laine abondante, et les autres sont principalement recherchées pour la boucherie. Du lait des brebis on fait des fromages; la graisse de ces animaux, ou *suif*, sert à la fabrication des chandelles; leur peau est employée à la confection de gants et de chaussures. Le *Mouton mérinos*, qui habite surtout l'Espagne, constitue une race des plus importantes, en raison de la belle qualité de la laine qu'il fournit.

Le *Mouflon* vit en troupes, dans les montagnes; il est revêtu d'une toison laineuse, épaisse et rude; il ne porte pas de barbe au menton comme les Chèvres; le mâle a deux grandes cornes à courbure simple, dirigées en dehors et aplaties à l'extrémité; la femelle en est dépourvue. Une espèce d'Afrique est ornée d'une longue crinière, qui retombe de son cou et de ses épaules, et de longs poils qui entourent comme une manche les jambes de devant, d'où son nom de *Mouflon à manchettes*.

Fig. 99. — Le Mouton.

Les *Chèvres*, tant la femelle que le mâle, qui porte le nom de *bouc*, ont des cornes qui s'élèvent fièrement en s'écartant l'une de l'autre et se recourbant un peu en arrière; leur menton est en général garni d'une longue barbe. Elles grimpent facilement sur les rochers à pic; à l'état sauvage, elles font des bonds prodigieux et franchissent de larges précipices lorsqu'elles sont poursuivies par les chasseurs. Ces animaux sont faciles à nourrir et d'une grande ressource surtout pour les montagnards, auxquels elles donnent un lait abondant avec lequel on fait d'excellents fromages.

Les Chèvres dites d'*Angora*, en Anatolie, celles de *Cachemire* et celles du *Thibet* sont très renommées pour

Fig. 100. — Gazelles.

la finesse de leurs poils, dont on fait des tissus, entre autres les beaux châles de l'Inde appelés *cachemires*.

Le *Bouquetin* est une espèce de Chèvre, qui se tient sur les plus hautes montagnes d'Europe et d'Asie ; il est plus petit que la Chèvre ordinaire et a des cornes marquées d'un grand nombre de bourrelets circulaires.

Les *Antilopes* sont très nombreuses en espèces ; il suffit d'en citer quelques-unes :

La *Gazelle* (fig. 100), si élégante de formes, et dont les yeux ont une douceur et une beauté devenues proverbiales. Elle habite en troupes immenses l'Asie et l'Afrique. Ses cornes présentent de distance en distance des anneaux saillants ;

Le *Chamois*, dont les cornes, d'abord droites, sont brusquement recourbées en arrière près de leur pointe ; cet animal est d'une extrême agilité ; il vit par troupes de douze à quinze individus, dans les régions les plus impraticables des montagnes et se suspend au-dessus des précipices avec une excessive hardiesse. Les chasses assidues qu'on lui a faites en ont considérablement diminué le nombre.

La **seconde famille** des Ruminants est celle des Cervidés, c'est-à-dire des animaux, qui comme le Cerf, ont des cornes osseuses dépourvues d'étui épidermique et qui sont caduques, autrement dit tombent à chaque printemps. Ces cornes ont reçu le nom de *bois ;* elles sont branchues, et d'après le nombre des pointes ou *andouillers* qu'elles présentent, on reconnaît l'âge de l'animal, car tous les ans il s'en forme une de plus, au moins pendant les premières années de la vie. En repoussant chaque année, les cornes se recouvrent entièrement d'une peau velue, et l'on dit alors que l'animal est en *velours*. Mais quand leur développement est achevé cette peau se dessèche, tombe par lambeaux, et le bois apparaît nu. Voici les principales espèces de cette famille :

Le *Cerf commun* est élancé, gracieux, d'une rapidité de mouvements étonnante ; son poil est ras, propre et luisant ; sa queue est fort courte et ses jambes sont très minces. D'un naturel timide, lorsqu'il se trouve aux abois il fait courageusement tête aux chiens, et ses cornes sont alors une arme dangereuse pour les meutes. Lorsque le Cerf a atteint tout son développement, chacun de ses bois offre cinq andouillers ou davantage et l'animal porte le nom de *dix-cors*. Le *faon* est le petit du Cerf ; la *biche* est la femelle. Le Cerf habite les forêts de l'Europe et d'une partie de l'Asie.

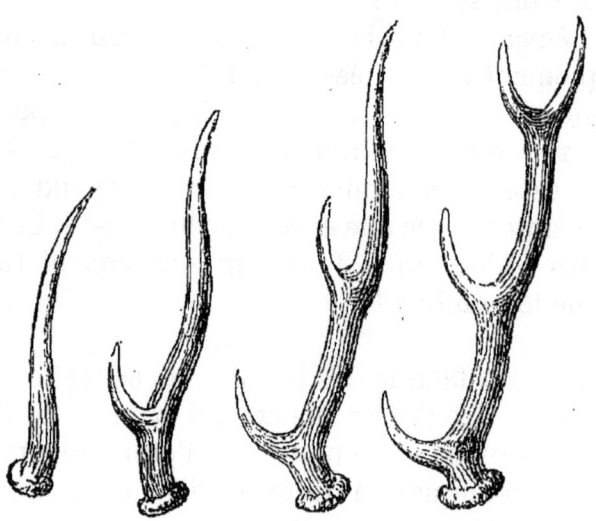

Fig. 101. — Cornes de Cerfs de différents âges.

Le *Daim* offre beaucoup d'analogie avec le Cerf, mais ses cornes sont aplaties, surtout vers leur extrémité supérieure : il habite également les forêts de l'Europe.

Le *Chevreuil*, d'une taille bien inférieure à celle du Cerf, a des cornes beaucoup plus petites, qui ne portent que deux andouillers. La chair de cet animal est très estimée.

Le *Renne*, dont la femelle offre cette remarquable particularité, unique dans la famille des Cervidés, d'avoir des cornes aussi bien que le mâle, habitait

Fig. 102. — Le cerf et sa femelle.

autrefois notre pays ; il ne se rencontre plus aujourd'hui que dans les régions très froides, où il est soumis par l'homme à la domestication. Les services qu'il rend pendant sa vie, aussi bien qu'après sa mort, aux Lapons et aux Esquimaux, sont innombrables. Il sert à porter des fardeaux ou tirer des traîneaux ; la femelle

Fig. 103. — Renne.

donne son lait ; la chair de ces animaux est une bonne nourriture ; leur peau, qui est couverte d'un poil laineux, est employée comme fourrure ; leur cuir fait d'excellentes courroies. Il serait difficile de conserver d'autres animaux, dans les climats glacés qu'habite le Renne, à cause de la pauvreté de la végétation, le sol

Fig. 104. — Girafes.

ne produisant guère que des lichens; or, ce sont ces lichens qui constituent toute la nourriture de ces sobres animaux.

La **troisième famille**, très voisine de celle des Cerfs, ne comprend que la *Girafe* (fig. 104). Le mâle seul a

FIG. 105. — Chevrotain.

une paire de petites cornes toujours recouvertes par une peau velue et qui ne tombent jamais; entre ces deux cornes s'en trouve une autre, beaucoup moins haute et plus large. La Girafe est l'animal dont le corps atteint la plus grande hauteur, puisqu'elle s'élève jusqu'à six ou sept mètres. On trouve cette espèce dans le centre de l'Afrique, où elle vit par petites troupes.

Une quatrième famille de Ruminants a pour type le *Chevrotain* (fig. 105). C'est un animal à peu près de la taille du Chevreuil, aussi timide que lui, et qui habite les montagnes élevées de l'Asie centrale. Il ne porte pas de cornes; mais, chez le mâle, les canines de la mâchoire supérieure sont fortement recourbées en bas et font saillie en dehors de la bouche. Le mâle offre, sous le ventre et en arrière, une poche qui renferme un liquide d'une odeur extrêmement pénétrante et qui n'est autre que le *musc*, que l'on emploie en médecine et en parfumerie; aussi appelle-t-on cet animal *Chevrotain porte-musc*.

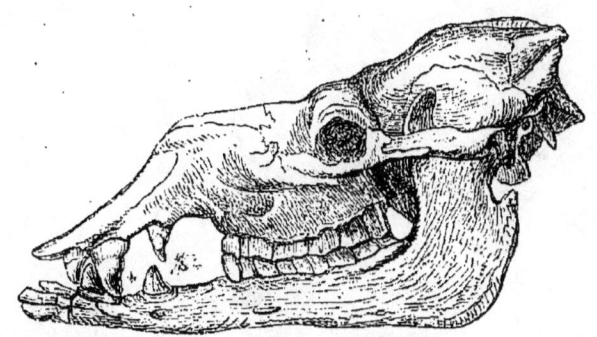

Fig. 106. — Crâne de Chameau.

La dernière famille des Ruminants est celle qui renferme les Chameaux et les Lamas.

Les *Chameaux* (fig. 107) n'ont pas de cornes; leur pied est peu fourchu, et une peau épaisse qui réunit en dessous les deux doigts qui le constituent, leur forme une sorte de semelle à la fois souple et résistante, parfaitement convenable pour marcher sur le sable des déserts; chaque doigt est pourvu d'un ongle. Comme il a déjà été dit, ils ont des incisives et des canines à la mâchoire supérieure (fig. 106), ce qui n'a pas lieu chez les autres Ruminants. Leurs formes sont disgracieuses, leur aspect est étrange, leur cou long et recourbé; leur dos

FIG. 107. — Dromadaire et Chameau.

est surmonté d'une ou deux bosses ou énormes loupes de graisse. Enfin, leur poitrine et la plupart des articulations de leurs membres présentent des *callosités*, c'est-à-dire des épaississements de la peau, dénudée dans ces régions, et sur lesquelles ils appuient quand ils se reposent à terre. D'une extrême sobriété et d'une force remarquable, les Chameaux sont d'une grande utilité dans les déserts de l'Afrique. Ils résistent admirablement à la fatigue, et certaines races ont une allure si rapide qu'on leur fait faire jusqu'à cinquante lieues par jour. Ils peuvent, tout en accomplissant de longues courses, supporter une abstinence à peu près complète de boisson et d'aliments, plusieurs jours de suite. Ils

Fig. 108. — Lama.

doivent cette double propriété à leur organisation toute spéciale. D'une part, en effet, une portion de leur estomac est divisée en un assez grand nombre de poches ou cellules qui peuvent servir de réservoir à l'eau qu'ils ont avalée, laquelle n'est absorbée que graduellement, à mesure des besoins ; d'autre part, leur bosse est un amas de graisse qui se consomme peu à peu, faute d'autres aliments, de sorte que l'on peut dire que ces animaux se nourrissent alors de leur propre substance. Le lait des Chamelles est très employé par les peuplades qui élèvent ces animaux ; en le faisant fermenter on obtient une liqueur agréable.

Le *Chameau à deux bosses*, qui est le plus grand, habite l'Asie ; le *Chameau à une bosse*, appelé aussi *Dromadaire*, est répandu en Afrique et en Asie.

Les *Lamas* (fig. 108), qui appartiennent à l'Amérique, sont bien plus petits que les Chameaux ; les doigts de leurs pieds ne sont pas réunis, ce qui leur permet de grimper sur les rochers avec l'agilité des Chèvres. On les emploie aussi comme bêtes de somme. Une espèce, qui a reçu le nom d'*Alpaca*, est recouverte de poils laineux très estimés pour la fabrication des tissus. Une autre, la *Vigogne*, qui habite les régions les plus élevées de la chaîne des Andes, fournit une laine brune d'une extrême finesse, très recherchée pour la confection d'étoffes précieuses.

FIG. 109. — Hippopotame.

II. — Tribu des Porcins. — Les animaux de ce groupe ne ruminent pas, mais ils ont les pieds fourchus comme les Ruminants ; leur système dentaire, disposé pour un régime omnivore, se compose d'incisives, de canines et de molaires.

Fig. 110. — Le Sanglier, sa femelle (truie) et ses petits (marcassins).

Les principaux genres sont :

Les *Hippopotames* (1), énormes animaux, stupides et féroces, de forme hideuse, qui habitent les fleuves de l'Afrique, mais peuvent en sortir et marcher sur le sol ; leurs jambes courtes ont chacune quatre doigts. Ils atteignent une longueur de quatre mètres ; leur peau nue est épaisse et résiste parfaitement aux balles ordinaires.

Les *Porcs* ou *Cochons*, pourvus de quatre doigts à chaque pied, n'en ont que deux qui servent à la marche, les autres, rudimentaires, ne touchant pas le sol ; ils ont à chaque mâchoire deux canines qui se recourbent vers le haut et constituent des défenses plus ou moins puissantes. Leur museau ou groin est allongé et terminé par un bourrelet, au moyen duquel ils fouillent dans la fange, afin d'y trouver quelques débris d'aliments, ou même creusent le sol pour chercher les racines dont leur odorat très subtil leur a fait reconnaître la présence. On utilise la finesse de ce sens chez les Porcs pour la découverte des truffes. Leur peau épaisse est garnie de poils raides appelés *soies*. Ils aiment à se vautrer dans la boue, et leur malpropreté est devenue proverbiale. La chair du Porc est estimée ; on peut la manger fraîche, crue ou cuite, ou bien encore salée ou fumée. Mais il n'est pas sans danger de faire usage de cette viande quand elle n'a pas été bien cuite, car elle peut donner le tœnia (2).

Le *Sanglier* n'est pas autre chose que le Cochon sauvage et l'ancêtre de cet animal domestique ; il est plus robuste, de couleur noire et pourvu de défenses plus puissantes ; il habite l'Europe, l'Asie et le nord de l'Afrique.

Les *Pécaris* (fig. 111), qui appartiennent aux régions

---

(1) Hippopotame vient de deux mots grecs et signifie *Cheval de rivière*.

(2) Voy. chap. XII, p. 321.

Fig. 111. Pécaris.

chaudes de l'Amérique et qui sont plus petits que notre Porc, ont des canines qui ne sortent pas de la bouche ; leur chair est bonne à manger.

QUESTIONNAIRE. — Quels animaux comprend-on sous le nom d'Ongulés ? — Comment subdivise-t-on cet ordre ? — Quelles sont les espèces de Jumentés les plus utiles ? — Où rencontre-t-on le Cheval à l'état sauvage ? — D'où l'Ane est-il originaire ? — Où trouve-t-on le Zèbre ? — Combien y a-t-il d'espèces de Rhinocéros ? — Dites les caractères distinctifs de l'espèce de l'Inde et de celle d'Afrique. — Où habitent les Tapirs et quelle particularité présente leur physionomie ?

Qu'entendez-vous par Bisulques ? — Comment divise-t-on le sous-ordre des Bisulques ? — Quels sont les principaux caractères des Ruminants ? — Comment sont disposées leurs dents ? — En quoi la dentition du Chameau diffère-t-elle de celle des autres Ruminants ? — Quelles sont les principales espèces de la famille des Bovidés ? — Comment sont construites les cornes des animaux de cette famille ? — Quels sont les principaux avantages que présentent ces animaux ? — Qu'est-ce que la présure ? — Où trouve-t-on le Bison ? le Yack ? — Qu'est-ce que l'Aurochs ? Quelles sont les principales espèces de Moutons ? — Quels avantages en retire-t-on ? — Que savez-vous du groupe des Chèvres et de leur utilité ? — Où trouve-t-on les Gazelles ? — Dans quel lieu habite le Chamois ? — Faites connaître la structure des cornes des Cervidés. — Quel nom particulier donne-t-on à ces cornes ? — Quelles sont les principales espèces de cette famille ? — Dites quelques mots sur le Renne. — En quoi les cornes de la Girafe diffèrent-t-elles de celles du Cerf ? — Quel pays habite le Chevrotain ? — Qu'offre-t-il de particulier ? — Donnez quelques détails sur le Chameau. — A quoi est due la faculté qu'il a de se passer de boisson pendant un temps fort long ? — Comment appelle-t-on le Chameau à une bosse ? — Où trouve-t-on les Lamas ? — Quelle est leur utilité ? — Quels sont les caractères principaux du sous-ordre des Porcins ? — Citez-en les principales espèces. — Où trouve-t-on les Hippopotames ? — Comment sont disposés les doigts du Porc ? — Qu'est-ce que le Sanglier par rapport au Cochon domestique ? — Que savez-vous des Pécaris ?

CHAPITRE V

Classe des Mammifères (*Suite*)

Mammifères marins

Les animaux des deux ordres suivants, les *Phoques* et les *Cétacés*, rappellent les Poissons par leurs formes et par leurs habitudes : ils vivent dans l'eau, et leur corps est disposé pour nager ; chez un grand nombre d'entre eux les membres sont transformés en nageoires. Mais les caractères de leur organisation intérieure sont bien ceux des Mammifères : ils ont des poumons, leur sang est chaud, et ils allaitent leurs petits.

DIXIÈME ORDRE. — LES PHOQUES

Ces Mammifères marins sont pourvus de quatre membres, dont les doigts, terminés par des ongles, sont réunis entre eux par une membrane ; les postérieurs sont rejetés à l'extrémité du corps et constituent une puissante nageoire. Leur corps est couvert de poils épais et leur peau est recherchée comme fourrure. Leurs mœurs les éloignent des autres Mammifères marins et les rapprochent des Carnivores. Ils sont intelligents et susceptibles d'une certaine éducation. Il suffit de citer parmi eux :

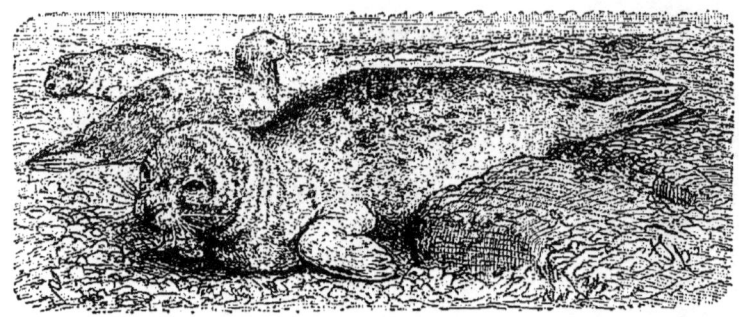

Fig. 112. — Phoques.

Les *Phoques proprement dits* ou *Veaux marins*, qui possèdent des incisives, des canines et des molaires;

Fig. 113. — Morse.

Les *Otaries* ou *Lions marins*, pourvus d'une petite oreille externe et d'une assez longue crinière;

Les *Morses,* munis à la mâchoire supérieure de deux fortes canines, qui peuvent atteindre jusqu'à deux pieds de long. Leur nourriture consiste en petits animaux marins. Ils sortent souvent de la mer pour se vautrer sur le rivage, où la disposition de leurs membres ne leur permet pas des mouvements faciles.

ONZIÈME ORDRE. — LES CÉTACÉS

On divise cet ordre en deux sous-ordres : celui des *Sirénides* et celui des *Cétacés* proprement dits.

Les **Sirénides** ou **Cétacés herbivores** n'ont pas de membres postérieurs : leur queue n'est pas verticale comme celle des Poissons, mais horizontale; leurs dents sont nulles ou peu développées. Ce sont les animaux de ce genre qui ont fait croire autrefois à l'existence des Sirènes, êtres bizarres, moitié femme et moitié poisson; tels sont les *Dugongs* et les *Lamantins.* Ils se nourrissent seulement de végétaux.

Les **Cétacés** proprement dits sont les plus gros animaux existants. Leur corps est fait à peu près comme celui des Poissons; ils ont une seule paire de membres, les antérieurs, transformés en nageoires, une queue horizontale, et ordinairement une nageoire dorsale formée seulement par un repli de la peau. Leurs narines s'ouvrent en dessus de la tête et non pas à l'extrémité du museau; et c'est par ces orifices ou *évents,* qu'ils lancent avec force, quelquefois à plus de dix mètres de hauteur, non pas, comme on le croit généralement, l'eau qui est entrée dans leur bouche, mais la vapeur d'eau provenant de la respiration. Cette vapeur est produite en telle quantité, qu'en se condensant au contact d'un air glacé elle retombe sous forme de pluie.

La nourriture des Cétacés proprement dits consiste

principalement en petits animaux, comme crustacés et mollusques.

Parmi les Cétacés, les uns ont des dents apparentes : tels sont les Cachalots, les Dauphins et les Marsouins ; d'autres, les Baleines, en manquent.

Les *Cachalots*, qui atteignent jusqu'à soixante-dix pieds de long, sont remarquables par le volume énorme de leur tête et par la présence de dents cylindriques à la mâchoire inférieure, la supérieure en étant privée. Le cerveau ne remplit pas tout le crâne de ces gigantesques animaux ; la plus grande partie en est occupée par une énorme quantité d'huile, qui se fige par le refroidissement, et prend le nom de *sperma ceti* ou *blanc de baleine*, substance très recherchée dans le commerce, et pour laquelle on va à la pêche de ces Cétacés. Ce sont aussi les Cachalots qui produisent l'*ambre gris*, substance aromatique qui se forme dans leur intestin.

Les Cachalots habitent les régions équatoriales de l'Océan Atlantique.

Fig. 114. — Dauphin.

Les *Dauphins*, dont les deux mâchoires sont garnies de dents égales et coniques, ont le museau allongé et terminé en pointe ; ce sont des animaux très carnassiers. Ils passaient, chez les Grecs, pour avoir une intelligence supérieure et être amis de l'homme ; ce qui tient sans doute à ce qu'ils aiment à accompagner les vaisseaux, dans le but, évidemment, de se nourrir des débris d'aliments que l'on jette par-dessus le bord.

Fig. 115. — La Baleine franche.

Le *Narval* appartient à cette famille ; il est remarquable par la longue dent unique, droite, et à surface cannelée en spirale, qui arme son museau ; cette dent, qui peut atteindre dix pieds de longueur, lui sert à attaquer la Baleine et aussi, paraît-il, à percer la glace des mers polaires, pour arriver à la surface de l'eau et y respirer.

Le *Marsouin*, qui fait également partie de ce groupe, est bien connu sur nos côtes de l'Océan ; on le voit souvent bondir par troupes à la surface de la mer.

Les *Baleines*, enfin, sont privées de dents ; mais leur mâchoire supérieure est pourvue de *fanons*, grandes lames cornées, élastiques, dont les bords sont frangés. Ces fanons ou baleines constituent une sorte de tamis qui se laisse facilement traverser par l'eau que l'animal a engloutie dans son énorme bouche, mais qui retient les petits animaux dont il fait sa nourriture.

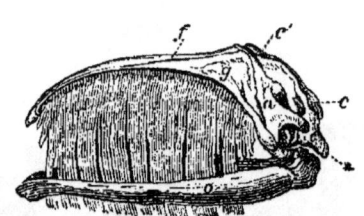

Fig. 116. — Squelette d'une tête de Baleine avec les fanons.

On distingue parmi les Baleines celles qui n'ont pas de nageoire sur le dos, telles que la *Baleine franche*, et celles qui au contraire en sont pourvues, à savoir, les *Baleinoptères*, dont les uns ont le ventre lisse, et les autres le ventre plissé ; ces derniers s'appellent aussi *Rorquals*.

DOUZIÈME ORDRE. — LES ÉDENTÉS

Les animaux de cet ordre sont caractérisés, à part une seule exception, par l'absence de dents à la partie antérieure de la bouche et par l'uniformité de celles des parties plus profondes, quand elles existent. Les Édentés ont, en général, des formes bizarres et qui varient assez suivant les espèces. Leur langue souvent fort allongée leur sert à recueillir les insectes dont ils se nourrissent; leurs habitudes indiquent peu d'intelligence. Les principaux groupes de cet ordre sont :

Les *Paresseux*, ainsi appelés à cause de la lenteur de leurs mouvements; ils rappellent un peu l'aspect des Singes; leurs membres antérieurs ont à peu près le double de la longueur des postérieurs; et les doigts, réunis entre eux, se terminent par des ongles très longs et robustes, qui rendent difficile leur marche à terre, mais qui leur permettent de grimper sur les arbres, où ils vivent d'ordinaire et dont ils mangent les feuilles.

Fig. 117. — L'Aï ou Paresseux à trois doigts.

Il existe deux espèces principales de Paresseux : l'un, de la grosseur d'un Chat, a reçu le nom de *Paresseux à trois doigts* ou *Aï* (fig. 117), à raison du cri qu'il pousse; l'autre est l'*Unau* ou *Paresseux à deux doigts*, qui est de moitié plus gros. Ils habitent l'Amérique tropicale;

Les *Fourmiliers* (fig. 118), qui sont complètement dépourvus de dents; leurs mâchoires, fort longues, ne peuvent s'écarter que d'une très faible quantité, suffisante seulement pour laisser passer une langue étroite, longue et recouverte d'une humeur visqueuse. Lorsque ces animaux se trouvent en présence d'une bande de fourmis ou de termites, ils allongent au milieu de ces insectes cette langue vermiforme, qu'ils remènent bientôt couverte de victimes. Leur corps est revêtu de grands poils raides. Ils habitent l'Amérique;

Les *Pangolins*, propres à l'Afrique, sont, comme les Fourmiliers, tout à fait dépourvus de dents et leur peau est, comme celle des animaux suivants, recou-

Fig. 118. — Le Fourmilier Tamanoir.

verte d'écailles cornées et imbriquées les unes sur les autres;

Les *Tatous*, qui comme les Fourmiliers, habitent exclusivement l'Amérique, sont remarquables par la singulière armure qui les recouvre; elle se compose de petites pièces dures, semblables à des écailles de forme

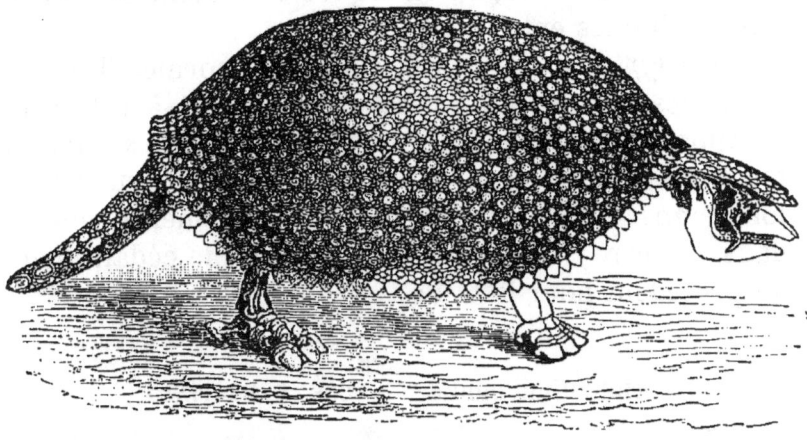

Fig. 119. — Le Glyptodon, Tatou fossile de grande taille. Il avait près de deux mètres de long, un mètre de large, et sa carapace ressemblait à celle d'une Tortue.

diverse et disposées autour du corps en anneaux régu-

Fig. 120. — Mylodon (Edenté fossile).

liers ou en une sorte de mosaïque. Ils sont à peu près

dépourvus de poils; on en trouve seulement quelques-uns disséminés entre les écailles.

Les *Glyptodons* (fig. 119), étaient d'énormes Tatous; on ne les connaît qu'à l'état fossile. C'est à cet ordre qu'appartenait aussi un animal énorme, qui atteignait treize mètres de long, le *Mégathérium*, disparu depuis longtemps et dont on retrouve les ossements enfouis dans la terre; le *Mylodon* (fig. 120) ne le cédait guère au précédent pour la taille.

TREIZIÈME ORDRE. — LES MARSUPIAUX

Le caractère le plus saillant des animaux de ce groupe consiste en ce que les petits naissent si faibles qu'ils ne semblent pas pouvoir vivre. C'est en effet ce qui aurait lieu si la mère ne les recevait, aussitôt après leur naissance, dans une espèce de poche qu'elle porte sous le ventre (fig. 122) et dans laquelle se trouvent les mammelles, auxquelles les petits s'attachent de suite; deux os spéciaux sont destinés à soutenir cette espèce de poche abdominale (1).

Fig. 121. — Kanguroo.

A cet ordre appartiennent un assez grand nombre de genres, qui presque tous habitent l'Australie. Bien plus, on ne trouve guère dans cette contrée que des Mammifères de cet ordre; ce sont :

Les *Kanguroos*, dont une espèce atteint quatre à cinq

(1) C'est l'existence de cette poche, en latin *marsupium*, qui a valu à cet ordre le nom qu'on lui donne.

pieds de long, sans compter la queue, qui en a quatre à elle seule, et qui, très robuste, sert de point d'appui à l'animal dans le repos, et agit dans le saut à la manière d'un ressort qui se détend. Les membres antérieurs sont petits, tandis que les postérieurs sont énormes; aussi l'animal progresse-t-il en exécutant des bonds prodigieux et avec une rapidité qui égale celle du Cerf;

Les *Pétauristes*, qui comme les Galéopithèques peuvent se soutenir en l'air au moyen de larges membranes qui font office de parachute;

Les *Dasyures*, qui ont les mœurs de nos petits animaux carnassiers, tels que la Martre, la Fouine, etc., et qui pendant la nuit vont à la chasse des oiseaux et des mammifères;

Les *Myrmécobies*, qui se nourrissent de fourmis.

L'Amérique possède aussi une tribu de Marsupiaux, que l'on ne rencontre pas ailleurs; c'est celle des *Sarigues*. Celles-ci sont caractérisées par le nombre et la forme de leurs dents, par la présence, aux pieds de derrière, d'un pouce opposable comme chez les Singes, et par leur queue prenante; elles vivent sur les arbres, où elles se nourrissent d'oiseaux, d'insectes et aussi de fruits. Ces animaux sont

Fig. 122. — Sarigue.

nocturnes et dorment pendant le jour enroulés sur eux-mêmes à la façon des Chiens.

La plus grosse espèce d'Amérique atteint la taille d'un Chat; ses petits, qui naissent au nombre d'une quinzaine, sont alors de la grosseur d'un grain de café, et restent attachés à la mamelle de leur mère pendant cinquante jours, au bout desquels ils sont du volume d'une Souris. A partir de ce moment ils peuvent quitter la poche maternelle, mais avec la facilité d'y rentrer au moindre danger.

Une espèce voisine est le *Crabier* ou *Grande sarigue de Cayenne*, qui se nourrit principalement de crabes.

D'autres espèces, dont la poche abdominale est incomplète, ont l'habitude, lorsque leurs petits ont abandonné la mamelle, de recourber leur queue en haut et de porter sur leur dos toute leur progéniture, chacun des petits se soutenant alors en enroulant sa queue autour de celle de sa mère.

QUATORZIÈME ORDRE. — LES MONOTRÈMES

Les animaux de cet ordre sont pour ainsi dire intermédiaires, par leur organisation, entre les Mammifères et les Oiseaux.

Ils constituent deux genres, qui n'ont chacun qu'une espèce.

L'une de ces espèces est l'*Échidné*, dont le corps, du volume de celui d'un Hérisson, est armé de piquants comme lui ; la bouche, dépourvue de dents, se prolonge en un bec corné long et étroit, et les pattes sont armées d'ongles robustes destinés à creuser le sol. Il se nourrit surtout de fourmis.

Fig. 123. — Ornithorynque.

L'autre espèce est l'*Ornithorynque* (1), qui a le corps

(1) Cette expression signifie *bec d'oiseau*.

couvert de poils, le museau terminé par un large bec corné, en forme de spatule, et les pattes palmées, car cet étrange animal vit dans les lacs et les étangs, où il se nourrit de petits animaux aquatiques. Aussi bien que l'Échidné, il porte près du talon, du moins le mâle, un ergot corné, creusé d'un canal, auquel aboutit la sécrétion d'une glande placée sous la peau de la cuisse. Jusqu'à ces derniers temps on croyait vénéneux, mais à tort, le produit de cette glande.

D'après des observations toutes récentes, ces deux Mammifères ne donneraient pas naissance à des petits tout formés, mais à un ou deux œufs, aussitôt reçus dans une poche abdominale analogue à celle des Marsupiaux et où le petit éclorait au bout d'un certain temps.

Tous deux sont propres à l'Australie.

QUESTIONNAIRE. — Quels sont les deux ordres des Mammifères marins ? — Donnez les principaux caractères des Phoques. — Citez-en quelques espèces. — Que savez-vous des Sirénides ? — Quelle est leur nourriture ? — Décrivez les caractères extérieurs de l'organisation des Cétacés. — Qu'appelle-t-on évents ? — Qu'est-ce que le blanc de Baleine ? — Qu'est-ce que l'ambre gris ? — Comment sont les dents des Dauphins ? — Que présente de remarquable le Narval ? — Qu'appelle-t-on fanons de la Baleine ? — Quelles sont les principales espèces de Baleines ?

Quel est le caractère essentiel des Édentés ? — Citez les principales espèces de cet ordre. — Que savez-vous de l'organisation et des mœurs du Paresseux ? — Comment est organisée la bouche des Fourmiliers ? — Que présentent de particulier les Tatous ? — Qu'est-ce que le Mégathérium et le Mylodon ?

Quels sont les principaux caractères des Marsupiaux ? — Où trouve-t-on ces animaux ? — Donnez les noms des principales espèces. — Où trouve-t-on les Sarigues ? — Que savez-vous de ces animaux ?

De quelle classe se rapproche l'ordre des Monotrèmes ? — Décrivez l'Échidné et l'Ornithorynque. — Où trouve-t-on ces animaux ?

CHAPITRE VI

Classe des Oiseaux

Caractères généraux des Oiseaux. — Les Oiseaux forment une classe parfaitement naturelle; ils offrent, au premier coup d'œil, un aspect particulier qui les fait aussitôt distinguer des animaux de toute autre classe. Leur organisation présente un grand nombre de caractères qui n'appartiennent qu'à eux et dont nous allons signaler les principaux.

Leur corps est couvert de *plumes*, lesquelles, par leur structure et leur mode de développement, se rapprochent sensiblement des poils des Mammifères et surtout des écailles des Reptiles, mais en diffèrent beaucoup par la forme. Des noms spéciaux ont été donnés aux plumes, suivant les régions du corps qu'elles recouvrent. On désigne sous le nom de *pennes* les grandes plumes,

Fig. 124. — Désignation des plumes des principales régions du corps de l'Oiseau; *rp*, rémiges primaires; *rs*, rémiges secondaires; *rb*, bâtardes; *rt*, rectrices; *t, t,* couvertures.

celles qui servent au vol; puis, on appelle *rectrices* les pennes de la queue, lesquelles servent à diriger le vol; *rémiges*, celles qui jouent le rôle de rames aériennes, autrement dit les plumes des ailes, lesquelles se distinguent en *primaires*, *secondaires* et *bâtardes*, selon qu'elles naissent des parties de l'aile qui représente la *main*, l'*avant-bras* ou le *pouce* des Mammifères. Les plumes plus petites qui recouvrent la base de ces grandes plumes sont les *couvertures* ou *tectrices*. Quant aux autres parties du corps, elles sont revêtues de *duvet*, lequel est formé de plumes à tige moins dure, à barbes plus lâches, plus flexibles et moins serrées.

Chaque plume est composée d'une *tige* cornée, creuse dans sa partie inférieure, pleine dans sa partie supérieure, laquelle porte sur ses côtés les *barbes*, elles-mêmes barbelées sur leurs bords.

Les plumes, du moins un certain nombre d'entre elles, tombent chaque année, parfois même deux fois par an; c'est ce qui constitue la *mue* de l'Oiseau. Cette chute périodique des plumes explique pourquoi le plumage offre chez les jeunes des teintes différentes de celles des individus plus âgés, et même d'une saison à l'autre chez un même Oiseau.

Le plumage des Oiseaux est souvent orné des plus merveilleuses couleurs ou réfléchit la lumière en produisant les teintes métalliques les plus riches.

De même que les *ailes* correspondent aux membres antérieurs des Mammifères, les *membres postérieurs* des Oiseaux sont très comparables aux membres postérieurs des premiers.

Ces membres se composent des *doigts*, ordinairement au nombre de quatre, du *tarse*, partie mince et allongée, qu'il faut bien se garder de considérer comme l'analogue de la jambe des Mammifères, enfin, de la *jambe* et de la *cuisse*. Les doigts offrent des dispositions très variables; tantôt ils sont faits pour marcher sur le sol, d'autres fois pour grimper, comme chez les Pics et les Perroquets, ou pour nager, comme chez les Canards.

Le *squelette* des Oiseaux est remarquable par la rapidité avec laquelle les os atteignent leur complet développement, surtout ceux du crâne, qui se soudent entre

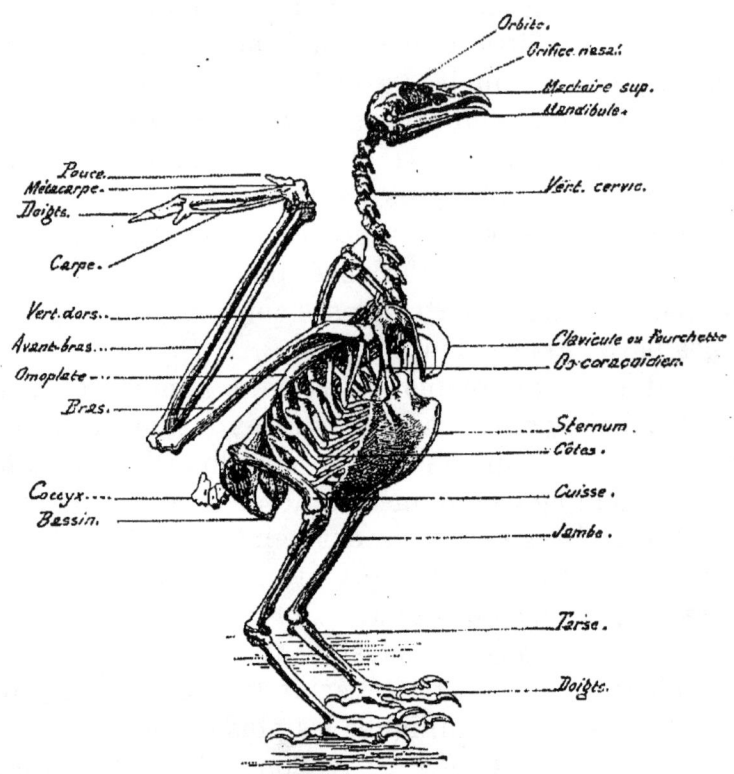

Fig. 125. — Squelette d'un Oiseau (Aigle Pygargue) (1).

eux de très bonne heure. En outre, la plupart des os sont dépourvus de moelle et se remplissent d'air venu du poumon.

La bouche des Oiseaux présente un *bec* corné, de

(1) Par erreur du graveur, dans cette figure le Métacarpe a été désigné sous le nom de Carpe et inversement.

forme variable, soutenu par deux mandibules ou mâchoires, et qui leur sert à saisir, broyer ou déchirer leur nourriture.

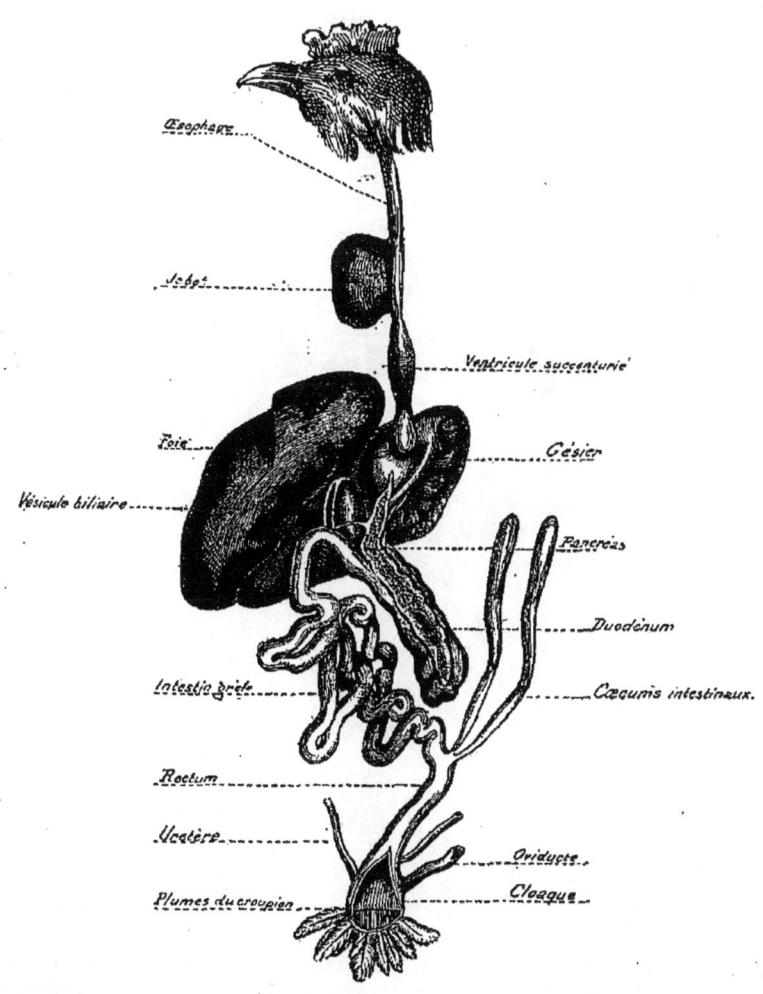

Fig. 126. — Appareil digestif d'un Oiseau (Poulet).

Ces mâchoires sont dépourvues de dents, du moins dans les espèces actuelles ; mais il n'en était pas de même autrefois. Ainsi le plus ancien Oiseau que l'on connaisse, l'Archæoptéryx, avait la bouche garnie de nombreuses dents.

L'*estomac* (fig. 126) est assez compliqué ; il se compose d'un *jabot*, qui n'est autre chose qu'un réservoir alimentaire ; d'un *ventricule succenturié*, qui est le véritable estomac où les aliments s'imbibent du suc gastrique ; enfin, du *gésier*, poche musculeuse aux parois

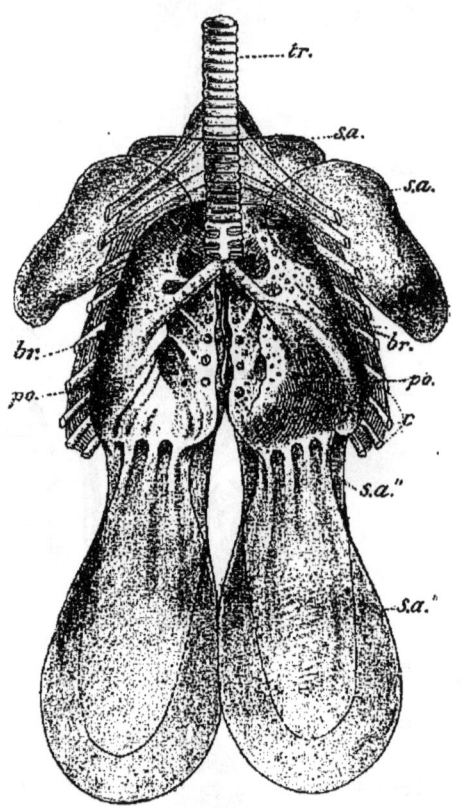

Fig. 127. — Appareil respiratoire des Oiseaux ; *tr*, trachée ; *br, br*, bronches *po, po*, poumons droit et gauche ; *sa, sa', sa", sa'''*, principaux sacs aériens.

très épaisses et d'une grande puissance de contraction, où ces mêmes aliments sont broyés, opération souvent aidée par la présence de petits graviers que l'Oiseau a soin d'avaler.

Le *cœur*, comme celui des Mammifères, est creusé de

quatre cavités ; mais les *globules sanguins* au lieu d'être en forme de disques sont elliptiques (fig. 10, p. 25).

La *respiration* se fait avec une grande activité ; les *poumons* (fig. 127) sont d'un volume médiocre, mais ils sont en relation avec de grandes poches, dites *sacs aériens* (*sa, sa', sa"*), qui s'avancent entre les organes dans différentes parties du corps et communiquent même avec les cavités des os. Dans toutes ces parties l'air circule et vivifie le sang ; il en résulte, en même temps qu'une grande diminution de poids, une respiration extrêmement active, et par là même une grande chaleur : la température des Oiseaux est en effet plus élevée que celle de toutes les autres espèces animales.

Les organes des sens, à part la *vue*, qui est très perçante, sont en général peu développés.

Les Oiseaux, au lieu de donner naissance à des petits vivants, comme les Mammifères, pondent des *œufs*, desquels sortent les jeunes au bout d'un certain temps, qui varie suivant les espèces ; ils sont donc *ovipares*.

L'*œuf* (fig. 128) se compose de plusieurs parties comme emboîtées les unes dans les autres : au centre, le *jaune* ou *vitellus*, à peu près arrondi, présentant vers son milieu un petit point brillant, la *vésicule germinative*, laquelle, à un moment donné, se porte en un point de sa suface, qui prend l'aspect d'une petite tache blanche, appelée *cicatricule*. C'est l'endroit où commencera à se former le jeune Oiseau. Le jaune, recouvert d'une mince enveloppe, la *membrane vitelline*, est en outre entouré du *blanc* ou *albumen* (1), qui est formé de couches concentriques, plus nombreuses et plus épaisses aux deux extrémités de l'œuf et surtout vers le gros bout. Deux espèces de cordons tordus sur eux-mêmes, appelés les *chalazes*, traversent, suivant le grand axe de l'œuf, toute l'épaisseur du blanc. Ce dernier est lui-même

(1) Prononcez *albumène*.

enveloppé d'une membrane résistante, qui est enfin recouverte par la *coquille*, dont la forme et la dimension varient avec les espèces et qui est ordinairement ornée de couleurs variées. Vers le gros bout de l'œuf, la membrane qui recouvre l'albumen *(membrane coquillière)* se

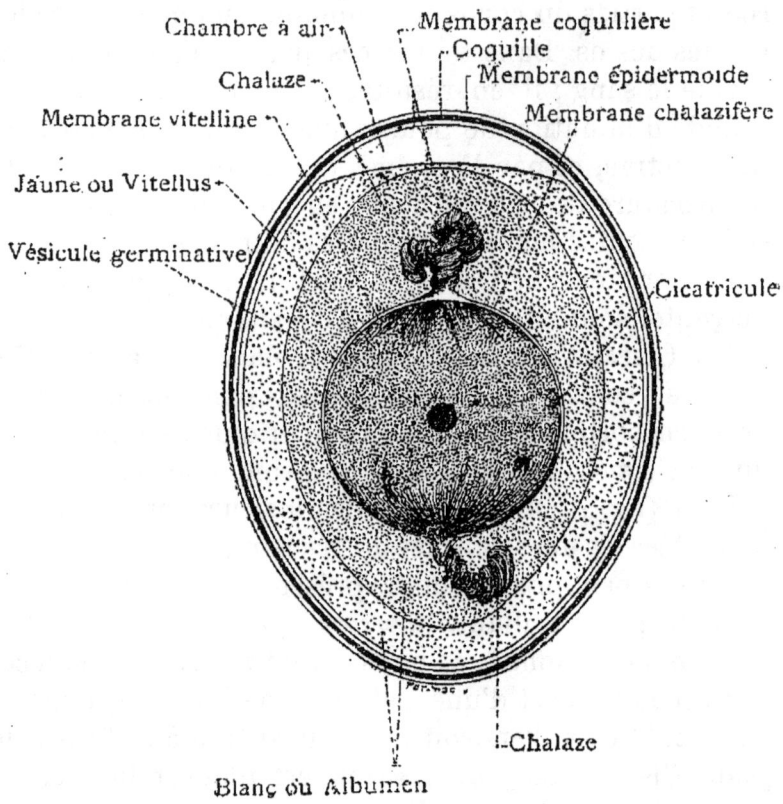

Fig. 128. — Un œuf de Poule coupé en long.

dédouble pour former un espace libre, la *chambre à air*, remplie, en effet, d'air venu à travers les pores de la coquille et destiné à la respiration du jeune Oiseau renfermé dans l'œuf

Une fois l'œuf pondu, l'Oiseau ne l'abandonne pas : il le *couve*, pour lui conserver une chaleur qui est indispensable au développement du petit. Au bout d'un certain nombre de jours de cette *incubation*, le jeune Oiseau brise la paroi de sa prison au moyen d'un onglet résistant, qui termine son bec, faible et mou dans le reste de son étendue. A partir de ce moment, il peut courir lui-même à la recherche de sa nourriture, comme fait le petit Poulet; ou bien, encore trop délicat, il a besoin d'être alimenté par ses parents, comme c'est le cas pour un plus grand nombre d'espèces.

L'étude des Oiseaux est des plus intéressantes. Non seulement leur organisation offre des détails curieux; mais encore leurs mœurs et leurs merveilleux instincts méritent d'attirer l'attention : qu'il suffise de rappeler l'art avec lequel ils construisent leur nid, et les migrations qu'un grand nombre d'entre eux accomplissent, migrations pendant lesquelles ils traversent les mers et les continents, pour fuir la rigueur des saisons et trouver une nourriture plus abondante.

Classification des Oiseaux

La classification des Oiseaux est basée principalement sur la conformation du bec et des pattes; ce sont des caractères de la plus haute valeur, parce qu'ils sont en rapport avec la nature de l'alimentation, le genre de vie et les habitudes de ces animaux. On a ainsi établi huit groupes principaux, à savoir : les *Rapaces*, les *Grimpeurs*, les *Passereaux*, les *Colombins*, les *Gallinacés*, les *Échassiers*, les *Palmipèdes* et les *Coureurs*.

PREMIER ORDRE. — LES RAPACES

Ce sont les carnassiers de la classe des Oiseaux. Leur bec fort et crochu est garni à sa base d'une membrane particulière, ordinairement jaune, appelée *cire;* leurs ongles sont recourbés et acérés, pour leur permettre de saisir leur victime et de la déchirer (fig. 129).

Fig. 129. — Serre d'Aigle.

Les uns volent et chassent leurs proies pendant le jour et sont appelés *diurnes*, les autres la nuit ou le soir et sont dits *nocturnes* ou *crépusculaires*.

Aux **Rapaces diurnes** appartiennent :

Les *Aigles*, aux grandes ailes pointues, au vol majestueux et rapide, et dont l'œil hardi se plaît à fixer le soleil. Les grandes forêts, les montagnes boisées de l'Europe sont leur séjour préféré. Ils construisent leur nid grossier, formé de quelques bâtons entrelacés, et que l'on appelle *aire*, sur des rochers inaccessibles;

Les *Faucons*, les *Milans*, les *Busards*, les *Buses*, les *Éperviers*. Plusieurs de ces Oiseaux sont susceptibles d'une certaine éducabilité : telle est la *Buse*, notamment, à laquelle on arrive même à faire couver des œufs de Poule.

Fig. 130. — Aigle Balbusard.

Les *Faucons* étaient autrefois dressés à la chasse. La tête couverte du *chaperon*, sorte de coiffure qui leur couvrait les yeux, on les conduisait à l'endroit choisi pour leurs exploits. Là, on leur rendait la vue et la liberté au moment où un Héron, une Cigogne ou quelque autre noble gibier prenait son vol. Après les péripéties d'un intéressant combat, le Rapace se rendait ordinairement maître de sa proie et l'apportait aux chasseurs;

Fig. 131. — Condor des Andes.

Les *Vautours*, rapaces de grande taille, au bec long et droit, puis brusquement recourbé vers la pointe, à la tête petite et dépourvue de plumes, avec le cou nu vers le haut et garni, vers le bas, d'un collier de duvet ou de grandes plumes. Contrairement aux Aigles, qui vivent solitaires, les Vautours sont réunis par bandes et fondent souvent en grand nombre sur les cadavres des animaux abandonnés.

Ils se régalent non seulement de chair morte, mais même corrompue; ce sont, à ce titre, d'utiles dépurateurs. Aussi, dans différents pays où ils habitent leur vie est-elle protégée par les lois.

C'est à la famille des Vautours qu'appartiennent :

Les *Condors*, qui ont pour type le *Condor des Andes* (fig. 110), le géant de la famille, qui, les ailes étendues, atteint jusqu'à près de quatre mètres de longueur. Malgré sa force considérable, c'est un Oiseau lâche, et qui est facilement mis en fuite par l'Homme;

FIG. 132. — Le Secrétaire.

Les *Gypaëtes*, qui ont la tête et le cou emplumés comme les Aigles, et non pas nus comme les Vautours. Ils sont doués d'une telle force qu'ils peuvent emporter des agneaux jusque dans leur aire. Ils vivent par couples;

Le *Secrétaire* ou *Messager* ou *Serpentaire*, appelé ainsi à cause de la rapidité de sa course et de la guerre qu'il fait aux Serpents ; la longueur de ses jambes lui donne l'aspect d'un Échassier. Au moyen de son aile tendue au-devant de lui comme un bouclier, il pare les coups de dents du Serpent, auquel il finit par briser la tête ou la colonne vertébrale d'un coup de son bec robuste.

Aux **Rapaces nocturnes** appartiennent :
Les *Hibous*, les *Chouettes*, les *Ducs*, Oiseaux fort utiles, faisant une chasse active aux petits Rongeurs des

Fig. 138. — Chouette Hulotte (à gauche); Hibou commun (à droite).

champs, qu'ils peuvent surprendre en volant sans bruit, particularité qui tient à ce que leur plumage est fort moelleux. Leurs yeux, de grande dimension, et dirigés en avant, redoutent une vive lumière, mais leur servent utilement dans l'obscurité des nuits. Leur ouïe est d'une grande finesse. Ils avalent leur proie sans la dépecer, ni la plumer, s'il s'agit d'un Oiseau; les parties non digestibles sont ensuite vomies sous forme d'une boulette. Ces Oiseaux vivent isolément, par paires, sauf au temps des migrations.

Fig. 134. — Grand-Duc.

C'est à grand tort que dans nos campagnes ces Oiseaux sont redoutés et tués sans pitié. Une entente plus intelligente de leurs propres intérêts, devrait amener les cultivateurs à respecter la vie des Rapaces nocturnes, car ils leur rendent, sans aucun doute, plus de services qu'ils ne leur causent de dommage.

DEUXIÈME ORDRE. — GRIMPEURS

Ces Oiseaux ont à chaque patte deux doigts dirigés en avant et deux en arrière; leur bec est fort, droit ou recourbé.

A cet ordre appartiennent les *Perroquets*, les *Pics*, les *Coucous*.

Les *Perroquets* sont assurément les plus intelligents des Oiseaux, très susceptibles d'éducation et capables même d'imiter la voix humaine. Leur bec est crochu, leur langue molle, épaisse et très mobile. Ils sont essentiellement grimpeurs et s'aident presque

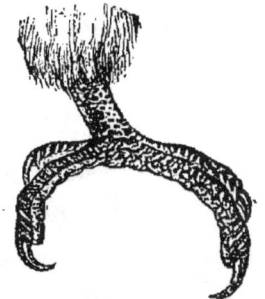

Fig. 135. — Patte de Perroquet.

Fig. 136. — Un Cacatoès. — Le Plictolophe de Leadbeater.

autant de leur bec que de leurs pattes. Leur vol est

assez rapide, mais peu soutenu; leur marche à terre est difficile. Ils se nourrissent de fruits, surtout de l'amande des fruits à noyaux et se servent habilement pour l'éplucher, de leur bec et de leurs pattes. Les *Perroquets*, ainsi que les *Perruches*, les *Cacatoès*, habitent les contrées les plus chaudes de l'Amérique, de l'Afrique et de l'Inde.

Les *Pics*, au moyen de leur bec, long et solide, font des trous dans les arbres pour atteindre les insectes nuisibles qui les minent; puis, à l'aide de leur langue effilée comme un ver, ils saisissent dans les plus étroites fissures les fourmis et autres petites proies, dont ils se nourrissent.

Fig. 137. — Pic épeiche.

Les *Coucous* ont l'habitude de pondre leurs œufs dans les nids d'Oiseaux d'espèce différente et s'en remettent à eux du soin de les couver; après l'éclosion, les légitimes possesseurs du nid nourrissent comme leurs propres enfants ces intrus, qui les paient d'ingratitude en jetant bientôt par-dessus bord les petits dont ils ont usurpé la place.

TROISIÈME ORDRE. — LES PASSEREAUX

Les caractères des Passereaux ne sont pas bien tranchés; ils sont en quelque sorte négatifs pour la plupart. Ainsi les Oiseaux de cet ordre n'ont ni le bec crochu et les serres des Rapaces, ni les doigts accouplés deux par deux des Grimpeurs, ni les longues jambes des Échassiers, ni les pattes palmées des Palmipèdes. Ajoutons que la plupart sont des Oiseaux chanteurs. On les range d'abord en deux sous-ordres, les *Syndactyles* et les *Déodactyles*.

Les Syndactyles (1) sont ainsi nommés parce qu'à chaque patte le doigt externe et celui du milieu sont réunis entre eux dans une partie de leur longueur. Ils ne comprennent que le groupe des **Lévirostres** (2), qui doivent leur nom à la légèreté de leur bec, qui est cependant souvent de grande dimension. Citons :

Le *Martin-Pêcheur*, un des plus beaux Oiseaux de France, par son plumage d'une charmante couleur bleue ; il vit sur le bord des petits cours d'eau ;

Fig. 138. — Tête de Calao, dont le bec est surmonté d'une sorte de corne.

Les *Calaos*, espèces exotiques, dont le bec, qui est énorme quoique très léger, se trouve surmonté d'une sorte de corne recourbée en haut.

Les Déodactyles (3) ont tous les doigts libres, il y en a, en général, trois en avant et un en arrière. On partage les Passereaux de cette division en quatre groupes secondaires, à savoir : les *Fissirostres*, les *Conirostres*, les *Dentirostres* et les *Ténuirostres*.

Les **Fissirostres** (4) ont la tête aplatie, le bec court

(1) *Syndactyles*, de deux mots grecs : *sun*, marquant l'union, et *dactulos*, doigt.
(2) *Lévirostres*, du latin *levis*, léger, et *rostrum*, bec.
(3) *Déodactyles*, des deux mots grecs *daiô*, je divise, et *dactulos*, doigt.
(5) *Fissirostres*, du latin *fissus*, fendu, et *rostrum*, bec.

et largement fendu, par conséquent bien disposé pour saisir les insectes au vol ; tels sont les *Engoulevents*, les *Hirondelles*, les *Martinets* (fig. 140), les *Salanganes* (fig. 141), espèces d'Hirondelles, qui à l'aide de fragments d'algues à demi digérés par leur estomac,

Fig. 139. — Engoulevent.

et mélangés à une humeur sécrétée par cet organe, puis rejetés par le bec, construisent un nid, qui est très recherché comme aliment, surtout en Chine, et est même importé en Europe.

Les **Conirostres** ont le bec robuste, de forme conique, en rapport avec une alimentation granivore ; un grand nombre d'entre eux ont une voix agréable. A ce groupe appartiennent les *Alouettes,* les *Chardonnerets,* les *Serins,* les *Becs-croisés* (fig. 142), ainsi appelés en raison de la forme de leur bec, qui constitue une exception parmi les Conirostres et se trouve fort heureusement disposé pour permettre à l'Oiseau de retirer des pommes de pin les graines dont il fait sa principale nourriture.

Fig. 140. — Martinet noir ou de muraille.

A cette même division appartient une intéressante espèce du Cap de Bonne-Espérance, le *Tisserin républicain* (fig. 144).

Les **Dentirostres,** caractérisés par leur bec, qui offre près de la pointe de la mandibule supérieure une échancrure suivie d'une dent, se nourrissent d'insectes ou même de proies plus grosses. On y trouve les *Corbeaux,* les *Pies,* les *Mésanges,* les *Pies-Grièches* aux mœurs carnassières, les *Merles*, les *Loriots*, les *Rossignols*, les *Fau-*

Fig. 141. — La Salangane et son nid.

vettes et les *Roitelets* (fig. 145). Beaucoup sont d'inté-

Fig. 142. — Tête de Bec-croisé.

Fig. 143. — La Mésange.

ressants Oiseaux chanteurs, qui contribuent par leur voix mélodieuse au charme de nos vallons et de nos bois.

On ne saurait trop insister sur l'utilité de ces charmants hôtes de nos campagnes, tous grands destructeurs d'in-

Fig. 144. — Les Tisserins républicains et leurs nids. Ces oiseaux doivent leur nom à ce qu'ils vivent en troupes nombreuses, qui construisent en commun, sur des arbres, un grand nombre de nids disposés côte à côte et recouverts d'une sorte de toit qui les abrite tous.

sectes nuisibles. Que les enfants respectent donc les nids de ces précieux auxiliaires de l'agriculture, et ne menacent plus leur vie à l'aide de collets ou d'autres pièges.

Les **Ténuirostres** (1), au bec mince et allongé, droit

Fig. 145. — Le Roitelet ou Troglodyte d'Europe.

ou recourbé, nous offrent : la *Huppe*, dont la tête est

Fig. 146. — La Huppe.

(1) *Ténuirostres*, du latin *tenuis*, fin, délicat, et *rostrum*, bec.

surmontée de longues plumes, que l'Oiseau peut redresser à volonté, ce qui lui a valu le nom qu'elle porte ; les *Colibris*, au bec délicat et gracieusement recourbé ; les *Oiseaux-Mouches*, les plus petits de toute la classe que nous étudions, certains d'entre eux ne

Fig. 147. — Oiseau-Mouche à tête blanche et son nid (en haut) ; Oiseau-Mouche magnifique (en bas).

dépassant guère la taille d'un Bourdon. Mais, par une sorte de compensation, la nature les a splendidement vêtus ; leur plumage possède les couleurs métalliques les plus brillantes, un éclat qui n'a rien à envier à celui des pierres précieuses. Les espèces en sont très nombreuses, en Amérique.

QUATRIÈME ORDRE. — LES COLOMBINS

Les *Pigeons* (fig. 148), réunis autrefois aux Gallinacés, méritent de faire un ordre à part. Ils s'en distinguent surtout en ce que les petits sont pendant les premiers temps de leur naissance incapables de pourvoir eux-mêmes à leur nourriture. Bien plus, fait unique dans la classe des Oiseaux, celle-ci leur est

Fig. 148. — Pigeon ramier (à gauche) : Pigeon biset ou de colombier (à droite).

fournie par l'organisme même des parents, dont le jabot sécrète une substance analogue à du lait, qui est dégorgée dans le bec des jeunes.

En outre, les Pigeons ont le bec faible, membraneux et renflé autour des narines.

Enfin, ces Oiseaux ont le vol puissant, mais lourd; ils vivent par couples ou réunis par bandes nombreuses.

C'est à ce groupe qu'appartenait le *Dronte* (fig. 149),

étrange oiseau aux formes lourdes, encore abondant, il y a deux siècles, dans les îles Mascareignes, mais aujour-

Fig. 149. — Le Dronte.

d'hui complètement disparu. Sa taille l'emportait sur celle du Cygne.

CINQUIÈME ORDRE. — LES GALLINACÉS (1)

Les espèces de cet ordre, auquel appartiennent la plus grande partie de nos Oiseaux domestiques, se

(1) Du mot latin *gallus*, coq.

reconnaissent à leurs doigts libres, sauf tout à fait à la base, où ils sont réunis par une courte membrane, à

Fig. 150. — Le Coq.

leur bec voûté, et à leurs narines recouvertes d'une écaille molle. Leur régime est granivore.

Fig. 151. — Une compagnie de Perdrix.

On range dans ce groupe les *Faisans*, les *Paons*, les

Fig. 152. — Le Lagopède des Alpes, en plumage d'été.

Coqs, tous originaires de l'Asie ; les *Dindons*, qui nous viennent de l'Amérique ; les *Pintades*, d'Afrique ; les *Perdrix* et les *Cailles* ; les *Lagopèdes* (1), sortes de Perdrix des contrées froides de l'hémisphère boréal, et dont les pattes et les tarses sont revêtus de plumes serrées ayant l'aspect de poils ; leur plumage, de couleur jaune en été, devient d'un blanc de neige en hiver (fig 152).

Toutes ces espèces vivent par petits groupes, par familles composées d'un mâle et de plusieurs femelles : aussitôt nés, les petits sont assez forts pour suivre leur mère et chercher eux-mêmes leur nourriture.

SIXIÈME ORDRE. — LES ÉCHASSIERS

Leur caractère essentiel est d'avoir les tarses très longs, ainsi que les doigts ; ceux-ci sont réunis par une membrane incomplète, quelquefois même complète, c'est-à-dire qui s'étend jusqu'à leur extrémité. La partie inférieure des jambes est nue, dépourvue de plumes. Ces dispositions organiques permettent à ces Oiseaux de marcher sur la vase, de traverser les petits cours d'eau, et d'y chercher, grâce à leur long bec et à leur cou de grande dimension, les insectes ou les petits coquillages qui peuvent s'y trouver.

Fig. 153. — La Grue royale.

A ce groupe appartiennent les Oiseaux de rivage proprement dits, tels que les *Hérons*, les *Grues*, les *Cigognes*, les *Aigrettes*, les *Butors*, les *Flamants* ; ces der-

(1) *Lagopède*, du grec *lagos*, lièvre, et du latin *pes*, *pedis*, pied.

niers, par la structure de leur bec, pourraient être rangés avec les Palmipèdes ;

L'*Agami* ou *Oiseau trompette*, espèce singulière, qui doit son nom à sa voix retentissante, et dont l'instinct

Fig. 154. — Flamants.

de sociabilité et de commandement est mis à profit, à la Guyane, pour la garde des Oiseaux de basse-cour.

Citons, enfin, les *Outardes*, les *Ibis* et les *Pluviers*; les *Râles* et les *Poules d'eau*.

SEPTIÈME ORDRE — LES PALMIPÈDES

Les espèces de cet ordre ont toujours les doigts réunis par une membrane, qui tantôt va sans interruption jusqu'aux ongles (pied palmé), et tantôt forme une bor-

FIG. 155. — Pied palmé.   FIG. 156. — Pied demi-palmé.

dure à chaque doigt en particulier (pied demi-palmé). Dans tous les cas, cette structure du pied rend ces Oiseaux très propres à la nage.

Leurs espèces sont nombreuses; il suffira de citer :

Le *Pélican*, qui porte au-dessous du bec une large poche membraneuse, sorte de réservoir dans lequel il peut amasser, en attendant qu'il les mange, les poissons qu'il vient de pêcher;

Le *Cormoran;* le *Pétrel* ou *Oiseau des Tempêtes* (fig. 157), qui dans les fortes tempêtes vole hardiment dans la vallée creusée entre deux vagues, et s'empare des poissons qui s'approchent de la surface;

Les *Goélands* et les *Mouettes*, si communs sur nos côtes;

FIG. 157. — Pétrel.

Le *Bec-en-ciseaux*, donc le bec très comprimé a sa mandibule inférieure beaucoup plus longue que la supérieure; il rase les flots, en tenant plongée dans l'eau cette sorte de lame, pour y saisir les poissons qu'il rencontre sur son passage;

Fig. 158. — Eider mâle, sa femelle et son nid.

Les *Cygnes*, les *Canards*, dont certaines espèces, telles

Fig. 159. — Le Grèbe cornu et son nid.

que l'*Eider* (fig. 158), fournissent un fin duvet, qu'on

Fig. 160. — Deux Macareux moines (en arrière) et un Guillemot (en avant).

emploie à faire des édredons à la fois chauds et légers;

Citons, enfin, les *Plongeons*, les *Grèbes* (fig. 159), dont les plumes sont recherchées pour garnir et orner les vêtements des femmes ;

Fig. 161. — Le Manchot de Patagonie ou Grand Manchot.

Les *Macareux*, les *Guillemots* (fig. 160), les *Pingouins* et les *Manchots* (fig. 161) ; ces derniers ont des ailes très rudimentaires, qui ne leur permettent pas de voler, mais qui leur servent de rames pour nager. En même temps, leurs pattes sont placées si loin en arrière du corps, qu'ils sont obligés, pour marcher sur le sol, de prendre la position verticale, ce qui leur donne un aspect des plus singuliers.

HUITIÈME ORDRE. — LES COUREURS OU BRÉVIPENNES

Les *Autruches* et les *Casoars*, malgré quelques caractères qui les rapprochent des Oiseaux de rivage, doivent en être séparés. Leurs ailes ne sont pas assez développées pour qu'ils puissent voler, et leurs plumes sont lâches et souples; mais leurs membres postérieurs, longs et robustes, leur permettent de courir avec une extrême rapidité. Ce sont les géants des Oiseaux. Ils se plaisent dans les lieux chauds et arides, les déserts sablonneux. Ils ne couvent pas leurs œufs, mais les abandonnent dans le sable, à la chaleur du soleil, laquelle suffit à les faire éclore.

Fig. 162. — L'Autruche d'Afrique.

L'*Autruche*, magnifique Oiseau de l'Afrique, n'a que deux doigts à chaque pied, et court avec une vitesse qui dépasse celle du Cheval; on recherche les plumes de sa queue et de ses ailes pour la parure.

Les *Casoars* et les *Émous* de l'Australie, les *Nandous* d'Amérique ont chacun trois doigts à chaque pied.

Dans ce même ordre, il faut ranger l'*Aptéryx* ou *Kiwi*, de l'Australie, de la grosseur d'une Poule, dont les ailes manquent à peu près complètement et sont à peine indiquées par un court moignon ; ses plumes sont

Fig. 163. — Aptéryx.

en forme de fer de lance, lâches, pendantes et soyeuses. Cette espèce a un long bec et des pattes de Gallinacé, dont il a aussi les mœurs.

C'est à côté des Autruches qu'il faut placer le

Dinornis (fig. 164) et l'*Épyornis*, énormes Oiseaux aujourd'hui disparus, dont on trouve les restes à la Nouvelle-Hollande et à Madagascar ; leurs œufs avaient six fois le volume de ceux de l'Autruche, cent cinquante fois la

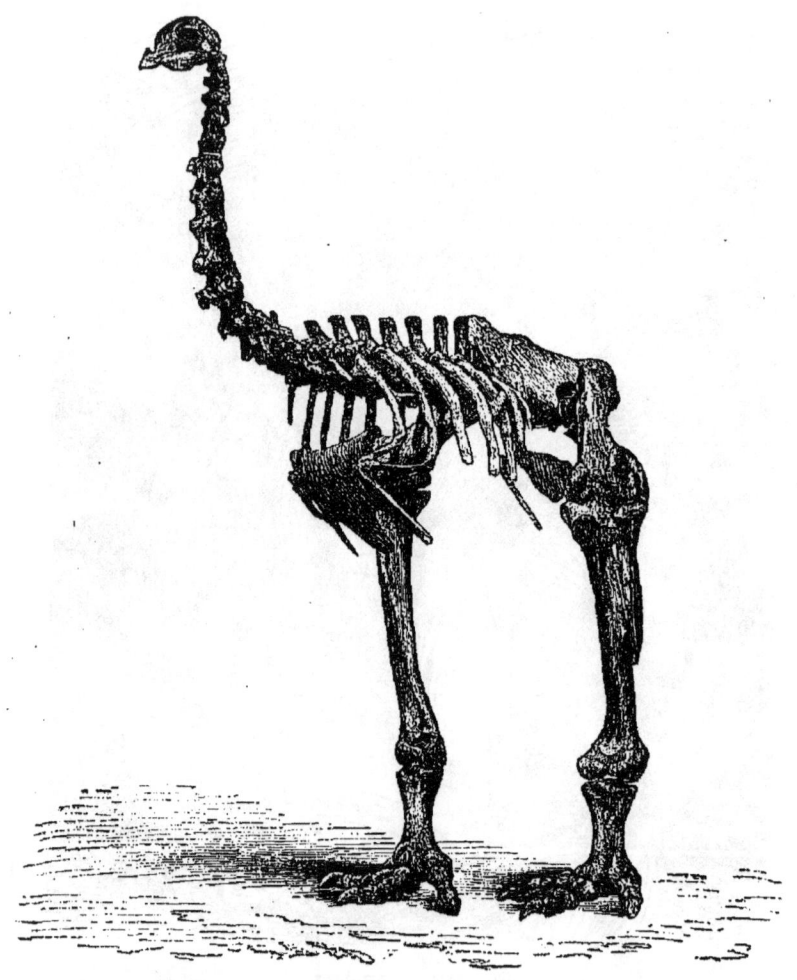

Fig. 164. — Squelette du Dinornis à pieds d'éléphant. Sa taille atteignait 3m,50, et ses membres étaient bien plus massifs que ceux de l'Autruche.

grosseur de ceux de la Poule. Les œufs d'Épyornis, que l'on retrouve dans les terrains d'alluvion de Madagascar, sont employés encore aujourd'hui, par les chefs Malgaches, à contenir des liquides.

OISEAUX FOSSILES

Les premiers Oiseaux qui ont apparu sur la terre avaient une organisation bien différente de celle que présentent les espèces de notre époque. Le plus ancien et le plus célèbre est l'*Archæoptéryx*, dont le squelette a été retrouvé dans les dépôts de la partie supérieure du terrain jurassique. Ce singulier Oiseau avait les deux mâchoires garnies de nombreuses dents, semblables à celles des Reptiles ; ses membres antérieurs, les ailes, étaient terminés par des doigts bien formés, dont chacun était pourvu d'un ongle recourbé ; la queue était composée, comme celle des Reptiles, d'un grand nombre de vertèbres, dont chacune portait une paire de grandes plumes, ce qui devait donner à cet étrange Oiseau un aspect des plus singuliers.

On connaît encore d'autres espèces d'Oiseaux fossiles, qui comme l'Archæoptéryx étaient pourvus de dents. Les uns avaient des formes lourdes et étaient aquatiques, d'autres plus petits, étaient bien organisés pour le vol. C'est surtout dans les dépôts du terrain Crétacé d'Amérique que l'on trouve les restes de ces Oiseaux.

QUESTIONNAIRE. — Quels noms donne-t-on aux différentes plumes de l'Oiseau ? — Quelles parties distingue-t-on dans une plume ? — Qu'est-ce que la mue ? — Énumérez les parties dont se composent les membres de l'Oiseau. — Qu'offrent de particulier les os des Oiseaux ? — Quelle est la composition de leur estomac ? — Que présentent de particulier les organes de la respiration ? — Quelle est la forme des globules du sang dans cette classe d'animaux ? — Qu'avez-vous à dire sur leurs organes des sens ? — Dites quelles sont les diverses parties de l'œuf de poule.

Sur quoi est basée la classification des Oiseaux? — Nommez les huit ordres de cette classe. — Quels sont les principaux caractères des Rapaces? — Comment les divise-t-on? — Nommez les principales espèces des deux divisions. — A quels signes reconnaît-on les Grimpeurs? — Qu'avez-vous à dire des Perroquets? — Quelle est la nourriture des Pics? — Qu'appelle-t-on Passereaux syndactyles? — Citez en quelques espèces. — Qu'entendez-vous par Passereaux déodactyles. — Indiquez les caractères essentiels des fissirostres, conirostres, dentirostres, ténuirostres. — Citez quelques espèces de chacun de ces groupes. — Sur quels caractères s'appuie-t-on pour faire des Pigeons un ordre à part? — Quels sont les caractères des Gallinacés? — Citez les principales espèces de cet ordre. — Indiquez les caractères essentiels des Échassiers. — Nommez-en les principales espèces. — A quoi reconnaît-on les Palmipèdes? — Quelles sont les espèces les plus remarquables de cet ordre? — Quels sont les Oiseaux qui constituent l'ordre des Coureurs? — Combien l'Autruche d'Afrique a-t-elle de doigts aux pieds? — Qu'est-ce que l'Aptéryx et où le trouve-t-on?

Les Oiseaux ont-ils toujours eu la structure que nous présentent ceux de notre époque? — Indiquez les principaux traits d'organisation de l'Archæoptéryx.

CHAPITRE VII

Classe des Reptiles.

Caractères généraux des Reptiles. — Les *Reptiles* ont, à toutes les époques de leur vie, la *respiration* aérienne, c'est-à-dire qu'ils sont constamment pourvus de poumons, au moyen desquels ils respirent l'air atmosphérique.

Leur *peau* est recouverte d'*écailles* plus ou moins épaisses, cornées ou osseuses, mais non de poils ou de plumes, comme les Mammifères ou les Oiseaux.

Leur *circulation* est peu active; le sang veineux se mélange au sang artériel, quelquefois (fig. 166) aussitôt après sa sortie du cœur, et plus souvent dans le cœur même, grâce à une large communication établie entre les deux ventricules, ou même parce que ces deux cavités sont confondues en une seule (fig. 165). Les globules du sang sont de forme elliptique.

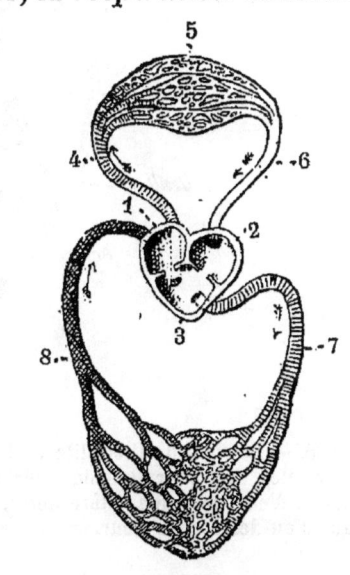

FIG. 165. — Circulation des Reptiles et des Batraciens.

1, oreillette droite; 2, oreillette gauche; 3, ventricule unique; 4, artère pulmonaire; 5, poumons; 6, veine pulmonaire; 7, artère aorte; 8, veine cave.

La *température* de leur corps, bien loin d'être élevée et fixe comme celle des animaux des deux classes précédentes, suit toutes les variations de chaleur que subit le milieu dans lequel ils vivent, s'abaisse et s'élève avec elle, et ne lui reste guère supérieure ; aussi sont-ils appelés animaux *à sang froid* ou plutôt *à température variable*.

Les Reptiles se reproduisent toujours au moyen d'œufs, comme les Oiseaux ; la Vipère semble faire

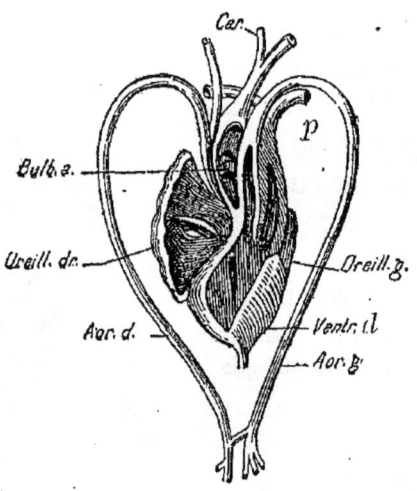

Fig. 166. — Le cœur du Crocodile et les vaisseaux qui en partent. Il y a deux ventricules, l'un pour le sang artériel, l'autre pour le sang veineux ; mais de chacun d'eux part une artère aorte, et celles-ci communiquent l'une avec l'autre au-dessous du cœur.

exception à cette règle, puisqu'elle donne naissance à des petits tout formés, mais en réalité ceux-ci sortent d'œufs qui ont éclos dans le corps de la mère.

La sensation de froid que nous donne le contact du corps de ces animaux, leurs formes parfois bizarres, leur vie souterraine, leur marche rampante, le danger qu'offre la morsure d'un certain nombre d'entre eux les ont fait prendre en horreur dans tous les temps ;

c'est à ce point qu'un certain nombre d'entre eux, complètement inoffensifs et de formes gracieuses, ne sauraient même échapper à cette espèce de réprobation générale.

Très nombreux et surtout plus dangereux dans les pays chauds, ils ne se rencontrent qu'en petit nombre dans les pays froids ou tempérés. Certaines espèces, depuis longtemps détruites, ont laissé leurs débris dans la profondeur du sol; souvent de taille gigantesque et de forme bizarre, les unes étaient aquatiques, comme les *Ichtyosaures*, les *Plésiosaures*; les autres terrestres, comme les *Mosasaures*, les *Plérodactyles*. Ces derniers avaient même, comme nos Chauves-souris, la faculté de voler au moyen de larges membranes, étendues entre les côtés du corps et le petit doigt des membres antérieurs prodigieusement développé (1).

Classification. — Les Reptiles se partagent en quatre ordres, caractérisés comme il va être dit.

Les *Crocodiliens* : pas de carapace véritable, mais peau incrustée de plaques osseuses; ventricules du cœur séparés l'un de l'autre par une cloison complète;

Les *Chéloniens* ou *Tortues* : corps renfermé dans une carapace; ventricules séparés par une cloison incomplète;

Les *Lacertiliens* ou *Lézards* : peau recouverte de fines écailles; des membres chez la plupart; maxillaire inférieur d'une seule pièce;

Les *Ophidiens* ou *Serpents* : peau également écailleuse; pas de membres; maxillaire inférieur formé de deux parties distinctes, unies en avant par un simple ligament élastique.

---

(1) De plus nombreux détails sont donnés sur ces singuliers Reptiles dans notre *Traité élémentaire de Géologie*, rédigé d'après le programme de la classe de Cinquième.

PREMIER ORDRE. — LES CROCODILIENS

Ce sont des animaux dont la forme rappelle celle des Lézards, mais dans de gigantesques proportions. Leur gueule est puissamment armée de dents aiguës; leur peau épaisse est incrustée d'un grand nombre d'écailles solides ou plutôt de plaques osseuses.

Ils se tiennent aux embouchures des grands fleuves. Leurs mouvements, assez lents et pénibles à terre, sont très vifs dans l'eau; ils nagent en effet avec une grande agilité, à l'aide de leur longue queue aplatie sur les côtés. Ils sont carnassiers et chassent leurs proies la nuit.

On les divise en trois familles :

Les *Crocodiles* proprement dits (fig. 167), chez lesquels la quatrième dent de la mâchoire inférieure se loge dans une échancrure du bord de la mâchoire supérieure

Fig. 167. — Le Crocodile du Nil.

et reste visible quand la bouche est fermée. Ils habitent surtout l'ancien continent (Asie, Afrique), et peuvent acquérir dix mètres de longueur;

Les *Caïmans* ou *Alligators* (fig. 168), à tête moins oblongue, moins allongée, et chez lesquels les dents

Fig. 168. — Caïmans ou Alligators.

Fig. 169. — Le Gavial du Gange.

restent toutes cachées quand les mâchoires sont complètement rapprochées. A part une exception, ils appartiennent tous à l'Amérique ;

Enfin, les *Gavials* (fig. 169), dont le museau est encore plus allongé, étroit et renflé à l'extrémité ; ils habitent l'Inde et l'Australie.

DEUXIÈME ORDRE. — LES TORTUES OU CHÉLONIENS (1)

Les *Chéloniens* se reconnaissent à première vue à leur aspect tout particulier. En effet, ils paraissent renfermés dans une sorte de boîte solide d'où sortent seulement la tête et les membres. Cette boîte est formée par les os d'une partie du squelette, qui ont pris un grand développement et se sont soudés à la peau en grande partie ossifiée.

La partie supérieure, bombée, est la *carapace*, et l'inférieure, de forme aplatie, est le *plastron*. Tantôt ces deux parties sont solidement soudées l'une à l'autre, sur les côtés : c'est le cas des espèces terrestres ; tantôt elles sont simplement articulées et mobiles, comme on le voit dans les espèces marines. Le corps se trouve ainsi entièrement renfermé, mais avec une ouverture ménagée en avant pour le passage de la tête et des membres antérieurs, et une autre en arrière pour la sortie des membres postérieurs et de la queue. La bouche de ces animaux est dépourvue de dents, mais leurs mâchoires robustes sont, comme le bec des Oiseaux, garnies d'un revêtement corné et tranchant. Leur marche est lourde et d'une lenteur proverbiale ;

(1) Prononcez *Kéloniens*.

mais les espèces aquatiques nagent avec une grande vélocité.

On a divisé les Tortues en quatre groupes principaux, à savoir : en *terrestres*, *palustres*, *fluviatiles*, *marines*, selon qu'elles habitent la terre ferme, les

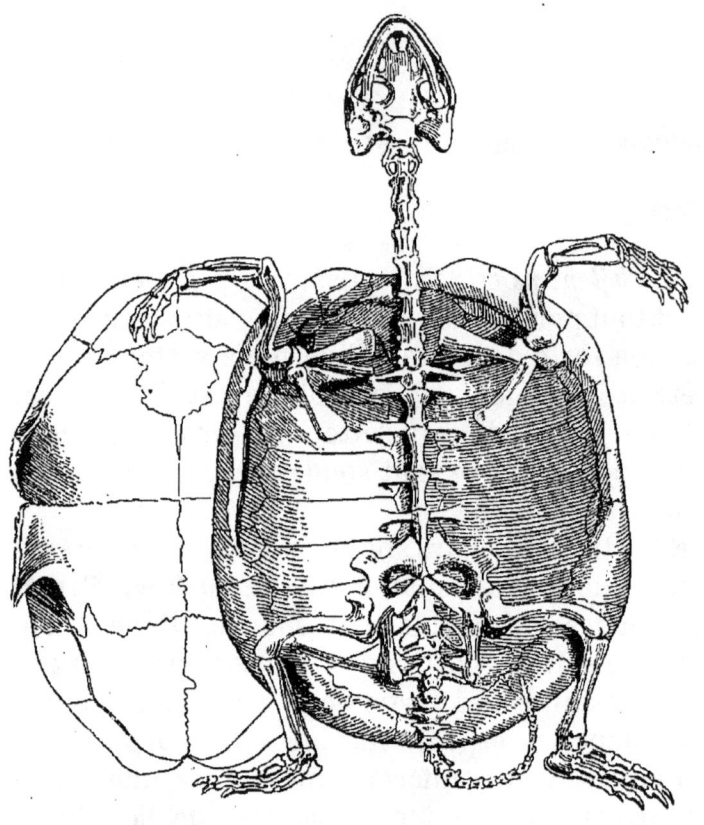

FIG. 170. — Squelette d'une Tortue terrestre. Le plastron a été séparé de la carapace pour montrer la structure intérieure.

marais, les fleuves ou la mer. C'est parmi ces dernières que l'on trouve les espèces les plus grandes et les plus utiles à l'homme. Telles sont : la *Tortue verte*, qui pèse jusqu'à 200 et 300 kilogrammes, de toutes la plus employée comme aliment; le *Caret*, dont les écailles sont utilisées dans l'industrie pour la confection des objets dits en écaille. La chair et les œufs de la plupart des

Fig. 171. — Tortue de marais. — La Cistude d'Europe.

Tortues sont recherchés pour l'alimentation de l'homme. Plusieurs, cependant, qui se nourrissent de mollusques et de crustacés prennent un goût musqué détestable;

Fig. 172. — Tortue de mer. — Le Caret.

enfin, la chair de quelques autres cause des empoisonnements à ceux qui en font usage.

TROISIÈME ORDRE. — LES SAURIENS

Les Reptiles de ce genre se rapprochent, au moins par leur forme et la disposition des membres, du Lézard ordinaire. Quelques-uns, cependant, n'ont que des

Fig. 173. — Le Seps.

rudiments de pattes, comme le *Seps* (fig. 173), petit Saurien commun en Afrique, ou même n'en ont pas du

Fig. 174. — Le Pseudope de Pallas.

tout et ressemblent singulièrement à un Serpent : tel est le *Pseudope* (fig. 174), de l'Asie mineure, ou l'*Orvet*, ce charmant petit animal de notre pays, qui, sous le nom d'*Envrain*, est redouté dans nombre de localités à l'égal de la Vipère, bien qu'il soit absolument inoffensif.

Les espèces de cet ordre sont extrêmement nombreuses. Nous nous contenterons de citer :

Les *Caméléons* (fig. 175), qui sous différentes influences, telles que la peur, une lumière plus ou moins

Fig. 175. — Le Caméléon commun.

vive, la nature des objets qui les entourent, ont la propriété de changer de couleur. D'une très grande lenteur dans leurs mouvements, ils seraient incapables de s'emparer des mouches dont ils font leur nourriture habituelle ; mais ils sont pourvus d'une langue excessivement longue, qu'ils lancent comme un trait et qu'ils ramènent rapidement dans leur bouche avec l'insecte que leur salive a englué. Ils vivent sur les arbres, où leur queue préhensile et la disposition toute particulière de leurs doigts leur permet de se tenir très solidement ;

Fig. 176. — Le Dragon volant.

Les *Dragons volants* (fig. 176), petits Lézards, qui au

Fig. 177. — Le Monitor ou Sauvegarde d'Amérique.

moyen de membranes parties de chaque côté du corps,

et que soutiennent les côtes postérieures très écartées du tronc, peuvent se soutenir quelques instants en l'air comme à l'aide d'un parachute ;

Les *Geckos*, dont l'aspect est assez hideux, et qui par suite de la structure toute particulière des doigts, garnis en dessous d'espèces de ventouses et terminés par des ongles recourbés, ont la propriété de s'accrocher aux murs intérieurs des habitations aussi facilement que des mouches sur une vitre ;

Enfin, tous les *Lézards gris* ou *verts* de notre pays, auxquels se rattachent certaines espèces d'Amérique, remarquables par leur grande taille, les *Monitors* ou *Sauvegardes*, par exemple, qui atteignent 4 à 5 pieds de long (fig. 177).

QUATRIÈME ORDRE. — LES OPHIDIENS

Les *Serpents* ou *Ophidiens* n'ont pas de membres, et leur marche est un glissement onduleux. Leur bouche largement fendue est susceptible de s'ouvrir de manière à engloutir des proies bien plus volumineuses

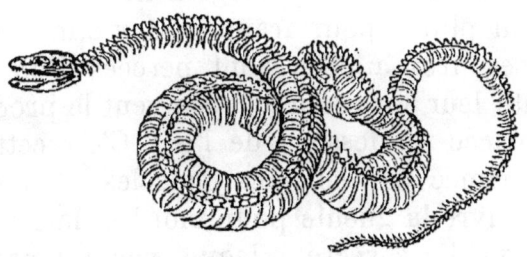

Fig. 178. — Squelette d'un Serpent non venimeux.

que leur propre corps, résultat que facilite encore la disposition de la mâchoire inférieure, dont les deux côtés ne sont réunis en avant que par un ligament lâche et élastique. Leurs yeux, dépourvus de paupières, ont une fixité étonnante, à laquelle sans doute est due cette sorte de fascination qui paralyse les petits animaux dont ils font leur proie.

Cet ordre renferme les animaux les plus dangereux de la création, en même temps qu'un certain nombre d'espèces absolument inoffensives. Beaucoup, en effet, sont armés de *dents venimeuses* ou *crochets à venin*. Ces dents sont placées le plus ordinairement à la partie antérieure de la mâchoire supérieure, mais quelquefois au fond de la bouche. Dans le premier cas, l'os maxillaire (fig. 179, *c*),

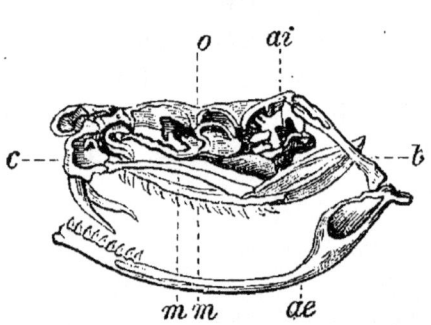

Fig. 179. — Squelette de la tête d'un Serpent venimeux; *c*, le maxillaire supérieur avec les dents à venin; *ae*, le maxillaire inférieur; *m, m*, os du palais.

qui porte ces dents à venin est doué d'une grande mobilité, de telle sorte que ces dents, qui pendant le repos sont couchées dans une rainure de la muqueuse buccale, se redressent en même temps que le maxillaire, lorsque l'animal ouvre largement la gueule pour mordre ou plutôt pour frapper sa victime. Les dents venimeuses, très aiguës, sont percées d'un fin canal dans toute leur longueur et reçoivent le produit d'une glande placée au-dessous de l'œil. C'est cette glande, qui comprimée par certains muscles au moment où l'animal ouvre la gueule pour mordre, laisse échapper le venin qu'elle a sécrété, lequel passant par le canal de la dent, s'introduit dans la petite plaie, souvent à peine visible, que celle-ci a faite.

Des accidents graves suivent souvent la morsure des Serpents venimeux; le meilleur moyen de les prévenir est d'agrandir l'orifice de la petite plaie, d'en sucer fortement le venin, puis de le cautériser avec un acide ou le fer rouge.

Le nombre des Serpents est énorme ; la plupart habitent les pays les plus chauds. Nous citerons parmi ceux qui ont des crochets venimeux :

Les *Crotales*, dont le type est le *Serpent à sonnette*, ainsi appelé parce que sa queue se termine par un

Fig. 180. — Le Serpent à sonnette.

certain nombre d'étuis cornés, emboîtés les uns dans les autres et qui, heureusement, par le bruit qu'ils font dans la marche, annoncent la marche de ce Reptile ;

Le *Naja* ou *Serpent à lunettes* (fig. 181), qui offre sur son cou, qu'il gonfle en se redressant, une sorte de dessin qui rappelle la forme d'une paire de lunettes.

Parmi ceux qui ne sont pas venimeux, nommons le

Python et le *Boa*, qui atteignent plusieurs mètres de longueur et dont la force est telle qu'en s'enroulant autour d'un cheval, ils peuvent l'étouffer en le serrant dans leurs puissants anneaux.

Fig. 181. — Le Naja ou Serpent à lunettes.

En France, nous avons deux espèces seulement de Serpents dangereux, mais extrêmement répandues ; ce sont la *Vipère commune* et la *petite Vipère* (fig. 182), celle-ci appelée aussi *Péliade*, *Vipère rouge*, *Vipère à*

Fig. 182. — La Vipère à trois plaques ou Péliade.

trois plaques. Ces deux espèces diffèrent l'une de l'autre, en ce que la première a la tête entièrement couverte de petites écailles, tandis que la seconde offre au milieu de ces petites écailles trois plaques beaucoup plus grandes, disposées en triangle.

Il existe aussi en France un certain nombre de *Couleuvres*, lesquelles ne sont nullement dangereuses, et qui même rendent service à l'agriculture en détruisant beaucoup de rats et de mulots ; il suffira de citer :

La *Couleuvre à collier*, remarquable par la belle bande jaune qu'elle porte sur le cou (fig. 183) ;

Fig. 183. — La couleuvre à collier.

La *Couleuvre vipérine*, dont le dos offre des taches noires en zig-zag, comme la Vipère, mais qui n'a pas de crochets venimeux ;

La *Couleuvre d'Esculape*, brun olive en dessus, blanc verdâtre en dessous, qui atteint près de deux mètres de long.

Il est presque toujours assez facile de distinguer, d'après les caractères extérieurs, les Couleuvres des Vipères. La tête des Vipères est nettement triangulaire, celle des Couleuvres est plutôt ovalaire; en outre, chez les premières elle est recouverte exclusivement

Fig. 184. — Tête de Vipère, avec la bouche ouverte, montrant, en haut les dents à venin redressées, en bas la langue fourchue.

ou à peu près, par de très petites écailles, remplacées chez les secondes par de grandes plaques. La queue de la Vipère est très courte, brusquement terminée en pointe; celle de la Couleuvre est très longue et diminue insensiblement de grosseur jusqu'à son extrémité.

QUESTIONNAIRE. — Comment se fait la respiration des Reptiles? — Que présente de particulier la structure de leur cœur? — Quelle est la forme de leurs globules sanguins? — Qu'avez-vous à dire sur la température de leur corps? — Comment se reproduisent ces animaux? — Y a-t-il quelque exception à la reproduction par œuf? — Citez quelques-unes des grandes espèces de Reptiles disparues. — Quels sont les ordres qui composent la classe des Reptiles? — Que savez-vous de l'ordre des Crocodiliens? — Quels en sont les principaux genres? — Où les trouve-t-on? — Comment divise-t-on l'ordre des Chéloniens? — Qu'est-ce que le Caret? — Citez quelques espèces de l'ordre des Lacertiliens. — Comment est disposée la mâchoire des Serpents? — Que savez-vous des dents venimeuses des Serpents? — Qu'est-ce qui a valu au Serpent à sonnette le nom qu'il porte? — Quels sont les Serpents dangereux qui vivent en France? — Citez les noms de quelques Couleuvres de notre pays. — A quels caractères distingue-t-on une Vipère d'une Couleuvre?

CHAPITRE VIII

Classe des Batraciens ou Amphibiens

Caractères généraux et classification. — Les animaux de cette classe ont la *peau nue*, c'est-à-dire dépourvue d'écailles ou de plaques osseuses semblables à celles des Serpents, des Crocodiles ou des Tortues.

Mais leur principal caractère distinctif consiste dans les singulières *métamorphoses* (fig. 164) par lesquelles ils passent avant d'atteindre leur complet développement. En effet, au moment de la naissance ils sont privés de membres et leur corps se termine par une longue queue ; en outre, de chaque côté du cou, ils portent une houppe de filaments ou *branchies*, organes analogues à ceux que nous verrons bientôt aux Poissons, et qui servent à leur respiration. Plus tard, les poumons se développent, et alors les branchies disparaissent d'ordinaire, ou bien, comme cela a lieu dans un certain nombre de cas, elles persistent néanmoins, d'où le nom de *Pérennibranches*, c'est-à-dire animaux à branchies permanentes, donné aux Batraciens qui offrent ce caractère. En même temps, les membres apparaissent, tandis que la queue diminue et finit par disparaître, du moins chez un certain nombre, appelés pour cette raison ANOURES, c'est-à-dire sans queue; mais celle-ci persiste chez d'autres, ce qui leur a fait donner le nom d'URODÈLES ou à queue permanente.

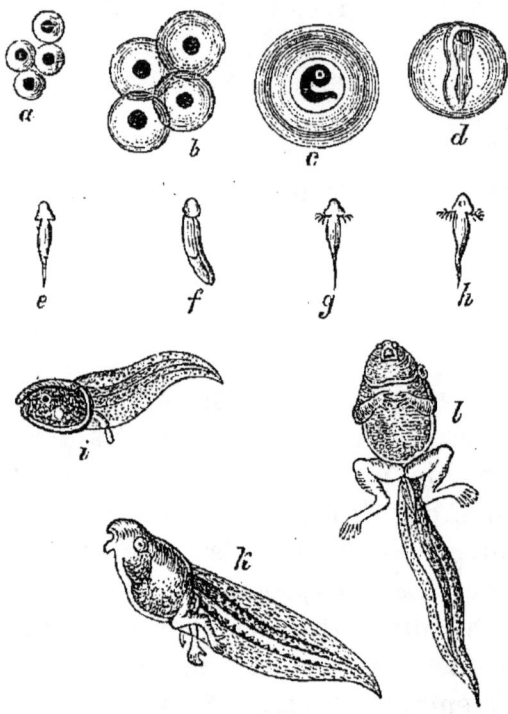

FIG. 185. — Métamorphoses du Crapaud; *a*, b, œufs; *c, d,* le jeune commence à se dessiner, puis sort de l'œuf; *e, f, g, h,* il grandit et présente de chaque côté de la tête ses houppes de branchies; *i, k,* les membres postérieurs apparaissent; puis, les antérieurs (*l*), et la queue disparaît peu après.

Le *cœur* de ces animaux, comme celui des Reptiles, est à trois cavités seulement, à savoir : deux oreillettes et un ventricule. Il en résulte que le sang veineux se mêle au sang artériel dans cette dernière loge. Les globules du sang sont ovalaires et de grande dimension (fig. 10, p. 25 D).

La plupart des Batraciens sont *ovipares*.

La *respiration* de ces animaux, lorsque le développement est complet, se fait par un procédé tout spécial. Les côtes, en effet, sont très rudimentaires et ne peuvent pas servir à dilater la poitrine pour appeler l'air dans les poumons ; aussi est-ce par des mouvements de déglutition très fréquemment répétés, que cet air pénètre dans les voies respiratoires. Le mouvement nécessité par cette opération s'observe très facilement sur une Grenouille ou une Rainette.

Les formes généralement disgracieuses des Batraciens les font souvent considérer avec horreur. Bien plus, on redoute comme dangereuse, l'approche de certains d'entre eux, principalement du Crapaud et de la Salamandre, connue dans beaucoup de localités sous le nom de *Sourd*. Voici ce qu'il faut croire à cet égard : la plupart des animaux de cette classe sécrètent à la surface de leur peau une humeur abondante, formée par de petites glandes logées dans l'enveloppe du corps ; à cette humeur, qui n'est presque entièrement qu'une liqueur visqueuse inoffensive, est mêlée une faible quantité d'un principe nuisible. Celui-ci isolé de la première et administré à de petits animaux, tels que des Rats, les fait périr ; mais il se trouve en si faible quantité chez ces Batraciens, qu'on ne peut guère considérer la sécrétion de leur peau comme réellement vénéneuse. Aussi faut-il rejeter à peu près tout ce qu'on a l'habitude de raconter sur les prétendus accidents causés à l'homme ou aux animaux par les espèces de ce groupe.

Il faut faire le même cas de ce que l'on rapporte de la Salamandre, laquelle aurait la propriété de traverser un brasier ardent sans se brûler. La plus simple expérience montre la fausseté de cette opinion si répandue, qui doit sans doute son origine à l'abondance des mucosités que la peau de cet animal est susceptible de sécréter, lesquelles peuvent atténuer dans une certaine mesure, pendant quelques instants, les brûlures qu'un feu ardent ne tarde pas à lui produire.

On répartit en trois ordres tous les animaux de cette classe, à savoir : les *Anoures*, les *Urodèles*, les *Apodes*.

PREMIER ORDRE. — LES ANOURES

Pendant leur jeune âge, les animaux de ce groupe prennent le nom de *têtards* (fig. 185); ils ont un gros corps, que termine une queue comprimée sur les côtés

Fig. 186. — Le Pipa, vu de dos.

et qui leur sert de nageoire. A ce moment, ils se nourrissent principalement de matières végétales, mais ne dédaignent pas les substances animales; leur intestin est alors fort long. Devenus adultes, ils se nourrissent exclusivement d'animaux, et leur intestin devient beaucoup plus court, en même temps que leur queue disparaît.

Citons comme exemple de cet ordre :

La *Grenouille verte* ou *commune*, très recherchée dans beaucoup d'endroits comme aliment ;

La *Rainette*, qui a la faculté de se tenir sur les corps les plus lisses, même placés verticalement, grâce à la présence de pelotes adhésives dont ses doigts sont pourvus ;

Le *Pipa* (fig. 186), qui habite l'Amérique, et qui porte ses œufs sur son dos aussitôt après la ponte ; autour de chacun de ceux-ci la peau se gonfle, de sorte qu'ils se trouvent bientôt enfoncés dans autant de loges, d'où les jeunes ne sortiront qu'après avoir subi leurs métamorphoses, ainsi que le montre la figure 186 ;

FIG. 187. — Le Crapaud Alyte et ses œufs, qu'il porte avec lui.

Les *Crapauds*, dont le dos est recouvert de pustules, desquelles sort, quand on irrite ces animaux, un liquide blanchâtre et de saveur très âcre. Il en existe plusieurs espèces dans notre pays ; nous nous contenterons de citer le *Crapaud commun*, le *Crapaud des joncs*, l'*Alyte* que la figure 187 représente avec ses œufs, le *Sonneur* ou Crapaud à ventre de feu, etc.

DEUXIÈME ORDRE. — LES URODÈLES

Les espèces de cet ordre conservent leur queue pendant toute leur vie. Parmi elles un certain nombre gardent aussi leurs branchies, ce sont les *Pérennibranches*; tandis que d'autres les perdent à un moment donné, ce qui leur a mérité le nom de *Caducibranches*.

Fig. 188. — La Salamandre tachetée.

Nous nous contenterons d'indiquer les *Salamandres terrestres* et les *Tritons* ou *Salamandres aquatiques*, qui n'ont de branchies que dans le jeune âge. Il existe au Japon et au Thibet une espèce de ce groupe, qui a un mètre de long, c'est le *Mégatriton*.

Dans les lacs du Mexique on trouve l'*Axolotl* (fig. 189), animal fort singulier et pourvu de branchies. On l'a

Fig. 189. — Deux Axolotls et un Amblystome du Mexique.

pris longtemps pour une espèce distincte du groupe des Pérennibranches, mais on a constaté depuis qu'il n'est que le jeune âge d'une espèce connue sous le nom d'*Amblystome*, qui en est par conséquent la forme adulte et manque de branchies. Sous son premier état cet étrange animal peut déjà pondre des œufs.

TROISIÈME ORDRE. — LES APODES

Ce sont des Batraciens à forme de Ver ou de Serpent, c'est-à-dire dépourvus de membres et de branchies, même dans le jeune âge. Ils vivent dans le sol et sont

Fig. 190. — Cécilie.

à peu près aveugles. Ils se nourrissent de vers et d'insectes et habitent les contrées tropicales de l'Amérique et de l'Inde. Telle est la *Cécilie* (fig. 190).

Questionnaire. — En quoi la peau des Batraciens diffère-t-elle de celle des Reptiles? — Quel est le caractère essentiel des animaux de cette classe? — En quoi consistent les métamorphoses des Batraciens? — Comment se fait la respiration de ces animaux à l'âge adulte? — Que faut-il penser des propriétés venimeuses attribuées à certains animaux de cette classe? — Comment classe-t-on les Batraciens? — Citez les noms de quelques espèces de la famille des Anoures. — Faites connaître quelques espèces de la famille des Urodèles. — Qu'est-ce que c'est que la Cécilie?

CHAPITRE IX

Classe des Poissons.

Caractères généraux. — Les *Poissons*, étant destinés à vivre continuellement dans l'eau, ont un appareil respiratoire différent de celui des animaux aériens. Ils respirent de l'air cependant, non, il est vrai, celui de l'atmosphère, mais celui qui se trouve dissous dans l'eau. On voit les Poissons ouvrir fréquemment la bouche et y introduire une certaine quantité d'eau : ils ne l'avalent pas, mais la font passer de leur bouche dans une chambre qui s'ouvre à l'extérieur, sur les côtés de la tête, et qui renferme les *branchies* (fig. 192, *branch.*).

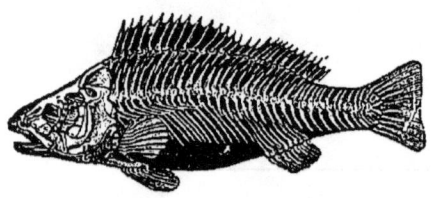

Fig. 191. — Squelette d'un Poisson osseux (Perche).

Ces branchies sont formées de lamelles très fines, disposées en très grand nombre de chaque côté de la tête, et dans lesquelles le sang circule. Ce liquide n'est alors séparé de l'air contenu en dissolution dans l'eau que par une très mince membrane, à travers laquelle se produit l'hématose, c'est-à-dire un échange, en vertu duquel le sang abandonne son acide carbonique et reçoit de l'oxygène en retour. La chambre branchiale est fermée par un *opercule* mobile, souvent appelé les *ouïes*, que l'on voit se soulever à chaque instant pour

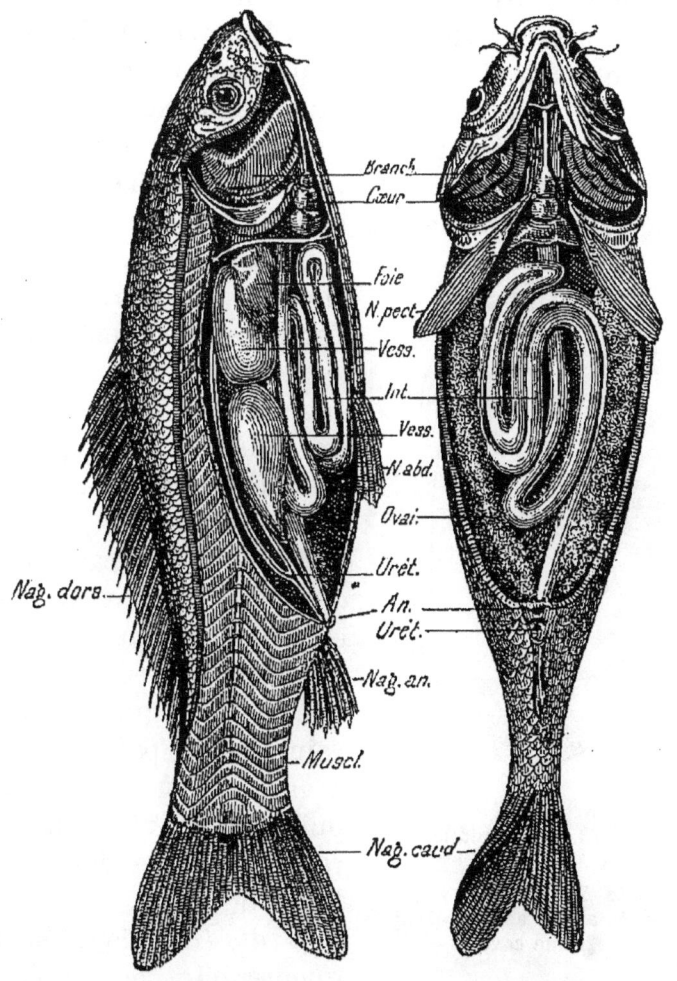

Fig. 192. — Anatomie de la Carpe. On a indiqué, en allant de la tête à la queue, les branchies, le cœur, le foie, les nageoires pectorales, la vessie natatoire étranglée en son milieu, l'intestin, les nageoires abdominales, l'ovaire rempli d'œufs, l'orifice anal ou la terminaison de l'intestin, la nageoire anale, les muscles des flancs, la nageoire caudale, enfin la nageoire dorsale.

laisser passer le courant d'eau qui vient de baigner les branchies.

Les Poissons sont donc dépourvus de poumons (1). Ces organes sont remplacés par un appareil qui les représente, mais qui a une fonction toute différente, à savoir, la *vessie natatoire* (fig. 192, *vess.*). On appelle ainsi une poche membraneuse distendue par l'air, et que l'animal peut à volonté contracter ou dilater, ce qui lui permet de descendre plus bas ou de remonter à la surface de l'eau. En effet, sans rien changer à son poids, dans le premier cas il diminue le volume de son corps et déplace alors une moindre quantité d'eau et s'enfonce par là même; dans le second, au contraire, il augmente de volume, déplace une plus grande masse de liquide et remonte aussitôt.

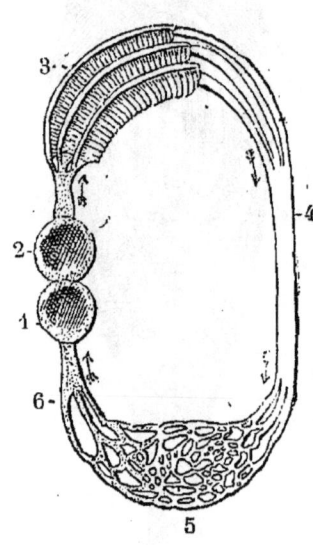

FIG. 193. — Circulation des poissons.
1, oreillette; 2, ventricule; 3, branchies; 4, artère aorte; 5, capillaires; 6, veine cave.

Le *cœur* des Poissons n'offre que deux cavités : une oreillette et un ventricule. Il est l'analogue du cœur droit des Mammifères, c'est-à-dire que le sang qui en part est veineux et passe dans les branchies, où il s'artérialise, puis dans tout le corps, pour revenir ensuite dans l'oreillette (fig. 193).

L'*intestin*, dont la muqueuse offre des replis internes de forme variée, est court, car ces animaux ont, en général, un régime alimentaire animal.

Leurs *membres* présentent une disposition bien spéciale, déterminée par l'usage qu'ils doivent en faire

(1) On connaît à cette règle un petit nombre d'exceptions, présentées par le groupe des *Dipnoïques* ou *Pneumobranches*, poissons exotiques, que leur organisation rapproche des Batraciens.

pour la nage. Ce sont de larges rames, désignées, suivant leur position, sous les noms de *nageoires pectorales* et de *nageoires abdominales ;* en outre, il existe des mem-

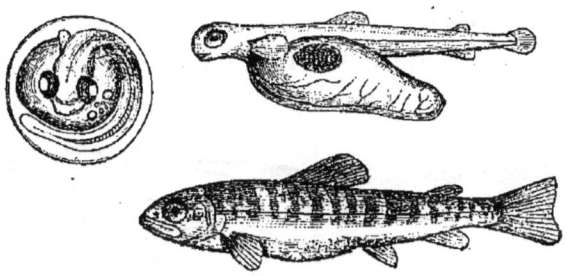

Fig. 194. — Développement du Saumon.

bres impairs placés sur le dos, à l'extrémité de la queue et vers la partie postérieure de l'abdomen : ce

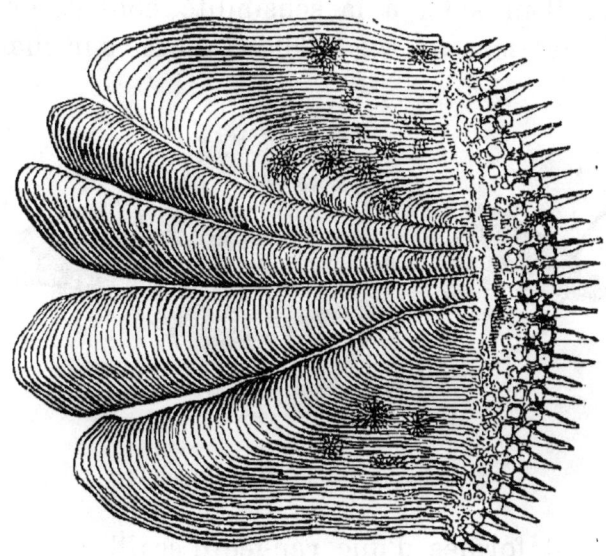

Fig. 195. — Une écaille de Perche, très grossie.

sont les *nageoires dorsale, caudale* et *anale*. Ces organes sont soutenus par une charpente solide formée de stylets osseux ou *rayons* (fig. 191).

Les Poissons, en général, sont *ovipares;* et les petits, sortis de l'œuf, nagent en portant sous leur ventre pendant quelque temps encore une masse volumineuse, qui est le reste du jaune de l'œuf (fig. 194), lequel continue à les nourrir. Quelques espèces sont ovovivipares.

La *sensibilité* de ces animaux ne doit pas être très

Fig. 196. — Un Requin. — Le Griset.

vive, car leur corps est presque toujours recouvert d'*écailles* (fig. 195); la structure variée de celles-ci les fait utiliser dans la classification. Un organe spécial, qui paraît présider à la sensibilité, constitue ce qu'on appelle la *ligne latérale.* Celle-ci placée sur chacun des

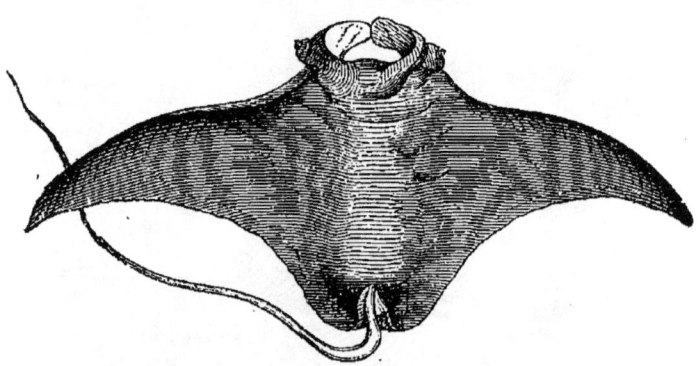

Fig. 197. — Le Céphaloptère.

flancs, est formée d'une rangée d'écailles de structure particulière, s'étendant de la tête à la queue. Enfin, les parties voisines de la bouche, et notamment les barbillons, sortes de prolongements filamenteux, mais dont l'existence n'est pas constante, servent aussi à l'exercice du toucher.

L'*œil* est dépourvu de paupières et le cristallin est sphérique, disposition en rapport avec la vision dans l'eau. L'*odorat* semble bien développé. L'*oreille* est assez rudimentaire.

Classification des Poissons. — On a établi un grand nombre de divisions dans la classe des Poissons ; nous ne citerons que les principales.

Les Sélaciens, ou *Poissons cartilagineux*, ont un squelette qui n'acquiert pas le degré de dureté qu'il atteint dans les autres Vertébrés, mais ses pièces restent flexibles, à l'état de cartilages. Chez eux il n'y a pas d'opercule aux ouïes ; mais il existe, de chaque côté, cinq trous, par lesquels l'eau peut s'échapper après avoir baigné les branchies (fig. 196).

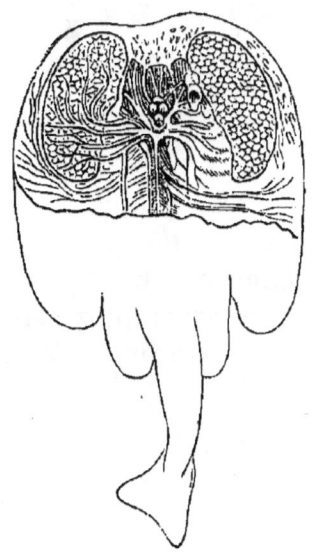

Fig. 198. — La Torpille, dont la partie antérieure, disséquée, montre l'appareil électrique, sous forme de deux grands lobes placés de chaque côté de la tête, et auxquels se rendent des nerfs nombreux.

A ce groupe appartiennent les Poissons les plus voraces et les plus dangereux, tels que :

La *Scie de mer*, dont le museau se termine par une longue et forte lame armée sur ses deux bords de dents aiguës, et qui paraît n'être autre chose que la mâchoire supérieure prodigieusement développée hors de la bouche et d'une forme spéciale ;

Les *Requins*, (fig. 196), dont les mâchoires puissantes sont armées de plusieurs rangées de dents redoutables ;

Le *Marteau* ou *Zygène*, dont la tête très élargie donne à cette espèce un aspect étrange ;

Le *Céphaloptère* (fig. 197), animal voisin du précédent,

et dont se rapprochent les *Raies*, si recherchées pour la table.

A côté de celles-ci se place un animal bien curieux par la propriété qu'il a de produire des secousses électriques, la *Torpille* (fig. 198).

Les Ganoïdes, qui comptaient dans les temps passés

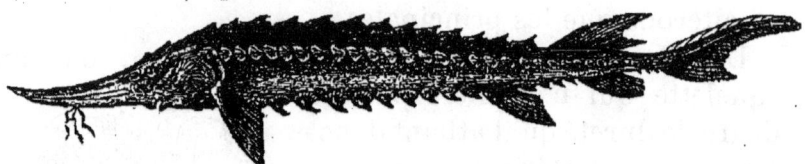

Fig. 199. — Le Petit Esturgeon ou Sterlet.

un très grand nombre d'espèces, ne sont plus représentés que par quelques-unes, parmi lesquelles nous citerons l'*Esturgeon*, grand Poisson dont la vessie natatoire est employée pour fabriquer une colle très estimée, appelée *ichtyocolle*. Les œufs de ce même Poisson sont

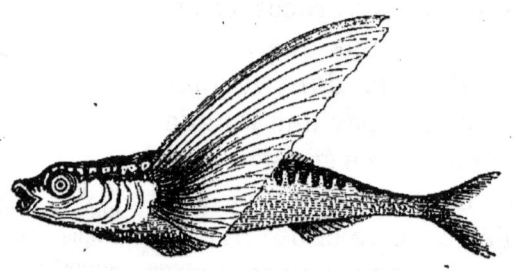

Fig. 200. — Un Acanthoptérygien; le Dactyloptère ou Poisson volant.

très recherchés pour en faire des conserves connues sous le nom de *caviar*. C'est dans le Volga surtout qu'on prend cette espèce en grand nombre; mais, souvent elle vient sur les côtes de France et remonte très haut dans nos fleuves.

Les Poissons Osseux, groupe auquel appartiennent les

espèces les plus nombreuses de toute la classe, ont été répartis en plusieurs subdivisions, d'après la disposition et la structure des nageoires (1) :

Les **Acanthoptérygiens**, dont la nageoire dorsale est soutenue par des rayons épineux; chacun de ceux-ci est tout d'une pièce et non pas formé d'articles successifs; tels sont la *Perche*, le *Mulet*, le *Rouget*, le *Dactyloptère* (fig. 200), la *Daurade*, l'*Épinoche* (fig. 201), le *Thon*;

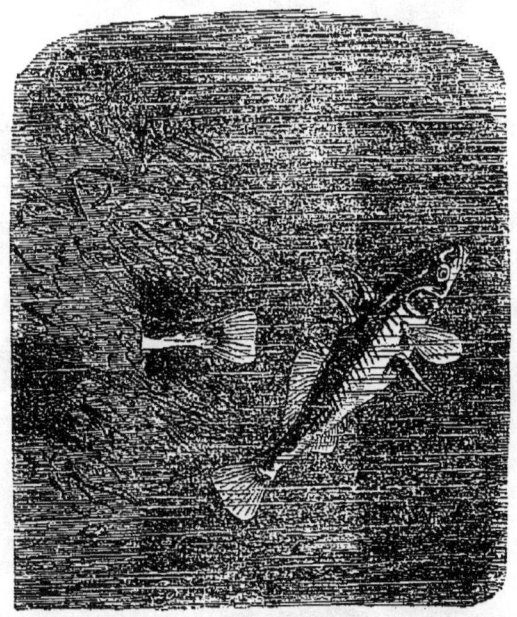

Fig. 201. — L'Épinoche et son nid.

Les **Malacoptérygiens**, chez lesquels la charpente de la nageoire dorsale est formée de rayons mous, constitués par un grand nombre de pièces articulées. Selon que la seconde paire de nageoires se trouve située en

(1) La classification des Poissons osseux que nous donnons, et qui est celle de Cuvier, a dû être modifiée à la suite de travaux plus récents ; mais nous la conservons ici en raison de sa simplicité.

arrière des pectorales, ou bien au-dessous de celles-ci,

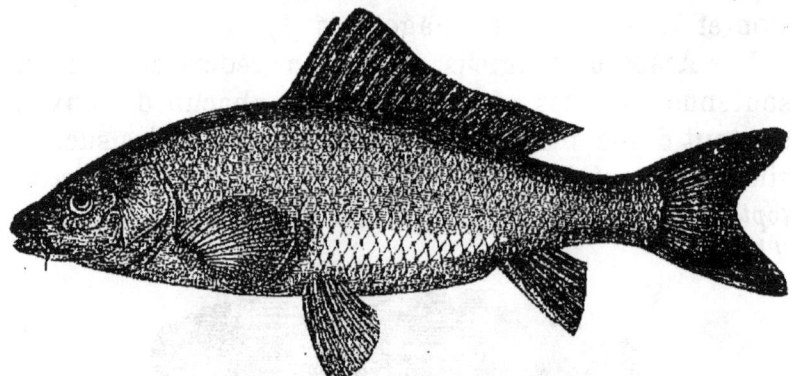

Fig. 202. — Poisson Malacoptérygien abdominal. — La Carpe.

ou manque enfin, on les divise en *abdominaux*, *subbra-*

Fig. 203. — Le Sprat (à gauche); le Hareng (au-dessus).

chiens et *apodes*. Citons, parmi les premiers : la *Carpe* (fig. 202), la *Brême*, la *Tanche*, le *Goujon*, l'*Alose*; le

Brochet, le *Saumon*, la *Sardine*, le *Hareng* (fig. 203);

Parmi les seconds, la *Morue*, dont on fait une si grande consommation alimentaire, et dont le foie fournit une huile très employée en médecine; les Poissons plats,

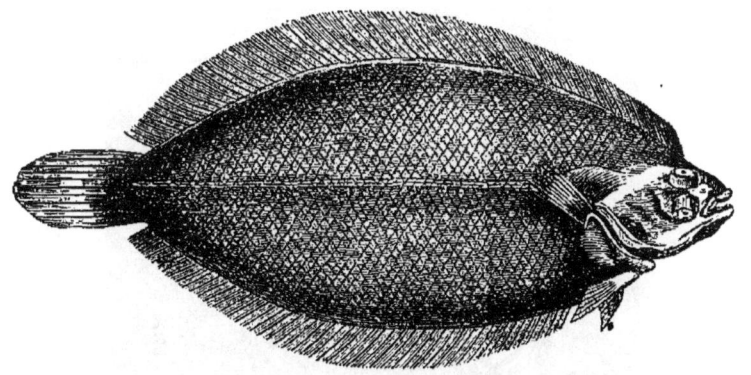

Fig. 204. — Poisson Malacoptérygien subbrachien. — La Sole.

tels que le *Turbot* et la *Sole* (fig. 204), si estimés comme aliment;

Enfin, parmi les derniers, l'*Anguille*, le *Congre*, le

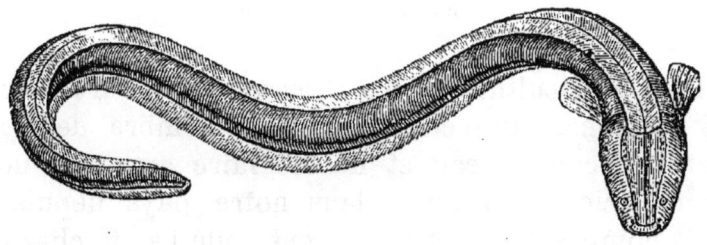

Fig. 205. — Poisson Malacoptérygien apode. — Le Gymnote.

Gymnote, sorte d'Anguille des fleuves et marais de l'Amérique méridionale, qui atteint six pieds de long, et produit des décharges électriques assez puissantes pour foudroyer des Chevaux.

Nommons encore, pour terminer, les singuliers *Hippocampes* ou *Chevaux marins* (fig. 206), de forme si étrange, qui cependant appartiennent bien réellement à la classe des Poissons.

Fig. 206. — Hippocampe.

De la Pisciculture. — La *Pisciculture* est l'art d'élever les Poissons, afin d'en augmenter le nombre, de repeupler nos cours d'eau et de les faire servir à notre alimentation. Pratiquée dans notre pays depuis un petit nombre d'années seulement, elle l'a été chez certains peuples dès la plus haute antiquité. Il y a au moins quatre mille ans que les Chinois ont formulé des lois pour en régler les procédés. Les Indiens, les Perses, les Égyptiens connaissaient l'art de peupler les lacs et les étangs de Poissons comestibles. Les Romains avaient poussé fort loin l'art de la pisciculture. Pendant le moyen-âge, la connaissance des procédés mis en usage par les anciens se perdit ; et ce n'est guère que vers 1842 qu'ils furent de nouveau découverts, grâce surtout aux observations d'un pauvre pêcheur des Vosges, Joseph Rémy.

De savants naturalistes, notamment MM. Coste et de Quatrefages, imprimèrent une vive impulsion à cet art ressuscité et provoquèrent la création d'établissements spéciaux destinés à l'élevage des Poissons. Les œufs obtenus dans ces établissements furent chaque année distribués par millions, dans de nombreux cours d'eau épuisés par des pêches trop actives ou par d'autres causes, et répandirent des espèces jusqu'ici trop rares et fort avantageuses au point de vue alimentaire.

Les principaux Poissons qui font l'objet de la pisciculture sont les suivants : le Saumon, la Truite commune, la Truite saumonée, l'Ombre commun, l'Ombre-Chevalier, la Carpe, le Brochet, l'Alose, la Brême, l'Anguille.

La pisciculture comprend quatre opérations principales :

La récolte des œufs ;

Leur transport ;

Les soins à donner aux œufs et aux jeunes à partir de l'éclosion ;

La distribution des alevins dans les cours d'eau.

1° Tantôt on recueille directement les œufs des Poissons dans des vases convenables ; d'autres fois on va les chercher dans les endroits où ces animaux ont l'habitude de les déposer.

Cette opération implique par conséquent la connaissance de l'époque à laquelle *fraye* chaque sorte de Poisson, c'est-à-dire celle à laquelle il a l'habitude de se débarrasser de ses œufs. Ainsi, pour ne parler que des principales espèces comestibles, la Truite et le Saumon frayent en hiver, le Brochet au commencement du printemps, la Carpe et la Tanche en été.

Si les espèces dont on veut récolter les œufs ont l'habitude de les déposer parmi les herbes aquatiques, sur lesquelles ils se collent à l'aide d'une substance gluante, comme c'est le cas pour la Carpe, la Tanche et d'autres, on dispose ces herbes en faisceaux attachés sur des cadres de bois, lesquels sont ensuite placés dans les endroits où l'on a remarqué que ces Poissons viennent d'habitude frayer, pour qu'ils puissent les y déposer d'eux-mêmes.

2° Les œufs peuvent se transporter au loin, en les emballant par couches superposées, séparées par des lits de mousse des marais, dans des boîtes hautes d'une dizaine de centimètres.

3° Pour favoriser les éclosions, certains œufs doivent être placés dans une eau courante ; c'est le cas de ceux de la Truite, du Saumon, de l'Ombre ; d'autres, dans une eau dormante, par exemple ceux de la Carpe et de la Tanche. Les œufs sont déposés tantôt dans des caisses en bois ou en métal, percées de petits trous et plongées dans les eaux courantes ou dormantes, selon les cas ; tantôt dans l'appareil dû à M. Coste, lequel consiste en petites auges disposées sur des gradins, et dans lesquelles on fait passer de l'une dans l'autre un courant d'eau continu. Dans tous les cas, il faut soustraire les œufs aux attaques incessantes des nombreux animaux carnassiers, qui ont l'habitude d'en faire une grande destruction, tels que poissons, oiseaux aquatiques, canards, oies, hérons, larves d'insectes.

Dans les premiers moments qui suivent l'éclosion, les jeunes Poissons n'ont pas besoin de nourriture ; mais au bout de quelques jours on les alimente à l'aide de petits vers, de larves, de pain, de tourteau de chanvre, etc.

4° C'est vers cette époque qu'on les répand dans les cours d'eau que l'on veut repeupler. On peut transporter les jeunes Poissons après l'éclosion, les *alevins*, comme on les appelle, loin du lieu où s'est fait l'élevage, mais avec plus de difficulté et moins de chances de succès, que les œufs.

La pisciculture ne comprend pas seulement l'élevage des Poissons proprement dits; elle renferme plusieurs branches. Ainsi, sous le nom d'*Ostréiculture*, on entend l'ensemble des procédés qui s'appliquent à l'élevage des Huîtres, dont on recueille le frai dans des appareils spéciaux, pour le transporter dans des parcs *(Parcs à Huîtres)*, où ces Mollusques s'accroissent et s'engraissent. Au bout de trois ans ils sont de grosseur suffisante pour être consommés. Cette industrie a pris une grande extension sur une bonne partie des côtes de l'Océan.

Enfin, les *Moules* sont aussi, depuis un grand nombre d'années, l'objet de soins particuliers et d'une grande exploitation. Les parcs à Moules de La Rochelle (fig. 201) sont les plus anciens et les plus importants.

QUESTIONNAIRE. — Comment se fait la respiration des Poissons ? — Qu'appelle-t-on vessie natatoire et quel est son usage ? — Comment est organisé le cœur des Poissons ? — Comment sont disposés les membres de ces animaux ? — Les Poissons sont-ils ovipares ou vivipares ? — Leurs organes des sens sont-ils bien développés ? — Qu'offre de particulier le squelette des Sélaciens ? — Citez quelques espèces de ce groupe. — Quels avantages retire-t-on de l'Esturgeon ? — Citez quelques espèces de Poissons Acanthoptérygiens, Malacoptérygiens. — Comment divise-t-on ces derniers ?

Qu'entend-on par pisciculture ? — A quelle époque remonte cet art ? — Quels en ont été les promoteurs récents en France ? — Quelles sont les principales espèces de Poissons dont elle s'occupe ? — Donnez quelques indications sur les procédés employés en pisciculture. — Quelles sont les principales espèces alimentaires, autres que les Poissons, dont s'occupe encore la pisciculture ?

CHAPITRE X

DEUXIÈME EMBRANCHEMENT

Tuniciers.

Caractères généraux et classification des Tuniciers. — Les *Tuniciers*, que l'on a pendant longtemps réunis, sous le nom de Molluscoïdes, aux *Brachiopodes* et aux *Bryozoaires*, qui sont rapprochés aujourd'hui du groupe des Vers, méritent de former un embranchement spécial.

Leur corps mou et souvent informe est recouvert d'une *tunique* coriace, sorte de sac plus ou moins épais et élastique pourvu de deux orifices (fig. 209, *e, a*). Cette enveloppe a la même composition chimique que la *cellulose*, substance qui constitue la plus grande partie des tissus des végétaux.

L'*appareil digestif* (fig. 209, *d*), est précédé par une chambre en forme de cage (*k*), qui sert d'appareil respiratoire branchial, et dans laquelle l'eau de la mer pénètre sans cesse, de sorte que, comme chez les Vertébrés, les voies respiratoires et les voies digestives ont une entrée commune.

L'*appareil de la circulation* est fort rudimentaire, le sang se portant tantôt dans un sens et tantôt dans le sens opposé.

Le *système nerveux* a aussi des proportions fort réduites ; mais au point de vue de la classification on attache une grande importance à sa situation, qui rappelle celle que l'on observe chez les Vertébrés (*n*).

Il faut ajouter à ces caractères que, dans le jeune âge (fig. 207), l'animal est bien différent de ce qu'il sera plus tard ; il possède même alors un organe que l'on a comparé à celui qui, chez les Vertébrés, donne naissance à la colonne vertébrale, et qu'on appelle la *corde dorsale*. Un petit nombre de Tuniciers conservent même cet organe toute leur vie.

Fig. 207. — État jeune ou larve d'Ascidie.

Les principaux groupes de cet embranchement sont les suivants :

Les *Ascidies*, dont le nom rappelle la forme de leur corps, assez semblable à une outre, et qui vivent isolées ou réunies en colonies plus ou moins nombreuses (fig. 208, 209). Libres dans le jeune âge (fig. 207), la plupart, au bout d'un certain temps, se fixent sur un objet qu'elles ne quitteront plus ;

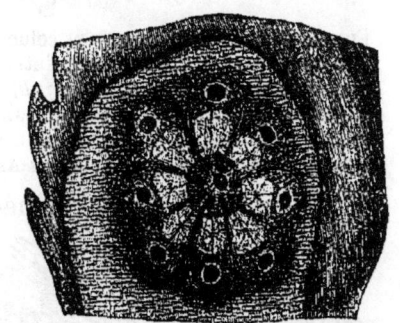

Fig. 208. — Un genre d'Ascidies (Botrylle) constituant une colonie de forme circulaire sur une Algue marine.

Les *Pyrosomes* (fig. 210), dont la forme est celle d'un dé ou d'un petit manchon, et qui résultent du groupement d'un assez grand nombre d'individus ; ils flottent librement dans la mer et sont phosphorescents pendant la nuit ;

Les *Salpes*, qui offrent dans leur évolution de bien singuliers phénomènes. L'individu qui doit sa naissance à un œuf, au lieu de pondre des œufs à son tour, donne le jour à toute une chaîne d'individus vivants (fig. 211); mais ces derniers pondront des œufs, d'où

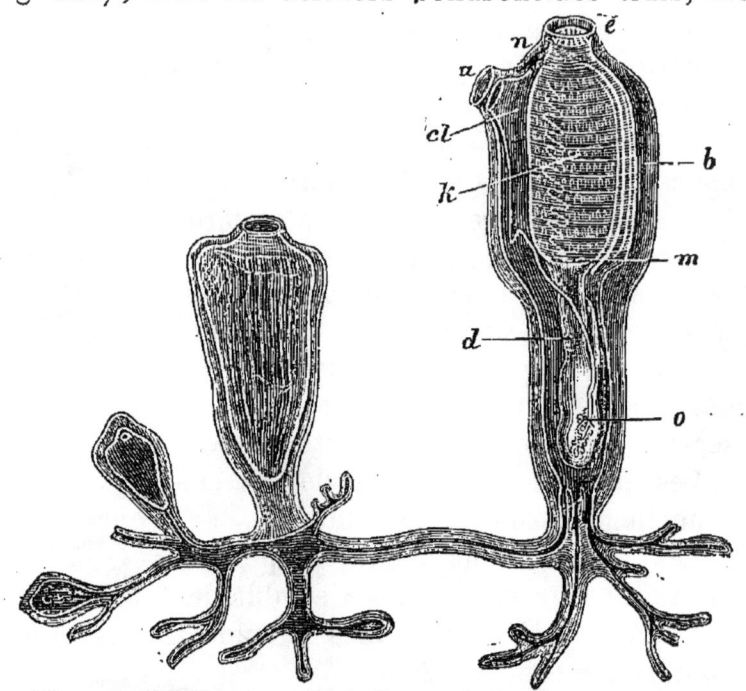

Fig. 209. — Ascidies vivant en colonie. Les parois du corps sont assez transparentes pour que les organes internes se voient au travers; *b*, l'enveloppe ou tunique externe; *e*, bouche; *k*, branchie en forme de cage, au fond de laquelle se voit l'entrée *(m)* du tube digestif *(d)*; *o*, ovaire; *cl*, cloaque et son orifice de sortie *(a)*. De l'individu le premier développé partent des prolongements sur lesquels de nouvelles Ascidies prennent naissance.

sortiront des Salpes destinées à vivre isolées. Ainsi, chaque

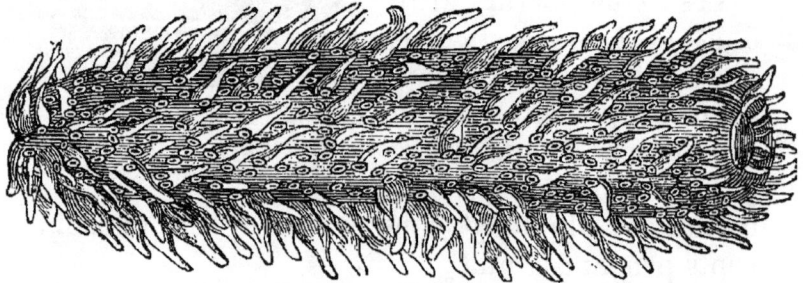

Fig. 210. — Un Pyrosome.

espèce de Salpe est représentée par deux sortes d'individus bien différents l'un de l'autre.

Ces singuliers phénomènes, dont les Zoophytes sur-

Fig. 211. — Salpe. En A, un individu isolé, issu d'un œuf, et vers la partie postérieure duquel on voit une petite chaîne de Salpes; en B, deux individus de cette chaîne plus grossis.

tout offrent de nombreux exemples, ont reçu le nom de *formes alternantes*.

TROISIÈME EMBRANCHEMENT

Mollusques

Caractères généraux des Mollusques. — Les nombreux animaux qui constituent cet embranchement sont

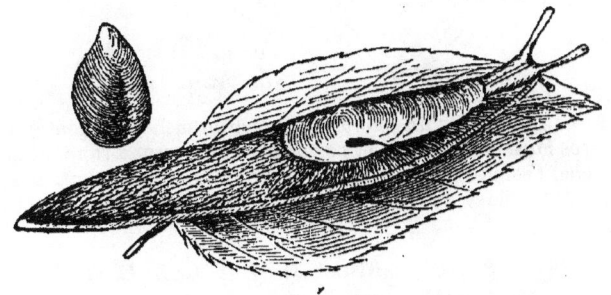

Fig 212. — Limace et sa coquille rudimentaire.

dépourvus de *squelette* intérieur. Le plus souvent leur corps est protégé par une *coquille* ou *test*, dans laquelle il peut d'ordinaire rentrer plus ou moins complètement ; d'autrefois, cette coquille n'existe pas. Dans le premier cas les Mollusques sont dits *testacés* : tels sont l'Escargot, l'Huître ; dans le second ils sont appelés *nus* : c'est le cas des Doris, des Tritonies et autres

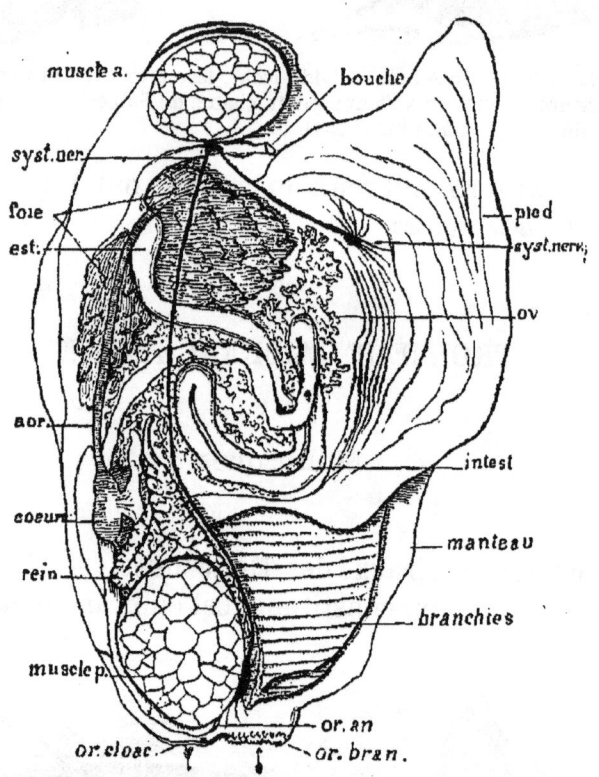

Fig. 213. — Anatomie d'un Mollusque lamellibranche (Anodonte). On y voit les deux gros muscles antérieur et postérieur qui servent à rapprocher les valves ; la bouche, l'estomac, le foie, l'intestin, qui traverse le cœur, le système nerveux, les branchies, le manteau, le pied ou organe de la locomotion, etc.

petites espèces, etc. Mais il y a des transitions entre ces deux dispositions extrêmes ; c'est ainsi que beaucoup de Céphalopodes ont une coquille rudimentaire, qui soutient le corps plutôt qu'elle ne l'enveloppe ; elle est placée sous le *manteau*, sorte de repli qui enveloppe l'animal ; tel est aussi le cas des Limaces, qui sont pourvues d'une coquille extrêmement petite, laquelle ne recouvre qu'une très faible partie du corps (fig. 212), et même, chez la plupart d'entre elles, n'existe que dans les premiers temps de la vie.

Le *système nerveux* des Mollusques n'est pas renfermé dans un canal spécial, comme celui des Vertébrés; il constitue, dans sa portion principale, une espèce d'anneau ou de collier qui entoure l'œsophage.

Leur *système circulatoire* se compose d'un ventricule et d'une ou deux oreillettes, lesquelles reçoivent le sang artériel qui revient de l'appareil respiratoire. Du cœur celui-ci se répand par des artères dans toutes les parties du corps, d'où il revient par des veines et aussi par des canaux mal délimités ou lacunes creusées entre les organes. Le *sang* est à peu près incolore.

La *respiration* se fait, selon les espèces, au moyen de branchies ou de poumons.

Quant aux *organes des sens*, à part la sensibilité et la vue qui sont assez parfaites, du moins chez un certain nombre, leur développement est plutôt rudimentaire.

Classification des Mollusques. — On partage l'embranchement des Mollusques en quatre classes principales, suivant qu'ils présentent:

Une tête distincte entourée de bras ou tentacules: CÉPHALOPODES;

Deux membranes ou nageoires latérales: PTÉROPODES;

Un pied ventral, sur lequel ils rampent: GASTÉROPODES;

Une tête non distincte, et une coquille à deux valves: ACÉPHALES OU LAMELLIBRANCHES.

I. — Classe des Céphalopodes

Caractères généraux et classification. — Le corps des Céphalopodes est comme étranglé par le milieu; huit ou dix bras entourent leur tête comme une couronne; et sur chaque bras se voit une ou deux séries de ventouses, au moyen desquelles l'animal se fixe et saisit les proies dont il se nourrit.

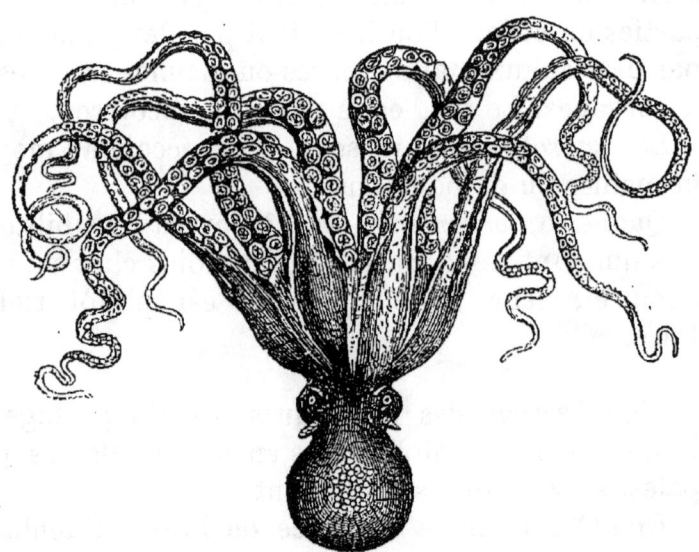

Fig. 214. — Le Poulpe.

Les uns possèdent deux branchies seulement, et forment le groupe des *Dibranchiaux*; les autres en ont quatre, ce sont les *Tétrabranchiaux*.

Les Céphalopodes Dibranchiaux renferment les *Poulpes*, vulgairemement appelés *Pieuvres*, qui sont dépourvus de coquille (fig. 214);

Les *Argonautes*, qui sont logés dans une élégante coquille contournée en limaçon;

Les *Seiches* et les *Calmars*, qui portent sous la peau de leur dos une sorte de coquille ou osselet en forme de biscuit, bien connue sous le nom d'*os de Seiche*. Les

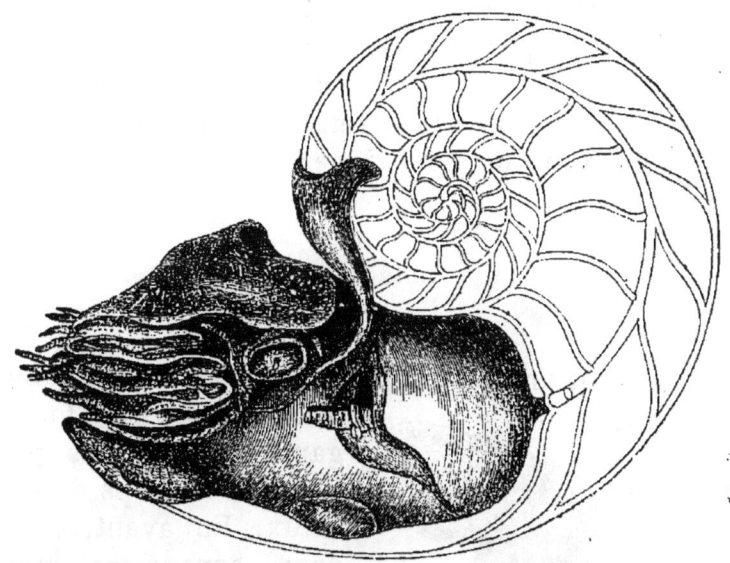

Fig. 215. — Le Nautile, dont la coquille contournée en spirale est divisée en un grand nombre de loges; l'animal occupe seulement la dernière, qui est la plus grande.

Seiches sécrètent une substance noire, liquide, que les dessinateurs emploient sous le nom de *sépia*. Lorsque les animaux qui la produisent se sentent serrés de trop près par un ennemi qui leur fait la chasse, ils lancent ce liquide, et grâce au nuage épais, instantanément produit dans l'eau, ils échappent au regard et à la poursuite de leur adversaire.

Les CÉPHALOPODES TÉTRABRANCHIAUX renferment seulement les *Nautiles* (fig. 215),

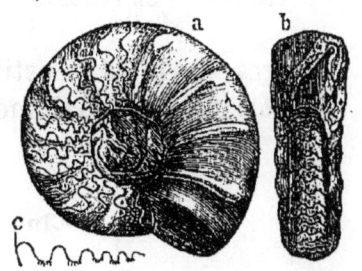

Fig. 216. — Une Ammonite (Cératite) vue de face (*a*) et de profil (*b*).

lesquels sont pourvus d'une véritable coquille où le corps est renfermé. Cette coquille est divisée en plusieurs loges séparées par des cloisons ; mais l'animal occupe seulement la dernière de ces loges, qui est la plus grande.

Aux Dibranchiaux appartiennent en outre un grand nombre d'espèces disparues et connues seulement à l'état fossile ; telles sont les *Ammonites* (fig. 216), dont les coquilles cloisonnées se retrouvent en abondance dans certains terrains géologiques.

II. — Classe des Ptéropodes

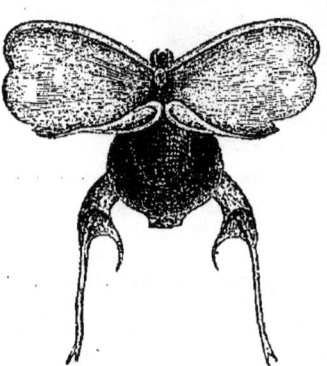

Fig. 217. — Un Ptéropode. — Hyale.

Le petit groupe des Ptéropodes est remarquable par la délicatesse et la forme élégante des coquilles qui soutiennent le corps de ces animaux. En avant, se voient deux expansions membraneuses en forme d'ailes de papillon. Tous vivent dans la haute mer.

Citons les *Hyales*, les *Cléodores*, les *Cymbulies*. Quelques espèces sont en si grande abondance dans certains parages, qu'elles constituent presque exclusivement la nourriture des baleines.

III. — Classe des Gastéropodes (1)

Caractères généraux et classification. — Le caractère essentiel des Gastéropodes est d'avoir, à la partie infé-

(1) On dit également *Gastropodes*.

rieure du corps, une sorte de disque musculaire ou large *pied*, au moyen duquel ils rampent. Leur tête porte deux ou quatre tentacules, d'une grande sensibilité et parfois susceptibles de rentrer comme un doigt de gant; les deux plus grands portent souvent les yeux.

La plupart des Gastéropodes sont pourvus d'une *coquille;* tous même en ont dans le jeune âge; mais plusieurs d'entre eux la perdent à un certain moment. La coquille des Gastéropodes est de forme très variée, depuis celle de l'Haliotide, qui rappelle la forme du pavillon de l'oreille, jusqu'à celle du Colimaçon contournée en hélice.

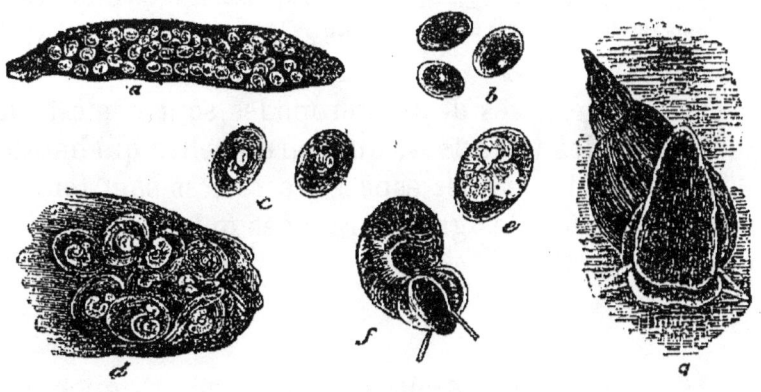

Fig. 218. — Les différentes phases du développement d'une Limnée.

Un grand nombre de Gastéropodes peuvent fermer l'orifice de leur coquille au moyen d'une pièce calcaire, appelée *opercule*. Chez d'autres espèces, telle que le Colimaçon, cette pièce n'existe pas; mais, au commencement de la mauvaise saison, l'animal sécrète une matière visqueuse, qui en se desséchant forme une clôture parcheminée, parfois encroûtée de calcaire. Ainsi protégé, il passe plusieurs mois dans une sorte de léthargie, pour se réveiller au beau temps.

Parmi les Gastéropodes, les uns respirent par des

poumons et sont terrestres ou aquatiques; tels sont : d'une part, les *Escargots* et les *Limaces*, trop répandus dans nos jardins potagers, et d'autre part, les *Limnées* (fig. 218) et les *Planorbes*, si communs dans nos étangs.

Les autres, pourvus de *branchies*, sont tous aquatiques, et vivent soit dans les eaux douces, tels que les *Paludines*, soit dans la mer. Ces derniers sont extrêmement nombreux en espèces; il suffit de citer parmi eux les *Pourpres*, les *Porcelaines*, les *Murex* ou *Rochers*, les *Cônes*, les *Patelles*, les *Haliotides*, etc.

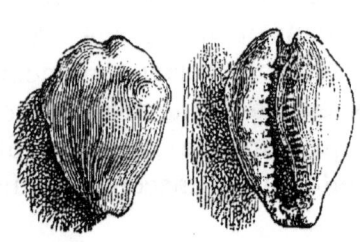

Fig. 219. — Un Gastéropode. — Porcelaine vue du côté dorsal et du côté ventral.

Quelques espèces de Gastéropodes sont comestibles, tant parmi les terrestres, que parmi celles qui habitent la mer. La plupart des espèces terrestres sont fort nuisibles en raison des grands ravages qu'elles produisent dans nos jardins.

IV. — Classe des Acéphales ou Lamellibranches

Caractères généraux et classification. — Comme l'indique leur nom, ces Mollusques n'ont pas une tête distincte du reste du corps. Ils possèdent une *coquille* composée de deux valves réunies par une espèce de charnière ou *ligament* élastique, qui tend constamment à faire bâiller ces deux valves : de sorte que celles-ci ne sont rapprochées que par la contraction des muscles qui vont de l'une à l'autre. L'animal mort, la coquille reste donc ouverte.

Au-dessous des organes de la digestion et de la circulation, placés du côté du dos, part une sorte de languette plus ou moins épaisse et mobile, sorte de pied charnu, qui sert à la marche, au moins dans le jeune âge (fig. 213). De chaque côté du corps, s'étend à droite et à gauche une large membrane, qui tapisse les valves: c'est le *manteau*, organe chargé de la formation et de l'accroissement de la coquille. Enfin, entre le manteau et la masse centrale s'étalent, de chaque côté, de minces lamelles formant une sorte de fin grillage, et qui sont les branchies.

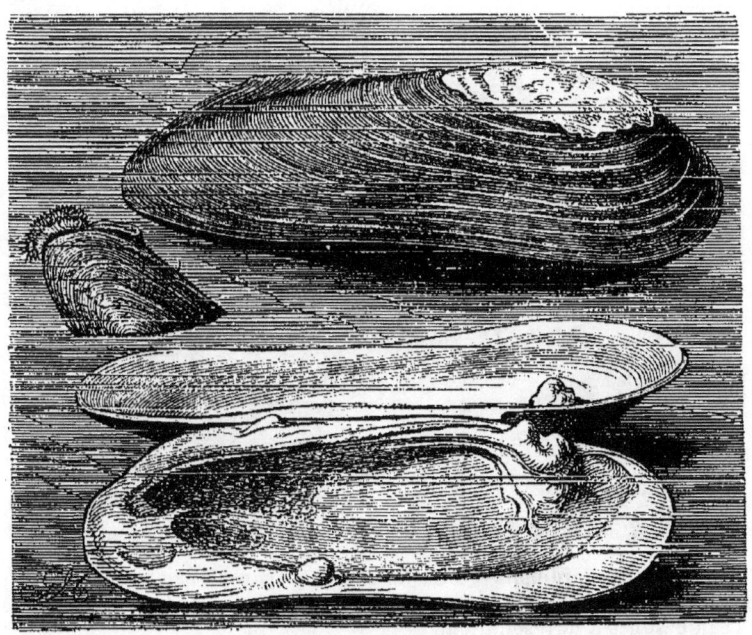

Fig. 220. — Un Mollusque lamellibranche. — Moule perlière.

C'est à cette classe qu'appartiennent les espèces de Mollusques les plus utiles à l'homme. Citons, entre autres, l'*Huître*, la *Moule*, employées dans l'alimentation ; les *Cardiums*, les *Vénus*, qui sous les noms de *Clovisses*, *Palourdes*, servent au même usage.

L'élevage des Huîtres et des Moules constitue, comme on l'a déjà dit, une industrie considérable, pratiquée sur un grand nombre de points de nos côtes, tant de la Méditerranée que de l'Océan.

L'industrie des *parcs à Moules* remonte au XIIIe siècle ; elle est due à un Anglais, dont la bateau était venu s'échouer sur nos côtes, non loin de la Rochelle. C'est au voisinage de cette ville, dans les immenses vasières qui découvrent à mer basse, que furent faites les pre-

Fig. 221. — Le Cardium. — Dans le dessin de gauche l'animal montre, d'une part, son pied, et de l'autre ses siphons ou tubes par lesquels entre ou sort l'eau destinée à la respiration.

mières installations, et aujourd'hui c'est encore là qu'existent les plus importantes. Ces parcs se com posent de longues palissades (fig. 222), réunies deux à deux en forme de V, dont la pointe est tournée du côté de la mer. Le naissain se fixe sur ces sortes de barrières, y grossit rapidement et sans prendre un mauvais goût de vase.

Rappelons, en outre, que certaines espèces fournissent une matière très estimée, et employée dans l'industrie sous le nom de *nacre* et de *perles fines*. Beaucoup de coquilles sont formées en grande partie de

FIG. 222. — Un Bouchot ou parc à Moules établi sur une vasière. Entre deux marées le Boucholeur fait la récolte de ses moules; une jambe en dehors de son petit bateau plat, il le fait glisser rapidement sur la vase.

cette substance, mais surtout l'*Huître perlière* ou *Pintadine* et la *Moule perlière* (fig. 220), ainsi appelées parce qu'elles produisent les perles fines.

QUESTIONNAIRE. — Quelle est la place des Tuniciers dans la classification ? — Pourquoi les range-t-on auprès des Vertébrés ? — Faites connaître les traits essentiels de leur organisation, en considérant l'enveloppe de leur corps, les appareils digestif, respiratoire, circulatoire et nerveux. — Quels sont les caractères principaux qu'ils présentent dans leur jeune âge ? — Que savez-vous des Ascidies ? — Que présentent de particulier les Pyrosomes ? — Quel est le mode d'évolution des Salpes ?

Que savez-vous du squelette extérieur des Mollusques ? — Quelle est la disposition de leur système nerveux ? —

De quoi se compose leur appareil circulatoire ? — Comment partage-t-on l'embranchement des Mollusques ? — Dites quelle est la forme des Céphalopodes. — Citez les principales espèces de cet ordre. — Qu'appelle-t-on os de Seiche ? — Qu'est-ce que la sépia ? — Citez un exemple de Céphalopodes tétrabranchiaux. — Que savez-vous de l'ordre des Ptéropodes ? — Quel est le signe distinctif des Gastéropodes ? — Citez les noms d'espèces de Gastéropodes terrestres, d'eau douce et d'eau salée. — Qu'appelle-t-on opercule des Gastéropodes ? — Décrivez brièvement l'organisation des Acéphales. — Citez quelques espèces utiles à l'homme.

CHAPITRE XI

QUATRIÈME EMBRANCHEMENT

Articulés ou Arthropodes (1)

Caractères généraux des Arthropodes. — Les caractères essentiels de cet embranchement sont les suivants :

Le corps est composé d'anneaux ou *segments* plus ou moins semblables entre eux et réunis par des articulations mobiles ; il porte des *membres articulés*, particularité qui ne se retrouve pas dans l'embranchement des Vers ; ceux-ci, longtemps confondus avec les Arthropodes, sous le nom d'Annelés, en diffèrent à ce point de vue ;

Enfin, le *système nerveux* est disposé dans toute la longueur du corps, par petites masses appelées *ganglions*, réunies les unes aux autres par des filets ou *connectifs*. Tout le

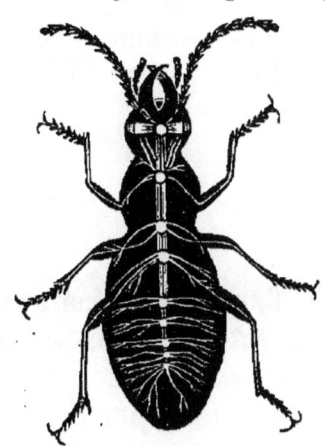

FIG. 223. — Système nerveux d'un Arthropode (Insecte).

(1) *Arthropode* signifie qui a des pieds, des organes de locomotion articulés.

système forme ainsi une véritable *chaîne nerveuse* (fig. 223). Les ganglions antérieurs, plus gros, représentent le cerveau des Vertébrés et sont situés au-dessus du canal digestif; les autres, sont placés au-dessous de ce dernier et réunis aux premiers par des connectifs, de sorte que l'œsophage est entouré d'un *collier nerveux*.

Les animaux de ce groupe n'ont pas de squelette proprement dit. Il existe, cependant, une sorte de charpente solide, qui donne attache aux muscles ; seulement, les parties molles du corps au lieu de la recouvrir sont recouvertes et protégées par elle, d'où le nom de *squelette externe* qu'on lui a donné.

Classification des Arthropodes. — Les Arthropodes se divisent en quatre classes principales, que l'on peut ainsi caractériser :

Une paire d'antennes et six pattes : INSECTES ;

Une paire d'antennes et un grand nombre de pattes : MYRIAPODES ;

Pas d'antennes, huit pattes : ARACHNIDES ;

Deux paires d'antennes : CRUSTACÉS.

I. — Classe des Insectes

Caractères généraux des Insectes. — Le corps des Insectes se divise en trois parties : la *tête*, le *thorax* et l'*abdomen*.

La **tête** porte de nombreux organes : la *bouche*, entourée de plusieurs pièces (fig. 224), à savoir : une *lèvre supérieure* ou *labre*, une *lèvre inférieure* ou *menton*, l'une et l'autre ordinairement mobiles ; une *paire de mandibules*, le plus souvent très fortes et de nature cornée, aiguës à l'extrémité, et servant à saisir l'aliment ; une paire de *mâchoires*, qui broient la nourriture, tandis que les mandibules la maintiennent. Enfin, comme pièces accessoires, il existe une paire de petits appendices articulés placés sur les mâchoires et la lèvre inférieure : ce sont les *palpes maxillaires* et les *palpes labiaux*.

La tête porte à sa partie antérieure une paire d'*antennes*, organes très mobiles, composés ordinairement d'un grand nombre d'articles, et qui acquièrent parfois une grande dimension, par exemple chez les Longi-

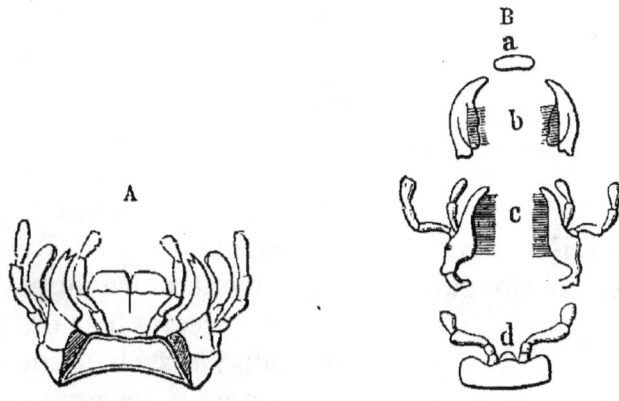

Fig. 224. — A, Bouche d'un Insecte; B, ses différentes pièces isolées; *a*, lèvre supérieure; *b*, mandibules; *c*, mâchoires avec leurs palpes; *d*, lèvre inférieure avec ses palpes.

cornes. Elles servent principalement d'organes du toucher.

Enfin, la tête offre encore les *yeux*, qui sont de deux sortes : les uns simples, les autres composés.

Les *yeux composés* sont toujours au nombre de deux, placés sur les côtés de la tête, à la base des antennes. Vus à la loupe, ils présentent un grand nombre de petites facettes serrées les unes contre les autres, et dont chacune représente la cornée d'un œil complet, quoique rudimentaire, de sorte que l'on peut dire qu'il y a autant d'yeux qu'il existe de facettes; or les yeux de certains Insectes comptent plus de 20,000 facettes. Malgré cela, la vision est très imparfaite.

Les *yeux simples*, appelés encore *stemmates* ou *ocelles*, ne se rencontrent pas chez tous les Insectes. Ils sont situés sur le sommet de la tête, souvent au nombre de trois, et disposés en triangle. Ils servent peu ou paraissent destinés à la vision des objets rapprochés ou à la simple perception de la lumière, tandis que les yeux composés procurent une vue plus distincte et permettent la vision des objets éloignés.

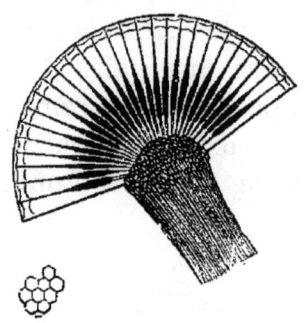

Fig. 225. — Œil composé, coupé perpendiculairement à sa surface; à côté, une petite portion de celle-ci.

Le **thorax** se compose de trois segments ou anneaux placés l'un derrière l'autre : le *prothorax*, le *mésothorax* et le *métathorax*. Chacun d'eux porte une paire de pattes, et les Insectes n'en ont jamais plus; aussi leur donne-t-on souvent le nom d'*Hexapodes*, ce qui veut dire animaux à six pattes.

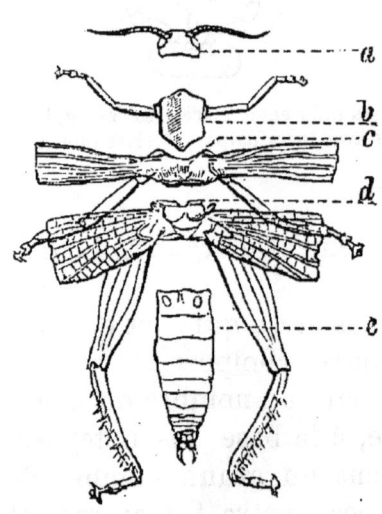

Fig. 226. — Un Insecte décomposé en ses divers segments; *a*, tête; *b*, prothorax; *c*, mésothorax; *d*, métathorax; *e*, abdomen.

En outre, les deux dernières pièces du thorax portent souvent chacune une paire d'*ailes*. Un très grand nombre d'Insectes ont ainsi quatre ailes; d'autres n'en ont que deux et constituent la famille des *Diptères*; d'autres, enfin, en sont complètement dépourvus, et ont été pendant longtemps réunis sous le nom d'*Aptères*; mais, en réalité, les espèces dépourvues d'ailes doivent être réparties dans des ordres divers.

INSECTES 271

La conformation des ailes a permis de grouper en ordres les nombreuses familles de la classe des Insectes : Coléoptères, Hyménoptères, Hémiptères, Névroptères, etc.

L'abdomen compte trois segments au moins, onze au plus, ordinairement neuf à dix. Ces anneaux sont unis les uns aux autres par une membrane plissée, qui permet à l'abdomen soit de se distendre, soit de revenir sur lui-même. Tantôt il fait suite au thorax sans démarcation bien nette et est dit *sessile*, exemple : le Hanneton ; tantôt il en est séparé par un rétrécissement fort étroit et très court, ce qui lui vaut le nom d'*adhérent*, exemple: l'Abeille ; tantôt ce rétrécissement acquérant une certaine longueur, l'abdomen est dit *pédiculé*, comme dans certains Hyménoptères.

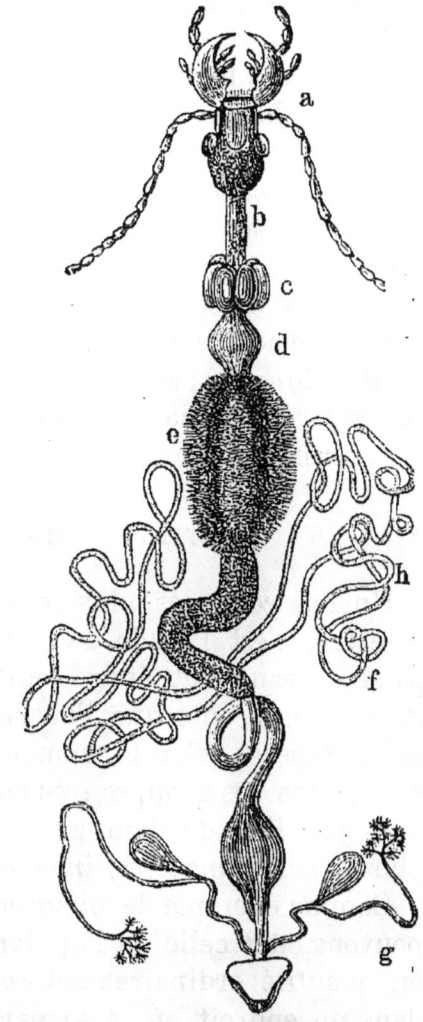

Fig. 227. — Appareil digestif d'un Insecte ; *a*, tête ; *b*, œsophage ; *c*, jabot ; *d*, gésier ; *e*, ventricule chylifique, où s'opère la digestion des aliments ; *f*, *h*, organes d'excrétion ; *g*, organes à sécrétion fétide, pour la défense de l'Insecte, s'ouvrant dans la partie terminale de l'intestin.

La *respiration* des Insectes se fait au moyen de nombreux et fins canaux distribués dans toutes les parties du corps, et que l'on appelle des *trachées*. Ces canaux s'ouvrent à l'extérieur, de chaque côté de l'abdomen, par une série de petits trous appelés *stigmates*. L'air introduit par ces ouvertures se distribue ainsi au moyen des trachées dans tout l'organisme.

La *circulation* se fait à l'aide d'un long vaisseau divisé en chambres, placées l'une derrière l'autre; il est situé du côté du dos et joue le rôle d'un cœur; en se contractant il chasse le sang dans les diverses parties du corps.

L'*appareil digestif* (fig. 227) est assez variable dans sa forme et sa structure. On y trouve des glandes salivaires et d'autres organes de sécrétion, tels que les *tubes de Malpighi* (*f*), sortes de canaux longs et étroits, que l'on regarde ordinairement comme les analogues du foie et des reins.

MÉTAMORPHOSES DES INSECTES

Un des côtés les plus intéressants de l'histoire des Insectes, c'est l'étude des divers états par lesquels ils passent avant d'atteindre leur complet développement, états si différents que l'on serait tenté de classer une même espèce, selon le moment de sa vie où on la considère, dans des groupes très éloignés les uns des autres.

Il y a lieu de distinguer trois cas : les métamorphoses sont *complètes, incomplètes* ou *nulles*.

Comme exemple de *métamorphoses complètes*, nous pouvons citer celle du Papillon. Celui-ci pond des *œufs*, en quantité ordinairement considérable, et les dépose dans un endroit où, à sa naissance, le jeune trouvera une abondante nourriture.

De l'œuf sort au bout d'un certain temps, sous forme d'un Ver, une petite *larve* appelée *Chenille*, laquelle ne ressemble en rien à l'Insecte qui a pondu cet œuf. La Chenille est d'une voracité extrême et mange à peu près continuellement, de sorte qu'elle se développe avec rapidité.

A cet état, elle offre le même nombre d'anneaux que l'Insecte parfait, et n'a que six pattes vraies, portées par le thorax. En effet, il ne faut pas prendre pour telles les appendices que portent certains anneaux de l'abdomen ; ce sont des membres temporaires, que pour cela on appelle *fausses pattes*.

Il arrive un moment où la Chenille semble tourmentée, inquiète ; elle erre à l'aventure, ne mange plus et passe insouciante auprès de la plante que peu d'heures auparavant elle dévorait avec délices. En même temps, ses couleurs deviennent plus ternes. Un second changement se prépare. Dès qu'elle a trouvé un endroit favorable, elle se met à construire son *cocon* avec la

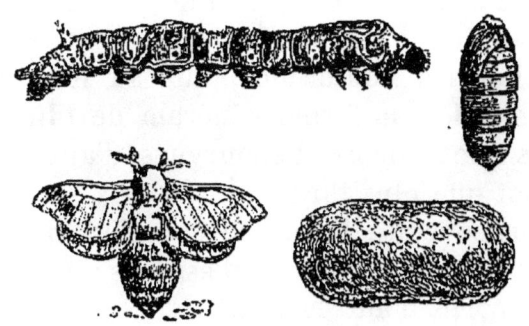

Fig. 228. — Métamorphoses d'un Insecte (Papillon). On y voit la Chenille, l'Insecte parfait, ses œufs, son cocon et sa chrysalide.

soie que sécrète un organe analogue à une glande salivaire, placée dans la partie antérieure du corps, et dont le conduit aboutit à la lèvre inférieure. Elle s'enveloppe de ce cocon, et dans cet abri mystérieux elle passe un temps qui varie avec les espèces : la larve est devenue *Chrysalide*. Toutes les Chenilles ne se filent pas un cocon ; un certain nombre se suspendent simplement la tête en bas et accomplissent leur métamorphose ainsi à nu. Il n'y a que les Papillons de nuit et les crépusculaires, dont les Chenilles s'enferment dans un cocon. Mais toutes, pendant une certaine période, prennent l'aspect de momies, c'est-à-dire que leur corps est alors revêtu d'une membrane assez dure, à travers laquelle on voit s'accuser peu à peu les formes de l'Insecte qui doit en sortir. Pendant cette sorte de repos de grands changements s'opèrent dans l'organisation de l'animal : entré dans cette prison sous la forme d'un ver, il en sort brillant Papillon.

L'existence de ce dernier n'est jamais de longue durée. Bientôt, en effet, la femelle pond ses œufs et meurt. Ainsi se trouve parcouru tout le cercle des métamorphoses de ce charmant Insecte.

Un grand nombre d'autres espèces présentent, comme les Papillons, des métamorphoses complètes.

Parmi ceux dont les métamorphoses sont *incomplètes*, on peut citer les Sauterelles, qui au moment de la naissance ont déjà la forme générale de l'Insecte parfait, mais sont encore dépourvues d'ailes, qu'elles n'acquièrent que plus tard.

Enfin, on constate l'absence complète de métamorphoses chez un petit nombre d'espèces vivant en parasites sur le corps d'autres animaux.

Classification des Insectes. — On peut répartir la classe des Insectes en *huit* ordres principaux, en s'appuyant sur la disposition des ailes, la conformation de la bouche et les métamorphoses ; ce sont : les *Hyménoptères*, les *Coléoptères*, les *Orthoptères*, les *Ortho-névroptères*, les *Névroptères*, les *Lépidoptères*, les *Hémiptères*, les *Diptères*.

PREMIER ORDRE. — LES HYMÉNOPTÈRES

Des métamorphoses complètes ; quatre ailes complètement membraneuses ; outre les deux yeux composés, trois yeux simples ou stemmates en triangle sur le front ; une bouche dont les mâchoires sont allongées et disposées pour lécher, en même temps qu'il existe de fortes mandibules pour broyer : tels sont les caractères principaux des Insectes de cet ordre.

Les femelles ont à l'extrémité postérieure soit un aiguillon ou appareil de défense (*Hyménoptères porte-aiguillon*), soit une tarière destinée à creuser le bois ou les organes des plantes, pour y déposer leurs œufs (*Hyménoptères térébrants*).

Fig. 229. — Abeilles femelle (en haut), ouvrière (à gauche) et mâle (à droite).

Au groupe des **Hyménoptères porte-aiguillon** appartiennent les *Abeilles*, que l'on élève pour leur miel, et qui vivent en sociétés composées de trois sortes d'individus, des *ouvrières*, des *mâles* et des *femelles*. Il n'y a jamais qu'une femelle par ruche ; on l'appelle ordinairement la *reine*. Les ouvrières sont de beaucoup les plus nombreuses; ce sont elles qui sont chargées de tous les travaux de la ruche et qui donnent des soins aux jeunes. Le *miel*, formé par l'élaboration du suc des fleurs dans le jabot des Abeilles, est ensuite dégorgé dans des cellules ou alvéoles de *cire*, de forme régulière et à six pans. Ces cellules accolées les unes aux autres forment les *gâteaux de miel*.

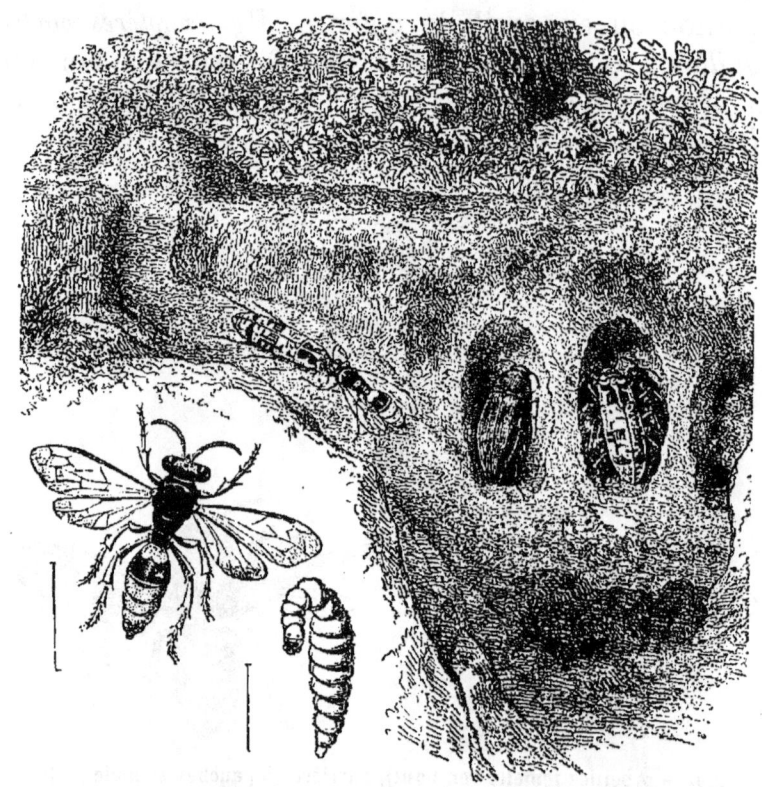

Fig. 230. — Un Hyménoptère porte-aiguillon, de la famille des Fouisseurs, le *Cercéris bupresticide*. Il traîne des insectes, après les avoir rendus immobiles en les piquant de son aiguillon, dans des trous où il a déposé ses œufs, afin de pourvoir à la nourriture des larves qui en sortiront. — A gauche, on voit le *Cercéris* et sa larve un peu grossis.

Les *Guêpes* et les *Frelons*, qui appartiennent au même groupe, ne sont pour l'homme d'aucune utilité ; ils font même de grands dégâts dans nos vergers et nos vignes, car ils sont très friands de fruits sucrés ; la blessure produite par leur aiguillon est excessivement douloureuse et n'est pas sans danger, surtout pour les enfants.

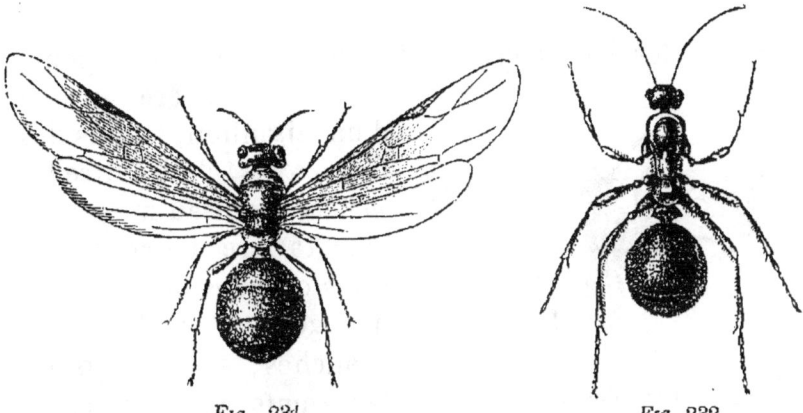

Fig. 231.   Fig. 232.
Fig. 231. — Fourmi herculéenne femelle (grossie).
Fig. 232. — Fourmi rousse, ouvrière (grossie).

Les *Fourmis*, qui comme les Abeilles vivent aussi en sociétés, comprenant des mâles, des femelles et des

Fig. 233. — Les Écitons, Fourmis carnassières du Brésil.

ouvrières ou neutres, appartiennent au même groupe Les ouvrières sont toujours dépourvues d'ailes ; mais les mâles et les femelles en possèdent, au moins pendant un certain temps. La plupart vivent de sucs végétaux ; mais un certain nombre sont carnassières.

Parmi les **Hyménoptères térébrants**, c'est-à-dire pourvus d'une tarière, au lieu d'un aiguillon, citons les *Gallinsectes*, c'est-à-dire les espèces, qui au moyen de leur tarière percent certains organes des plantes, bourgeons, feuilles ou branches, et y déposent leurs œufs. Autour de ceux-ci se produit un boursouflement des tissus végétaux, et c'est de la sorte que se constituent les *galles*. C'est ainsi que la piqûre de certains Hyménoptères produit sur les chênes, principalement sur le chêne du Levant, des excroissances appelées *noix de galle*, lesquelles sont employées dans l'industrie, pour la préparation du tannin et la teinture en noir. Tout le monde connaît les excroissances singulières, hérissées d'une sorte de chevelure, que porte fréquemment le rosier sauvage ou églantier : c'est le résultat de la piqûre et de la ponte d'un *Cynips* (fig. 234).

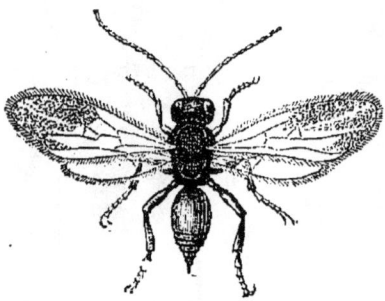

Fig. 234. — Le Cynips du rosier (grossi).

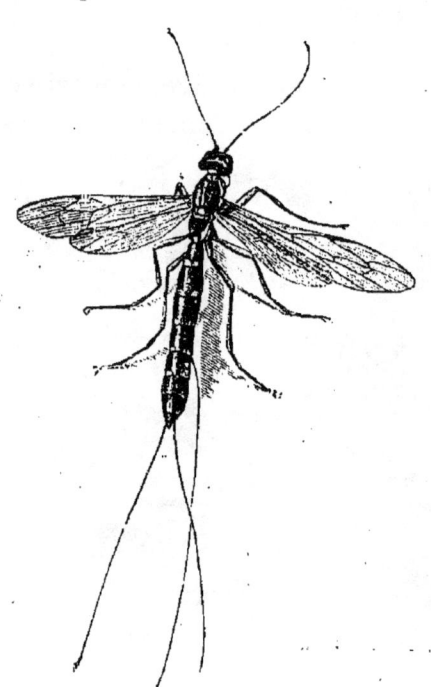

Fig. 235. — Un Ichneumon.

Nommons encore les *Ichneumons* (fig. 235), dont beaucoup sont utiles à l'homme, car à l'état de larves, ils vivent dans le corps d'insectes, nuisibles à divers titres, les chenilles notamment, ils se nourrissent de leur substance et en font ainsi périr un grand nombre. La femelle ne dépose qu'un œuf par chenille; celle-ci en paraît d'abord peu incommodée et se transforme en nymphe, comme si elle ne portait pas en elle le germe d'un mortel ennemi. Mais, à l'œuf succède une larve qui dévore les tissus de la nymphe, et au lieu d'un Papillon on en voit, au bout de quelques jours, sortir un Ichneumon.

DEUXIÈME ORDRE. — LES COLÉOPTÈRES

Le groupe des Coléoptères renferme beaucoup plus d'espèces que tout autre ordre du règne animal ; on en connaît en effet plus de 100,000.

Ils sont caractérisés par des métamorphoses complètes, l'absence d'yeux simples ou ocelles et la présence de deux paires d'ailes, dont les unes désignées sous le nom d'*élytres* (1) et formées d'une substance dure, cornée, appelée *chitine* (2), servent seulement à protéger et recouvrir, dans le repos, les véritables ailes, lesquelles sont membraneuses et repliées au-dessous des premières. Par exception, certaines espèces ne possèdent que la première sorte d'ailes, et sont incapables de voler.

La plupart des Coléoptères ont une armure buccale puissante, qui leur permet de couper et de broyer

---

(1) Mot dérivé du grec et qui veut dire *étui*, parce qu'elles servent d'enveloppe aux autres ailes.

(2) Prononcez *kitine*.

leurs aliments (fig. 224). Les uns sont carnassiers, les autres s'attaquent aux végétaux.

Parmi ces derniers un certain nombre causent aux plantes utiles à l'homme de réels dommages.

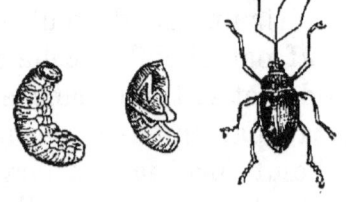

Citons le *Hanneton*, qui à l'état de larve, connu sous le nom de *man*, *turc*, etc., attaque les racines des plantes, et à l'âge adulte en dévore les feuilles ;

Fig. 236. — Le Charançon des noisettes, avec sa larve et sa nymphe.

L'*Eumolpe*, appelé *écrivain*, parce qu'à l'état parfait, en se nourrissant des feuilles de la vigne, il y trace des sillons plus ou moins réguliers, tandis qu'à l'état de

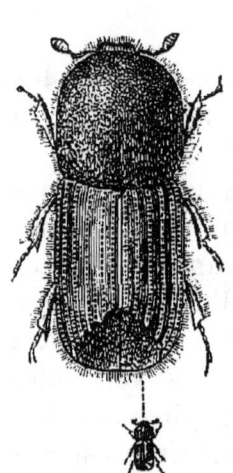

Fig. 237.—Le Bostriche typographe, très grossi et de grandeur naturelle.

Fig. 238. — Les galeries des Bostriches creusées sous une écorce.

larve il fait encore plus de tort à la plante en s'attaquant à ses racines ;

Un grand nombre de *Longicornes*, particulièrement

le *Cérambyx héros* ou *Capricorne*, dont les larves creusent de longues galeries dans le tronc des arbres ;

Les *Altises*, vulgairement *puces* ou *pucerottes*, petits insectes sauteurs, qui vivent par nuées dans les cultures de choux, de radis, où ils font de grands dégâts ;

Les *Charançons* (fig. 236), qui s'attaquent à nos céréales les plus précieuses, notamment le blé, et à divers fruits ou légumes ;

Les *Bostriches* (fig. 237 et 238), qui creusent leurs galeries dans le bois de nos arbres forestiers ;

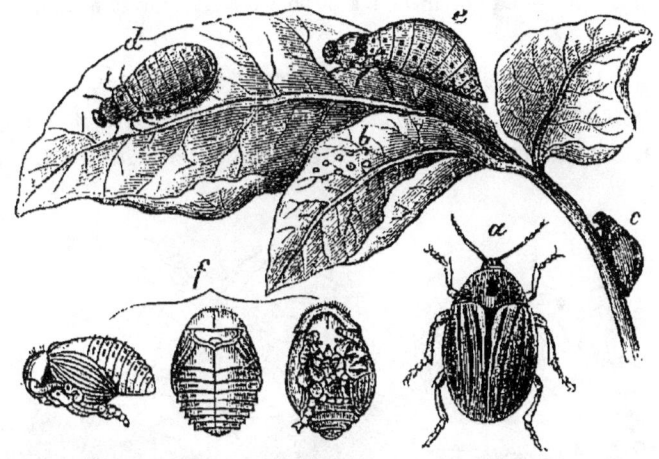

Fig. 239. — Le Doryphora ; *a*, l'insecte parfait ; *b*, ses œufs, sur une feuille de pomme de terre ; *c, d, e*, larves à différents états de développement ; *f*, nymphe, vue de côté, en-dessus et en-dessous.

Les *Bruches*, qui dévorent les graines de légumineuses alimentaires, telles que lentilles, pois, fèves, etc. ;

Les *Vrillettes*, qui perforent nos meubles et y creusent des galeries, dans lesquelles elles subissent leurs métamorphoses ;

Les *Dermestes*, les *Anthrènes*, qui s'attaquent à nos fourrures, aux diverses substances de nature organique, aux collections de nos musées zoologiques.

Le *Doryphora* (fig. 239), de la famille des Chrysomèles, qui cause les plus grands ravages dans les cultures de pommes de terre de l'Amérique du Nord.

L'ordre des Coléoptères renferme aussi quelques

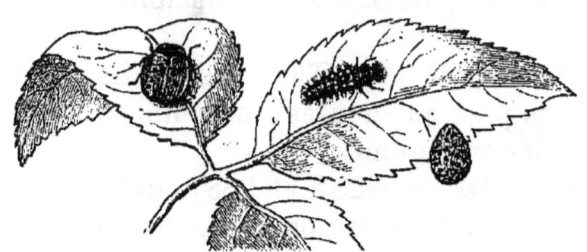

FIG. 240. — La Coccinelle à sept points, sa larve et sa nymphe.

espèces utiles : ainsi la *Cantharide*, employée pour faire les vésicatoires; les *Coccinelles* (fig. 240), qui à l'état de larve, se nourrissent des pucerons ; les *Carabes*, entre

FIG. 241. — Le Ver luisant; deux individus mâles, ailés, dont l'un, renversé, montre son appareil phosphorescent; une femelle, à gauche, sans ailes; une larve, en avant.

autres le *Carabe doré*, qui rend service aux jardins en détruisant les limaces ; les *Cicindèles*, insectes très carnassiers, aux brillantes couleurs et d'une grande vivacité d'allure.

Citons, enfin, comme espèces particulièrement intéressantes, les singuliers *Lampyres* ou *Vers luisants*, dont les femelles dépourvues d'ailes ont la remarquable propriété de produire une vive lumière, faculté que présente aussi, mais à un moindre degré, le mâle d'une espèce de notre pays (fig. 241).

TROISIÈME ORDRE. — LES ORTHOPTÈRES

Les Insectes de cet ordre ont des métamorphoses incomplètes, c'est-à-dire qu'à leur naissance ils ont déjà la forme de l'âge adulte et qu'il leur manque seulement des ailes, lesquelles après quelques mues seront complètement développées. Ces ailes sont au nombre de deux paires : les supérieures sont à demi chitineuses, souples et élastiques, croisées l'une sur l'autre, et les inférieures membraneuses, plus grandes et plissées, dans le repos, à la manière d'un éventail. L'existence des stemmates ou ocelles n'est pas constante, mais fort répandue. L'armure buccale est disposée pour broyer.

A cet ordre appartiennent :

Les *Forficules*, appelées à tort du nom effrayant de *perce-oreilles*;

Les *Blattes* ou *Cancrelats* (fig. 242), d'odeur et d'aspect repoussants, qui se trouvent parfois en si grande quantité dans les cuisines;

La *Mante religieuse*, qui a une attitude si singulière dans le repos, et dont les longues pattes antérieures, appelées avec raison pattes *ravisseuses*,

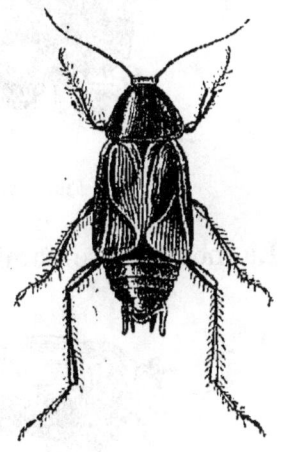

Fig. 242. — La Blatte orientale ou des cuisines.

sont bien disposées pour accrocher et saisir les autres insectes qui passent à portée;

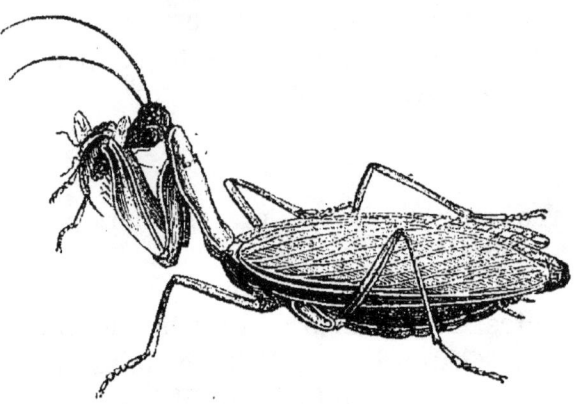

Fig. 243. — La Mante religieuse.

Les *Spectres* ou *Phasmes*, qui au premier abord ressemblent à un brin de paille ou de bois mort;

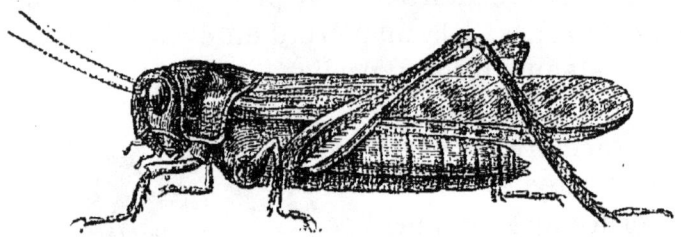

Fig. 244. — Le Criquet voyageur.

La nombreuse famille des *Criquets* et *Sauterelles*, à

Fig. 245. — La Taupe-grillon ou Courtilière.

laquelle appartient le *Criquet voyageur*, qui traverse en

bandes innombrables des espaces immenses et qui dévore toute la végétation qu'il rencontre sur son passage ;

La *Courtilière* ou *Taupe-Grillon*, qui se creusant des chemins souterrains, débarrasse les jardins potagers de nombreuses larves nuisibles pour s'en nourrir, mais qui ne dédaigne pas non plus les racines tendres des plantes qu'elle est censée protéger.

QUATRIÈME ORDRE. — LES ORTHO-NÉVROPTÈRES

Les Insectes de cet ordre sont intermédiaires, par leur organisation, au groupe précédent et au suivant, ce qui leur a valu ce nom d'*Ortho-névroptères* (1). Ils ont comme les Orthoptères des métamorphoses incomplètes, mais des ailes membraneuses et réticulées comme les Névroptères. Les principales familles sont :

Les *Libellules*, vulgairement appelées *Demoiselles*, que l'on voit voltiger avec vivacité dans le voisinage de nos ruisseaux et se poser doucement sur les feuilles des plantes aquatiques ;

Les *Éphémères*, ainsi nommées à cause de la brièveté de leur existence, du moins à l'état adulte, car sous la forme larvaire elles vivent dans l'eau pendant deux ou trois ans. On voit ces Insectes, par les beaux soirs d'été, voler en groupes serrés sur le bord des eaux ; quelques instants après, elles jonchent le sol de leurs cadavres ;

Les *Termites* (fig. 246), appelés encore *Fourmis blanches*, qui, comme les Fourmis proprement dites, forment des sociétés composées de plusieurs sortes d'individus, des ouvriers et des soldats, des mâles et

(1) On les désigne encore sous le nom [d'*Orthoptères pseudo-névroptères*.

Fig. 246. — Les Termites et leurs nids. L'un de ces nids a été ouvert pour en montrer la disposition intérieure. La figure montre, en avant, un Termite mâle ailé; une femelle, dont l'abdomen est déformé et énormément distendu par les œufs; un soldat, à la grosse tête armée de fortes mandibules; un ouvrier.

des femelles. Certaines espèces de Termites construisent, avec de la terre gâchée, des nids en forme de pains de sucre ou de dômes, qui atteignent jusqu'à six ou sept pieds de hauteur, et qui sont d'une grande solidité. D'autres se creusent des abris dans les arbres ou dans les solives des habitations et y font des dégâts considérables, d'autant plus à redouter, que fuyant la lumière, ils ont l'instinct de respecter les parties extérieures des pièces de bois, tout en rongeant complètement leur masse intérieure. Il en résulte qu'une poutre paraît encore intacte, alors que ses parois sont réduites à l'épaisseur d'une feuille de carton et prêtes à céder à la moindre pression.

CINQUIÈME ORDRE. — LES NÉVROPTÈRES

Ces Insectes subissent des métamorphoses complètes; leurs ailes, au nombre de deux paires, sont, les unes comme les autres, utilisées pour le vol ; ils ont des ocelles ; leur bouche est bien armée pour la mastication, ou au contraire disposée pour la succion.

A cet ordre appartiennent les *Panorpes* (fig. 247), qui ont quelque ressemblance avec les Libellules ;

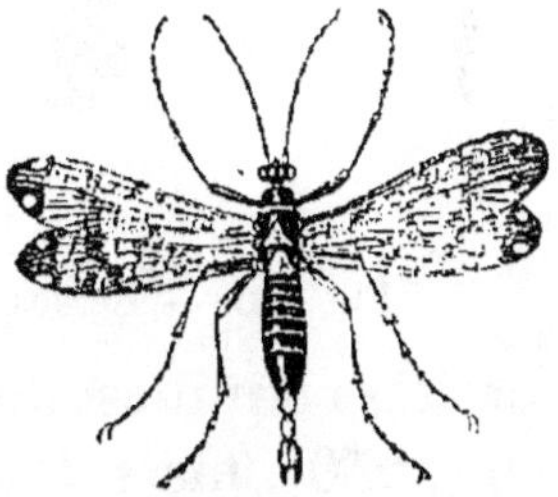

Fig. 247. — La Panorpe commune.

Les *Hémérobes*, charmants Insectes, dont les larves se nourrissent de pucerons ;

Les *Fourmilions* (fig. 248), dont la larve (fig. 249) se creuse un trou en forme d'entonnoir, au fond duquel viennent rouler les insectes qui s'aventurent sur les bords du piège, et qui sont bientôt saisis par les robustes mandibules de leur redoutable ennemi, caché au centre de la fosse ; à l'état parfait, le Fourmilion, comme on peut le voir, ressemble beaucoup à une Libellule ;

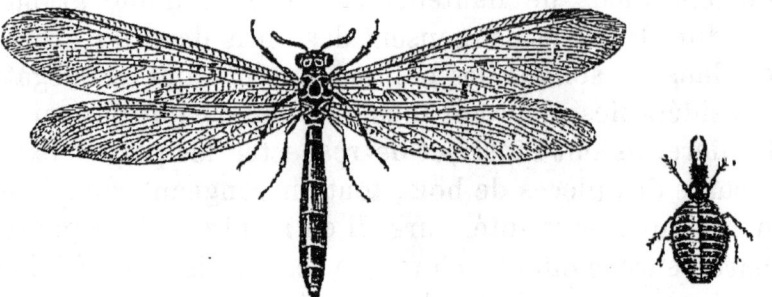

Fig. 248. — Le Fourmilion adulte.   Fig. 249. — Larve de Fourmilion.

Les *Phryganes,* dont les larves se construisent avec des débris de végétaux, des grains de sable ou de

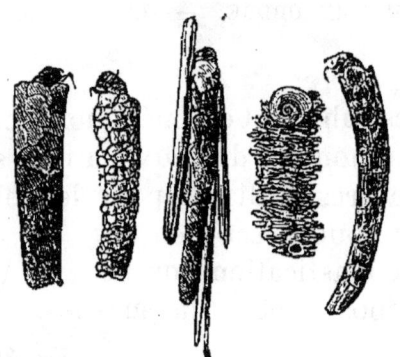

Fig. 250. — Larves de Phryganes renfermées dans leurs tubes.

petites coquilles, des tubes dans lesquels elles s'abritent, (fig. 250), mais dont elles font sortir à volonté la partie antérieure de leur corps, pour la rentrer aussitôt qu'un danger les menace.

SIXIÈME ORDRE. — LES LÉPIDOPTÈRES

Les Insectes de cet ordre ont des métamorphoses complètes ; leurs ailes, au nombre de quatre, servent toutes au vol et sont presque toujours recouvertes de petites écailles, qui leur donnent leurs nuances brillantes. Il existe des ocelles, mais difficiles à voir à cause des poils qui recouvrent le dessus de la tête. Les mâchoires sont allongées en manière de trompe; celle-ci, dans le repos, s'enroule sur elle-même, mais s'allonge quand l'Insecte veut sucer le nectar des fleurs.

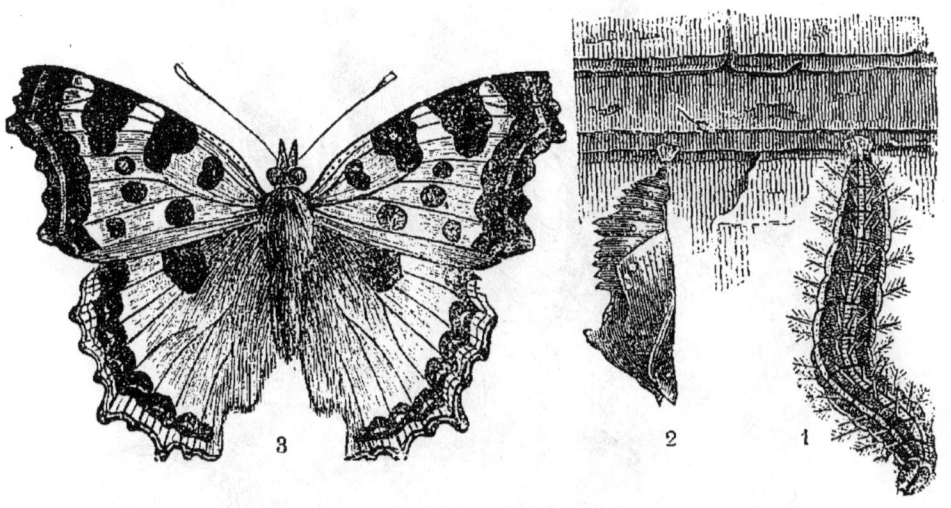

Fig. 251. — Papillon de jour. — Vanesse. — Grande tortue.
1. Chenille. — 2. Chrysalide. — 3. Insecte parfait.

Cet ordre se divise en trois groupes principaux : les *diurnes*, les *nocturnes* et les *crépusculaires*.

Aux Diurnes appartiennent les espèces les plus remarquables par leurs couleurs et dont les ailes sont ordinairement relevées pendant le repos. Leurs larves ou Chenilles ne se renferment presque jamais dans un cocon pour se transformer en chrysalides, mais se suspendent par l'extrémité de l'abdomen à un mur, à une solive ou à une branche (fig. 251, ¹, ²) et passent là leur temps de repos ou plutôt de travail intérieur, à la suite duquel l'Insecte s'envolera sous la forme de Papillon.

La division des **Nocturnes** (1), dont les ailes sont disposées en forme de toit pendant le repos, renferme

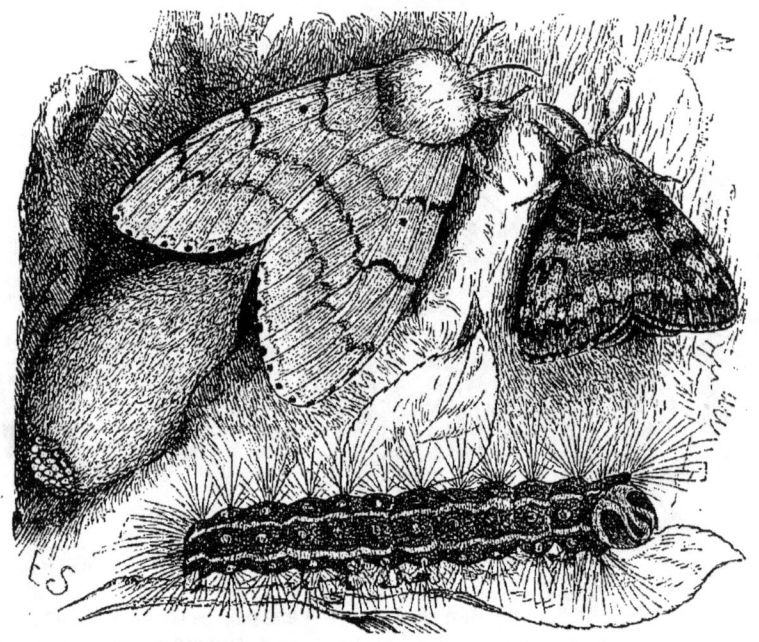

Fig. 252. — Un Papillon de nuit ; le Liparis dispar: la chenille; le mâle; la femelle en train de pondre ses œufs, qu'elle recouvre au fur et à mesure, de poils arrachés à son abdomen.

plusieurs espèces utiles à l'homme. Il suffit de citer les *Bombyx*, dont une espèce en particulier, celle qui vit sur le mûrier, bien connue à l'état de Chenille sous le nom de *Ver à soie*, tisse un cocon, dont on dévide les fils, qui ne sont autres que la soie.

(1) Cette division comprend les nombreuses espèces formant les sous-ordres des *Bombyciens*, *Noctuélines*, *Géométrines* ou *Phalènes*, *Microlépidoptères*.

Par contre, c'est dans le même groupe qu'on rencontre la *Pyrale de la vigne*, qui fait parfois tant de dégâts dans les vignobles, jusqu'à détruire presque entièrement la récolte des raisins ; les *Teignes*, dont les chenilles recherchent les étoffes, surtout celles de laine, et les fourrures, dans lesquelles elles font de grands ravages.

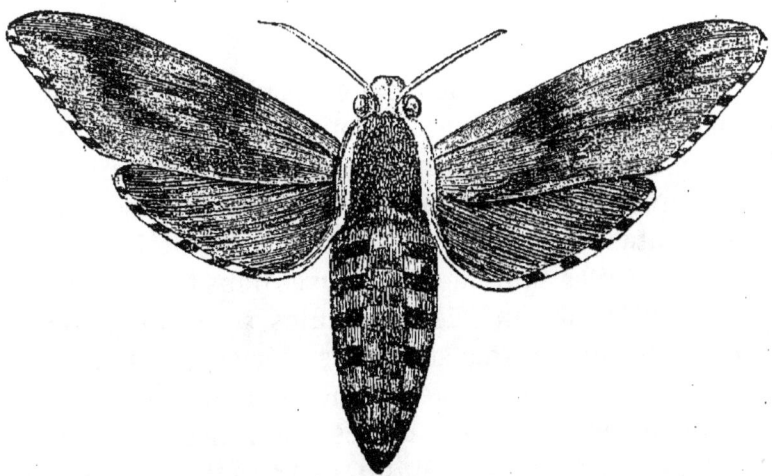

Fig. 253. — Un Papillon crépusculaire ; le Sphinx du Pin.

Les Papillons de la division des **Crépusculaires** ou **Sphinx** se reconnaissent à leurs antennes en forme de

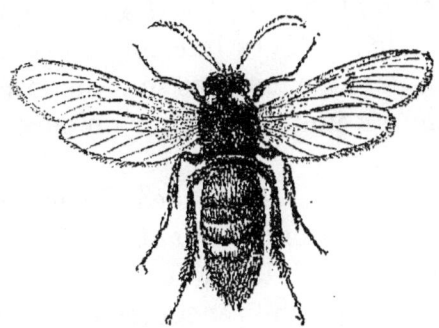

Fig. 254. — Autre Papillon crépusculaire ; la Sésie apiforme.

fuseau, souvent terminées à leur pointe par un petit crochet, et à leurs ailes horizontales ou inclinées dans le repos. Ils volent ordinairement au crépuscule, quelques-uns aussi en plein jour. Certaines espèces, les *Sésies* (fig. 254), ont les ailes transparentes comme celles d'une Abeille.

SEPTIÈME ORDRE. — LES HÉMIPTÈRES

Les *Hémiptères* ont des métamorphoses incomplètes, consistant en ce que, dépourvus d'ailes quand ils naissent, ils en acquièrent par la suite. Ces ailes sont au nombre de quatre, mais elles ne sont pas semblables chez toutes les espèces de cet ordre. Tantôt, en effet, les quatre ailes sont membraneuses dans toute leur étendue; tantôt, les inférieures seules sont complètement molles et membraneuses, les supérieures étant dures dans une de leurs moitiés et molles dans l'autre.

C'est en considération de ces différences de structure des ailes, que l'on a établi deux subdivisions dans l'ordre des Hémiptères, à savoir : les *Homoptères* ou à ailes toutes semblables, et les *Hétéroptères*, c'est-à-dire à ailes dissemblables.

Il existe souvent des ocelles. La *bouche* offre une disposition spéciale : la lèvre inférieure est très allongée, et les mandibules et mâchoires sont disposés en aiguillon, de manière à pouvoir piquer ou sucer.

Au premier groupe, celui des **Homoptères,** se rapportent les *Cigales*, dont le chant strident et monotone est bien connu des habitants du midi ;

Les *Pucerons*, qui se rencontrent sur un si grand nombre de nos plantes alimentaires ou d'ornement, et à la famille desquels appartient le *Phylloxéra*, qui a déjà causé tant de ravages dans les plus beaux vignobles de la France en s'attaquant aux racines de la vigne, qu'il ne tarde pas à faire périr. Pendant toute la belle saison les Phylloxéras vivent sur les plus fines racines, dont ils sucent la sève (fig. 255, *a*, *b*); tous sont des femelles, car chacun d'eux pond de 30 à 40 œufs, de couleur jaune soufre, qui au bout de huit jours donnent naissance à des Phylloxéras, dépourvus d'ailes comme ceux qui ont pondu ces œufs. Ces nou-

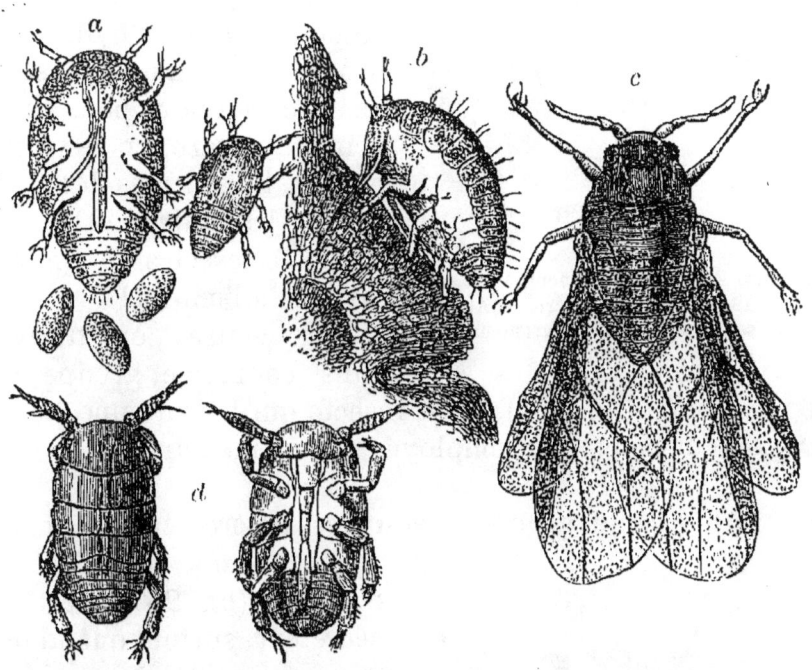

Fig. 255. — Le Phylloxéra de la vigne; *a*, femelle aptère adulte vue du côté ventral, ses œufs et un jeune individu; *b*, la même, avec son bec enfoncé dans une racine; *c*, la même, ailée, après plusieurs mues; *d*, individu produit par l'œuf d'hiver, vu en dessus et en dessous.

veau-nés pondent à leur tour; les générations se suivent ainsi pendant toute la belle saison, à la fin de laquelle un certain nombre d'individus acquièrent des ailes (*c*), remontent sur la vigne et vont sur les feuilles pondre des œufs, dont les uns plus petits produiront des Insectes mâles, et dont les autres plus grands donneront des femelles. Chacune de ces femelles pond un œuf unique, l'*œuf d'hiver,* et le dépose dans une fente de l'écorce. De cet œuf, à la fin de l'hiver, sortira une femelle dépourvue d'ailes (*d*), qui descendra sur les racines et produira, comme il a été dit au commencement de ce récit, de nouveaux individus. On a calculé, qu'en une année, 1,000 œufs de Phylloxéra produisaient un nombre suffisant d'individus pour couvrir un hectare, en les supposant tous serrés les uns contre les autres. Or, il s'agit d'Insectes à peine visibles à l'œil nu !

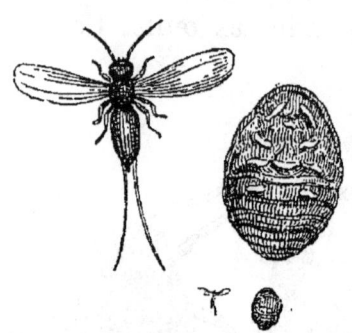

Fig. 256. — La Cochenille ; le mâle ailé, la femelle aptère. — Au-dessous, ces Insectes de grandeur naturelle.

Par contre, on trouve dans ce même groupe la Cochenille (fig. 256), petit Insecte qui fournit une belle couleur rouge très employée dans l'industrie.

Au second groupe, celui des **Hétéroptères**, appartiennent les *Punaises des bois* et la *Punaise des lits* (fig. 257) ; ces Insectes sécrètent, surtout quand on les irrite, un liquide d'une odeur repoussante ; en outre, le dernier s'attaque à l'Homme et lui fait des piqûres assez douloureuses ;

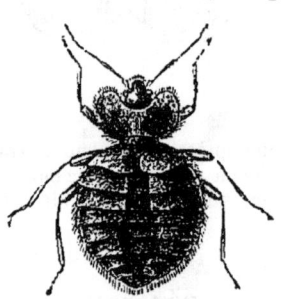

Fig. 257. — La Punaise des lits, grossie quatre fois.

Les *Notonectes*, au ventre argenté, que l'on trouve dans les mares comme dans les bassins des jardins, et qui à l'aide de longs bras disposés en manière de rames nagent avec vivacité sur le dos ;

Les *Nèpes*, à forme très aplatie, qui vivent dans les

mares, les étangs ; elles ont une apparence de feuilles mortes et cessent tout mouvement aussitôt qu'on les touche (fig. 258);

Les *Ranâtres*, au corps très allongé et aux longues pattes, que l'on trouve abondamment dans les mêmes localités.

On admet, enfin, un troisième groupe dans l'ordre des Hémiptères, celui des **Aptères**, qui renferme des Insectes vivant en parasites sur le corps de l'Homme ou des Mammifères et des Oiseaux, à savoir, les *Poux* et les *Ricins*. Les Insectes de cette catégorie n'ont pas de métamorphoses, et comme leur nom l'indique, ils sont toujours dépourvus d'ailes.

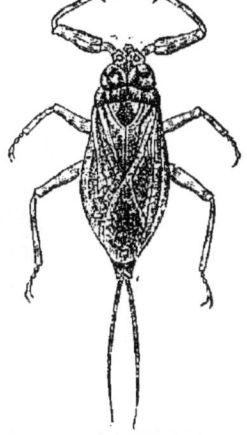

Fig. 258. — La Nèpe.

HUITIÈME ORDRE. — LES DIPTÈRES

Les *Diptères* ont des métamorphoses complètes. Ils

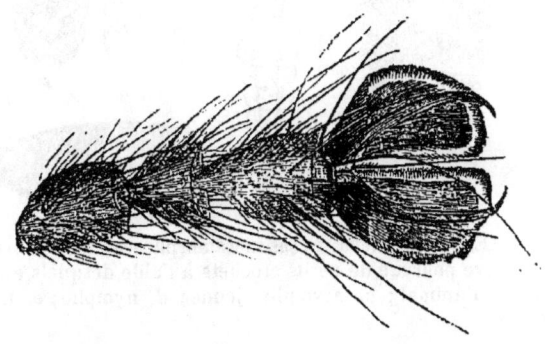

Fig. 259. — Une patte de Mouche (grossie), montrant les pelottes et les petits crochets qui permettent à l'Insecte de se tenir sur les objets les plus lisses.

ne possèdent que deux ailes bien développées, les

autres étant représentées seulement par des appendices fort courts, appelés *balanciers*, situés sur les côtés du

Fig. 260. — La Mouche tsétsé.   Fig. 261. — Le Cousin commun mâle, (la femelle seule fait des piqûres).

thorax au-dessous des véritables ailes. Les pièces de la bouche sont disposées pour sucer.

A cet ordre appartiennent une foule d'Insectes incommodes, tels que les *Mouches*, les *Cousins*, les *Taons*,

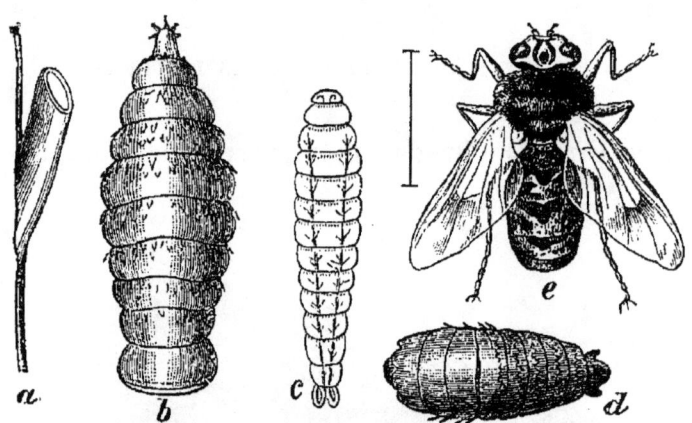

Fig. 262. — L'Œstre du Cheval et ses métamorphoses ; *a*, œuf fixé à un poil du Cheval ; *b*, larve pourvue de petits crochets à l'aide desquels elle se fixe dans l'estomac de l'animal ; *c*, larve plus jeune ; *d*, nymphe ; *e*, Insecte parfait, un peu grossi.

les *Œstres*, ces derniers vivant à l'état de larves dans l'estomac des chevaux et y accomplissant leurs métamorphoses en Insectes parfaits, pour sortir enfin de l'intestin avec les matières qui constituent le résidu de la digestion.

Dans ce groupe rentrent certaines espèces complètement dépourvues d'ailes, mais que l'ensemble de leur organisation rapproche des Insectes précédents. Telles

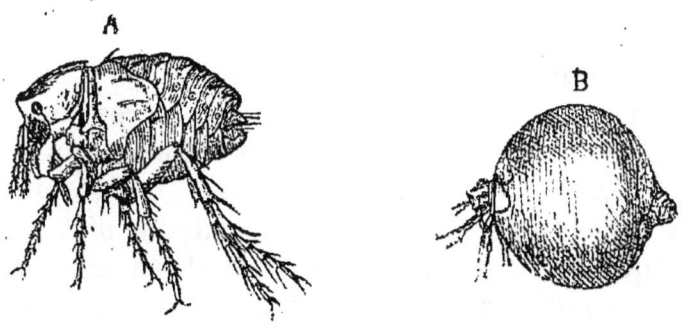

Fig. 263. — La Chique ou Puce pénétrante ; A, le mâle ; B, la femelle.

sont les *Puces,* par exemple, dont une espèce, connue sous le nom de *Chique* ou *Puce pénétrante* (fig. 263), est abondamment répandue dans les pays chauds ; la femelle s'enfonce sous la peau des orteils de l'homme, s'y gonfle énormément, et y dépose ses œufs.

Remarques sur les Insectes utiles et nuisibles. — Si l'on envisage d'un point de vue élevé et désintéressé l'ensemble des êtres créés, il est facile de se convaincre qu'il n'y a pas, d'une façon absolue, d'animaux nuisibles, mais que chacun d'eux a un rôle utile à jouer dans la nature. Toutes les fois, par exemple, qu'une plante tend à se développer outre mesure, les animaux qu'elle nourrit, notamment les Insectes, trouvant ainsi une nourriture plus abondante, se multiplient en proportion et ne tardent pas à arrêter l'exubérance du végétal qui tend à rompre l'équilibre voulu par la nature en envahissant à son profit la place destinée à d'autres espèces. C'est notamment ce que nous voyons, quand nous cultivons sur de grandes étendues la même espèce végétale pour en tirer quelque profit. Ses ennemis s'accroissent proportionnellement ; et ce n'est qu'à force de soins et de travail que nous pouvons limiter leurs dégâts. Au point de vue auquel nous venons de nous placer, il n'y a donc pas à proprement parler d'Insectes nuisibles.

Or, ce que nous disons au sujet des Insectes est également applicable aux animaux des autres classes; ainsi il ne serait pas plus difficile d'établir, que les espèces réputées les plus dangereuses, telles que les grands Carnassiers et les Serpents, contribuent à maintenir l'équilibre dans le monde animal, en arrêtant le développement exagéré de certaines espèces, comme nous avons vu que nombre d'Insectes s'opposent à celui des végétaux.

Il n'en est plus de même si nous nous plaçons au point de vue particulier soit de telle plante, soit de tel animal ou de l'Homme lui-même, et alors nous sommes en droit d'appeler Insecte nuisible celui qui cause quelque tort à l'un ou à l'autre de ces êtres. Chaque animal, chaque plante a ses ennemis, c'est-à-dire une ou plusieurs espèces qui se nourrissent à ses dépens. L'homme considère comme nuisibles tous ceux qui s'attaquent à sa personne, comme sont les parasites connus sous les noms de Puces et de Poux, ou bien aux animaux qu'il élève pour son usage, ou encore aux plantes qu'il cultive. La liste de ces êtres nuisibles est longue, puisque nos arbres fruitiers, nos légumes, la vigne, etc., sont attaqués par des légions d'ennemis. Nous en avons cité plusieurs en parlant des différents ordres d'Insectes.

Mais à côté des espèces nuisibles il en est un certain nombre qui sont d'une réelle utilité pour l'Homme. Les services que nous rendent les Abeilles pour l'alimentation, les Vers à soie pour le vêtement, la Cantharide pour la médecine, les Gallinsectes, les Cochenilles pour l'industrie, ne sont pas à dédaigner. Toutefois il n'est pas douteux, que dans le monde des Insectes, le nombre de nos ennemis l'emporte de beaucoup sur celui de nos amis.

Questionnaire. — Quelle est la disposition du système nerveux des Articulés? — Faites connaître un des caractères principaux qui distinguent les Articulés des Vertébrés. — En combien de classes divise-t-on l'embranchement des Articulés et quelles sont-elles? — Quelles sont les trois parties principales du corps des Insectes? — Quels sont les organes portés par la tête? — Énumérez les différentes parties de la bouche. — Combien les Insectes ont-ils de sortes d'yeux? — Que savez-vous des yeux composés? — Qu'est-ce que les yeux simples? — Comment les appelle-t-on encore? — En combien de parties se divise le thorax? — Indiquez les organes portés par chaque anneau du thorax. — De quoi se compose l'abdomen? — Comment se fait la respiration des Insectes? — Qu'appelle-t-on métamorphoses? — Donnez un exemple d'Insecte à métamorphoses complètes. — Indiquez les différentes phases de celles-ci. — Donnez un exemple d'Insectes à métamorphoses incomplètes. — En quoi consistent les métamorphoses des Sauterelles?

Quels caractères servent de base à la classification des Insectes? — Nommez les divers ordres des Insectes. — Quels sont les caractères de l'ordre des Hyménoptères? — Citez quelques espèces utiles ou nuisibles de cet ordre. — Qu'appelle-t-on Hyménoptères gallicoles? — Faites connaître les caractères principaux des Coléoptères. — Citez quelques espèces utiles et nuisibles à l'homme. — Quels sont les caractères principaux des Orthoptères? — Comment est disposée leur armure buccale? — Citez quelques espèces de cet ordre. — Qu'entendez-vous par Ortho-névroptères? — Quels sont les principaux genres de ce groupe? — Parlez des Termites et de leurs mœurs. — Donnez les principaux caractères de l'ordre des Névroptères. — Citez les principales espèces. — Indiquez les caractères principaux de l'ordre des Lépidoptères. — Comment sont disposées les pièces de leur bouche? — Que savez-vous des métamorphoses des Papillons diurnes ? — Citez quelques espèces nuisibles du groupe des Papillons nocturnes. — Exposez les caractères essentiels des Hémiptères. — Quelle est la disposition de leurs organes buccaux ? — Citez quelques espèces des plus remarquables. — Comment sont disposées les ailes des Diptères ? — Connaissez-vous quelques espèces de cet ordre ?

L'expression d'Insectes nuisibles doit-elle être prise dans un sens absolu ? — Comment peut-on soutenir que chaque animal, si dangereux ou nuisible qu'il paraisse, au premier abord, joue un rôle utile dans la Création ? — Nommez les principales espèces d'Insectes utiles à l'Homme.

CHAPITRE XII

II. — Classe des Myriapodes

Caractères généraux et classification. — Les *Myriapodes* ou *Mille-pieds*, ainsi appelés à cause du grand

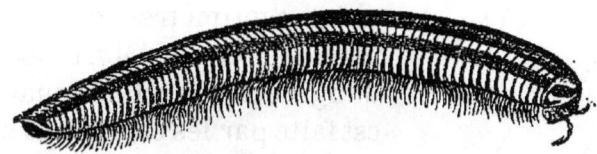

Fig. 264. — L'Iule terrestre.

nombre de leurs pattes, ont le corps en général cylindrique et formé d'anneaux articulés, tous semblables

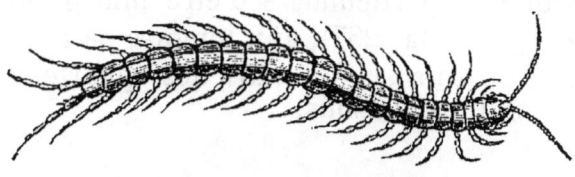

Fig. 265. — Une Scolopendre.

et portant la plupart une ou deux paires de membres, de sorte que l'on ne saurait distinguer chez ces animaux

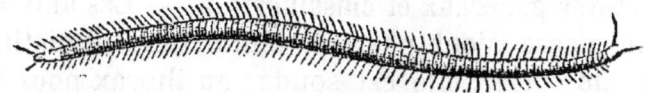

Fig. 266. — Le Géophile électrique.

un thorax et un abdomen. Ils ne subissent pas de vraies métamorphoses ; seulement, pendant un certain temps après leur naissance, leur corps continue à s'accroître par la formation de nouveaux anneaux.

A cette classe appartiennent :

Les *Iules* (fig. 264), au corps cylindrique, qui sécrètent une matière odorante désagréable ;

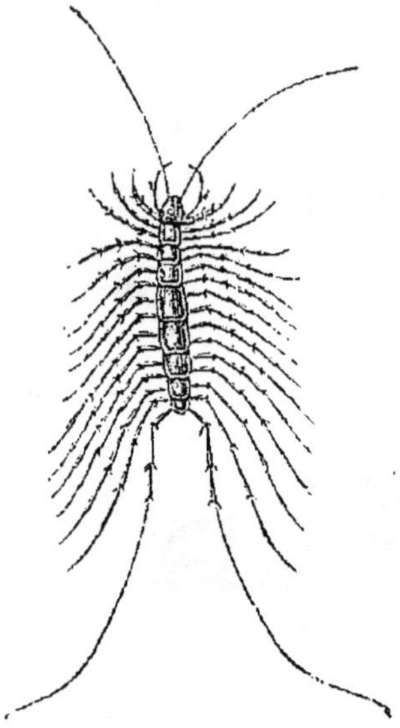

Les *Gloméris* qui ressemblent à des Cloportes et comme eux se roulent en boule ;

Les *Scolopendres* (fig. 265), qui sont les plus grands des animaux de cette classe ; certaines espèces exotiques atteignant jusqu'à vingt centimètres de long. La morsure de ces Myriapodes est dangereuse, surtout quand elle est faite par les espèces de grande dimension ;

Fig. 267. — La Scutigère.

Les *Géophiles*, très communs sous les pierres, la mousse humide ou l'écorce des arbres ; une espèce (fig. 266) offre la remarquable particularité d'être phosphorescente ;

Les *Scutigères* (fig. 267), aux longues pattes, que l'on voit courir le soir sur les murs des appartements humides des vieilles maisons.

III. — Classe des Arachnides

Caractères généraux et classification. — Les animaux de cette classe n'ont pas une tête nettement distincte du reste du corps ; elle est soudée au thorax pour former avec lui une seule pièce, laquelle a reçu le nom de *céphalothorax*.

Les *pattes*, portées par le céphalothorax, sont au

nombre de huit. Les antennes sont remplacées par de longues pinces (Scorpions) ou des sortes de griffes (Araignées). Il n'y a pas de vraies métamorphoses ; mais un certain nombre d'espèces, celles du groupe des Acariens, n'ont que trois paires de pattes à la naissance, la quatrième poussant plus tard.

Le *système nerveux* est souvent condensé en une petite masse, située dans le thorax ; de ce centre partent les filets nerveux destinés aux différentes parties du corps.

L'*appareil digestif* est surtout remarquable en ce que souvent l'estomac envoie un prolongement dans la base de chacune des pattes.

La *respiration* se fait au moyen de trachées ou de poches pulmonaires, parfois à l'aide de ces deux moyens à la fois.

Nous dirons quelques mots de chacun des principaux ordres de cette classe, à savoir, ceux des *Scorpions*, des *Araignées* et des *Acariens*.

PREMIER ORDRE. — LES SCORPIONS

Ces animaux sont les plus gros et les plus dangereux de la classe des Arachnides. Leur forme est caractéristique. Ils ont un céphalothorax bien distinct de l'abdomen, mais qui n'en est pas séparé par un étranglement comme chez les Araignées. A la partie antérieure du corps se voit une paire de fortes pinces analogues à celles des Écrevisses. Les anneaux de l'abdomen sont très différents entre eux ; les antérieurs sont aussi larges que le thorax, tandis que les postérieurs sont très étroits. En outre, le dernier porte un crochet creusé d'un canal, lequel communique avec une vésicule à venin située à sa base ; c'est au moyen de cet appareil que l'animal fait des blessures plus ou moins dangereuses.

On connaît un assez grand nombre de Scorpions ; mais deux espèces seulement appartiennent à la France et ne se trouvent que dans les départements du Midi. L'une est le *Scorpion flavicaude*, qui habite sous les pierres ; il pénètre parfois dans les maisons et jusque dans les lits ; sa piqûre n'est pas plus dangereuse que celle de l'Abeille. Il est brun noirâtre avec les pattes et l'extrémité de l'abdomen de couleur fauve. L'autre est le *Scorpion occitanien*, de couleur jaunâtre, plus grand et plus dangereux que le précédent ; il n'est pas rare dans les environs de Cette, où on le trouve caché sous les pierres.

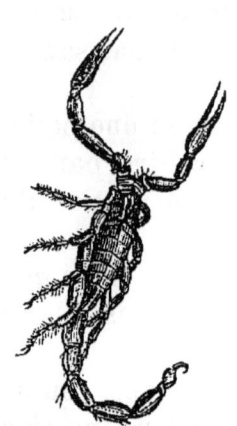

Fig. 268. — Un Scorpion.

DEUXIÈME ORDRE. — LES ARAIGNÉES

Leur corps se compose de deux parties bien distinctes, le céphalothorax et l'abdomen, séparés l'un de l'autre par un étranglement très prononcé. La bouche est armée d'une paire de mandibules, terminées par des crochets creusés d'un canal en communication avec une glande à venin. L'abdomen, qui est mou et volumineux, offre des orifices respiratoires au nombre d'une ou deux paires, conduisant à des poches pulmonaires ; quelques espèces ont aussi des trachées tubuleuses.

Dans l'abdomen est renfermé l'organe sécréteur de la soie, avec laquelle ces animaux tissent leur toile. En effet, au dernier anneau de l'abdomen on voit quatre ou six petits mamelons que l'on appelle *filières;* ces mamelons sont percés d'un grand nombre de petits trous, par lesquels passe la soie, à l'état d'une substance visqueuse, qui, au contact de l'air, se durcit et devient le fil au moyen duquel l'Araignée fait sa trame. On a pu se servir de cette soie comme de celle de la chenille du Bombyx, pour fabriquer des étoffes.

Rien n'égale l'élégance et la variété des toiles des Araignées : on en voit de disposées en nappes, en cercles, en hamacs, en tubes, etc. Quelques espèces, les *Mygales*, se creusent dans le sol une retraite, qu'elles tapissent de soie et recouvrent habilement d'une trappe

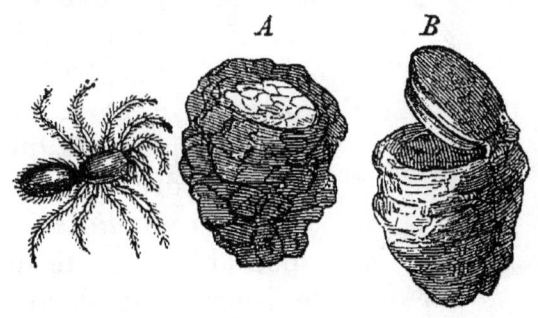

Fig. 269. — Une Mygale avec son nid fermé (A) et ouvert (B).

ou couvercle mobile, qui se confond si bien avec le sol voisin, que l'œil le plus exercé ne saurait reconnaître sa présence.

Une espèce, l'*Argyronète*, sait même construire au fond de l'eau une cloche de soie, dans laquelle elle transporte elle-même de l'air pour les besoins de sa respiration, sans que cependant le liquide qui l'entoure puisse y pénétrer.

Les Araignées sont, pour la plupart, des animaux utiles, car elles détruisent des quantités de mouches malfaisantes; aussi, tandis que les lois du bon ton, nous font détruire les toiles qu'elles tendent dans nos maisons, nos fermiers ont-ils bien soin de les respecter dans les étables. La plupart des Araignées sont inoffensives pour l'homme ; quelques rares espèces, surtout des pays chauds, font des piqûres dangereuses, qui parfois même peuvent donner la mort.

TROISIÈME ORDRE. — LES ACARIENS

Les animaux de ce groupe n'ont comme organes de la respiration que des trachées ; leur corps n'est pas nettement partagé en céphalothorax et abdomen ; ils n'ont, en naissant, que trois paires de pattes, et c'est seulement plus tard qu'apparaît la quatrième.

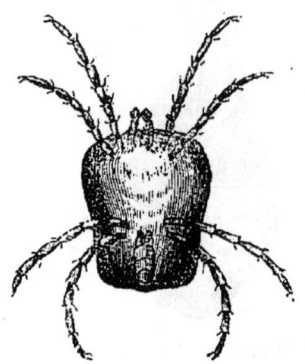

Fig. 270. — Un Trombidion, grossi huit fois.

A cet ordre appartiennent :

Les *Trombidions*, dont une espèce, bien connue sous le nom de *Rouget*, cause de vives démangeaisons aux personnes qui pendant l'automne vont se promener dans certains prés ou vergers, où ce petit Acarien est parfois d'une extrême abondance;

Les *Ixodes*, dont certaines espèces vivent en parasites sur le Chien, à la peau duquel ils adhèrent fortement, sous forme d'une vésicule de la grosseur d'un pois ;

Les *Sarcoptes*, dont une espèce vit sur l'homme et y détermine la maladie de la *gale ;*

Le *Démodex des follicules sébacés* (fig. 271), Acarien parasite, qui habite également le corps de l'homme, et se tient dans les petites glandes ou follicules qui sécrètent la matière grasse dont la peau est enduite, et qui existent en si grand nombre, surtout dans la région du nez. Ce parasite se trouve chez un très grand nombre de personnes, qui d'ailleurs ne s'en doutent pas.

Enfin, signalons les *Tardigrades* (fig. 272), animaux singuliers, qui vivent au milieu de la poussière des toits. On peut les faire dessécher et les conserver pendant

Fig. 271. — Le Démodex des follicules sébacés très grossi.

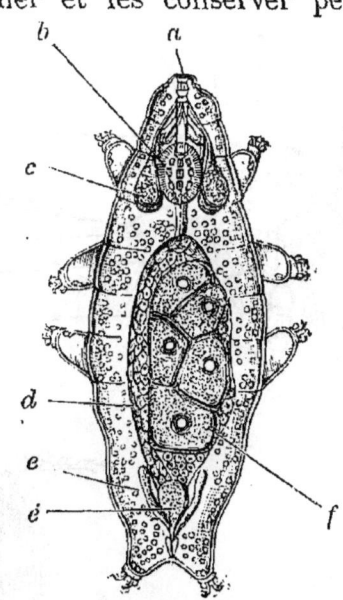

Fig. 272. — Un Tardigrade (*Macrobiotus*); *a*, bouche; *b*, appareil masticateur; *c*, glandes salivaires; *d*, *e*, *é*, appareil reproducteur; *f*, œufs.

fort longtemps comme une poussière inerte; mais une goutte d'eau leur rend la vie : d'où leur nom d'*animaux réviviscents* ou *ressuscitants*. On sait aujourd'hui que ce n'est pas l'animal lui-même qui renaît, mais que ce sont les œufs qu'il renfermait en lui, qui éclosent quand les circonstances sont devenues favorables.

IV. — Classe des Crustacés.

Caractères généraux et classification. — Les *Crustacés* sont des Arthropodes pour la plupart aquatiques, surtout marins, et par conséquent pourvus de branchies ; celles-ci sont portées par des pattes dont la structure a été modifiée dans ce but.

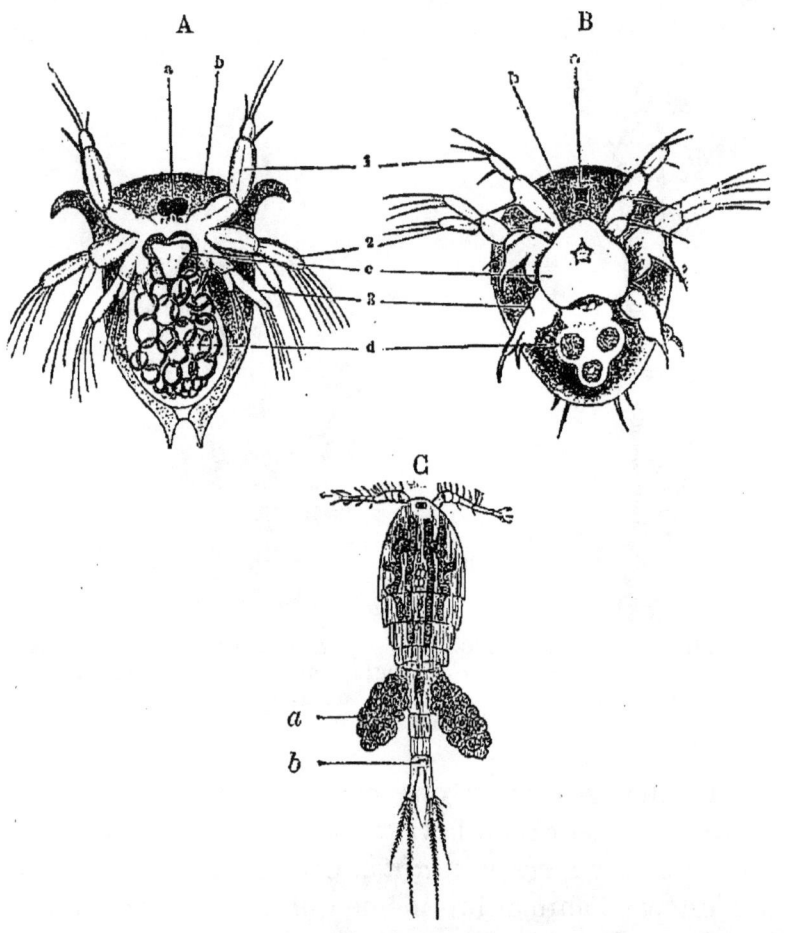

Fig. 273. — Métamorphoses du Cyclope, petit Crustacé qui vit dans nos eaux douces (très grossi). A, Cyclope au sortir de l'œuf (Nauplius); B, état plus avancé; *a*, œil; 1, 2, 3, membres servant à la locomotion du Nauplius et qui deviendront plus tard les antennes et les mâchoires; C, Cyclope femelle, adulte, vu de dos; *a*, ses œufs; *b*, dernier anneau fourchu de l'abdomen.

Les organes de la locomotion sont très nombreux et portés par le thorax et par l'abdomen. Les antennes sont au nombre de deux paires.

Un certain nombre d'entre eux subissent des demi-métamorphoses. Dans leur premier état, qui a reçu le nom de *Nauplius* (fig. 273, A, B,) ou de *Zoé* (fig. 274), ils sont tellement différents de ce qu'ils seront plus tard, qu'on les a rangés pendant longtemps, suivant leur âge, dans des groupes différents.

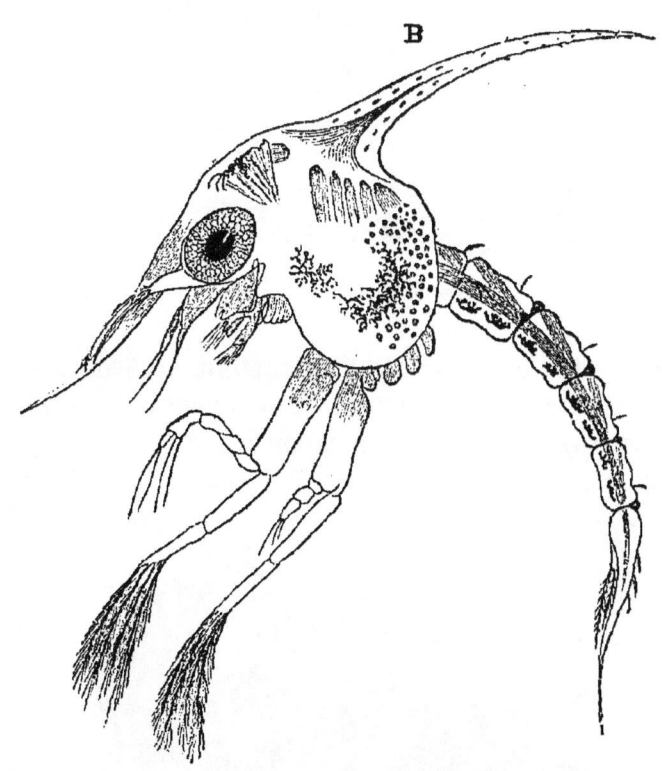

Fig. 274. — Larve de Crabe ou Zoé.

En effet, le Nauplius n'a pas le corps segmenté; il possède seulement trois paires de pattes et un œil unique; la Zoé a le corps segmenté, armé d'un ou plusieurs longs aiguillons, porte sept paires de membres et deux gros yeux composés, entre lesquels s'en trouve un autre plus petit et simple.

Tous n'ont pas de métamorphoses, mais ils sont tous

sujets, au moins pendant les premiers temps de leur existence, à des *mues* périodiques. Leur enveloppe dure et calcaire ne se prêtant plus au développement de leur

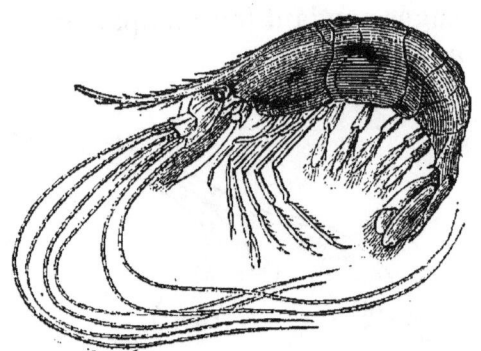

Fig. 275. — Un Crustacé décapode macroure; la Crevette comestible.

corps, ils l'abandonnent et en sortent tout d'une pièce. A la suite de cette opération, leur corps est mou et sans défense, mais bientôt il se recouvre d'une nouvelle carapace calcaire, sécrétée par la peau.

Fig. 276. — Un Crustacé décapode brachyure; la Dromie vulgaire.

Les organes de la bouche sont nombreux, car les pattes antérieures, au lieu de servir à la marche, sont modifiées de manière à constituer des pinces pour saisir les aliments, ou des mâchoires, pour les broyer ; c'est ainsi que l'on trouve jusqu'à cinq paires de mâchoires.

On divise la classe des Crustacés en plusieurs ordres : les uns renferment les espèces dont les yeux sont portés par une sorte de tige ou pédoncule *(yeux pédonculés)* ; chez les autres ces pédoncules manquent *(yeux sessiles)*.

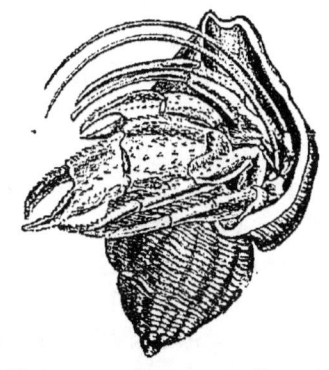

Fig. 277. — Pagure ou Bernard l'ermite, dans une coquille de Mollusque.

Parmi les premiers se trouve l'ordre des *Décapodes*, qui renferme les Crustacés dont l'homme use comme aliment, tels que les *Homards*, les *Langoustes*, les *Crevettes* (fig. 275), les *Écrevisses*, les *Crabes* (fig. 276). Tous ont cinq paires de pieds servant à la marche, d'où leur nom de *Décapodes*.

Mais parmi eux, les uns ont l'abdomen allongé, comme les Homards, les Écrevisses, les Pagures, et constituent le groupe des *Macroures*, c'est-à-dire des Décapodes à longue queue ; les autres ont le corps ramassé et l'abdomen court : tels sont les Crabes, qui

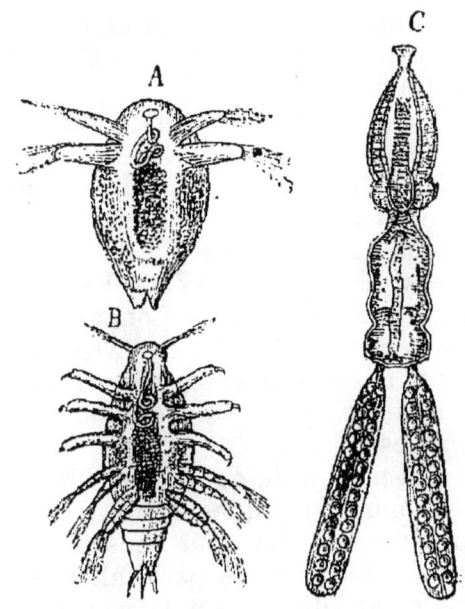

Fig. 278. — Métamorphoses d'un Crustacé parasite de la Carpe ; *A*, l'animal au sortir de l'œuf ; *B*, état plus avancé ; *C*, l'animal fixé et portant deux longs sacs remplis de ses œufs.

constituent le groupe des *Brachyures* ou Décapodes à queue courte.

Les autres ordres de la classe n'offrent pas d'utilité directe pour l'homme. Nous ne pouvons cependant passer sous silence les singuliers Crustacés déformés par le parasitisme. La plupart d'entre eux, dans leur jeune âge, sont libres d'aller et venir (fig. 278, A); ils nagent avec vivacité; mais quand ils ont rencontré l'animal qui leur convient, ils s'attachent à lui pour ne plus le quitter. Ils subissent alors des changements qui les rendent méconnaissables (C) : ils perdent tous les organes de relation, deviennent même aveugles, car, désormais fixés, ils n'ont plus besoin des organes qui leur servaient jadis à se déplacer et à chercher leur nourriture.

QUESTIONNAIRE. — Faites connaître l'organisation extérieure des Myriapodes. — Citez les principales espèces de cette classe.

Qu'appelle-t-on céphalothorax des Arachnides ? — Combien les Arachnides ont-elles de pattes ? — Qu'offre de particulier leur estomac ? — Que savez-vous de l'organisation extérieure des Scorpions ? — Citez les noms des Scorpions de notre pays. — En quoi consiste l'appareil vénéneux des Araignées ? — Parlez de l'appareil de la soie chez ces animaux. — Connaissez-vous quelques particularités sur la Mygale et l'Argyronète ? — Citez quelques-unes des espèces les plus remarquables de l'ordre des Acariens. — Que présentent de particulier les Tardigrades ?

Au moyen de quel appareil les Crustacés respirent-ils ? — Donnez quelques détails sur les métamorphoses de ces animaux. — En quoi consiste la mue des Crustacés ? — Que présentent de particulier leurs organes buccaux ? — Comment divise-t-on la classe des Crustacés ? — Donnez les noms des espèces les plus utiles. — Que savez-vous de l'influence du parasitisme sur certains Crustacés ?

CHAPITRE XIII

CINQUIÈME EMBRANCHEMENT

Vers

Caractères généraux des Vers. — Les Vers ont, pour la plupart, le corps *segmenté*, c'est-à-dire formé d'un

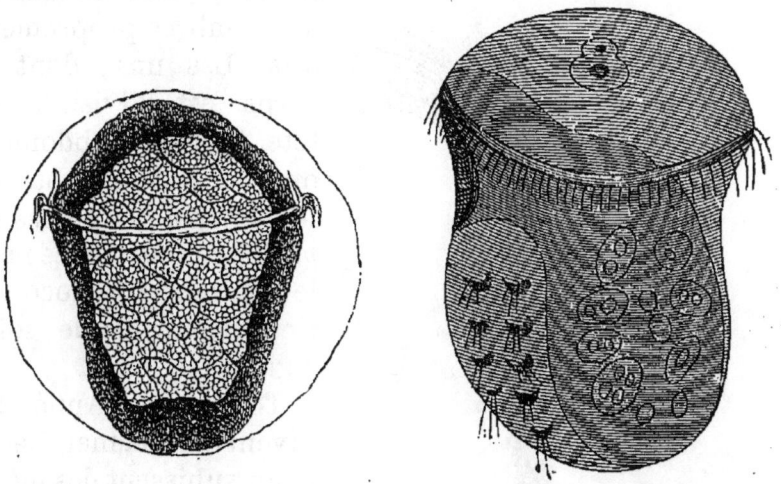

Fig. 279. — Larves de Vers marins (Annélides) à deux états différents de développement (très grossies).

certain nombre d'anneaux placés les uns à la suite des autres ; mais il sont dépourvus de membres articulés.

Parmi les espèces de ce groupe, il en est de fort dégradées au point de vue de l'organisation. Ainsi, le *système nerveux* peut être tout à fait rudimentaire ou même manquer complètement. Le *système digestif* et l'*appareil respiratoire* sont parfois aussi entièrement absents; mais dans beaucoup de cas, ces organes sont parfaitement développés.

Nous donnerons quelques détails sur les principales classes de Vers, à savoir : les *Annélides*, les *Brachiopodes*, les *Bryozoaires*, les *Rotateurs*, les *Helminthes*.

I. — Classe des Annélides

Caractères généraux et classification. — Les Vers qui appartiennent à cette classe ont le corps nettement annelé, mais dépourvu de membres proprement dits. Les uns, dont le corps est divisible en tête, thorax et abdomen, ont, de chaque côté de leur corps, des sortes de *pieds* de consistance molle, servant à la locomotion et garnis de soies rigides.

Toutes ces Annélides vivent dans la mer. Beaucoup subissent des métamorphoses et ont d'abord l'aspect d'une toupie entourée d'un cercle de cils vibratiles au moyen desquels elles nagent (fig. 279).

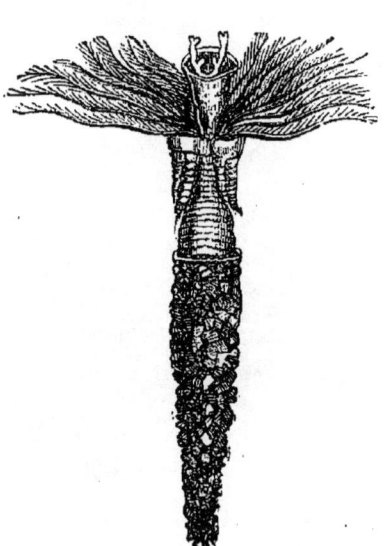

Fig. 280. — Une Serpule.

Parmi ces Vers il en est, comme les *Serpules* (fig. 280),

qui vivent dans des tubes calcaires sécrétés par leur peau ou formés de grains de sable agglutinés entre eux.

D'autres sont remarquables par les élégantes bran-

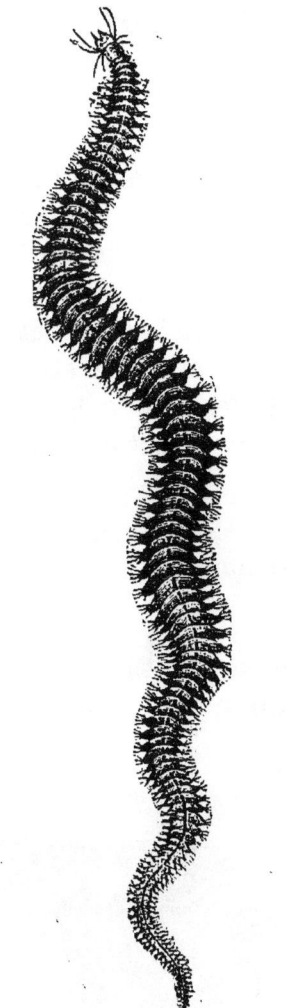

Fig. 281. — Une Néréide, Ver marin du groupe des Annélides.

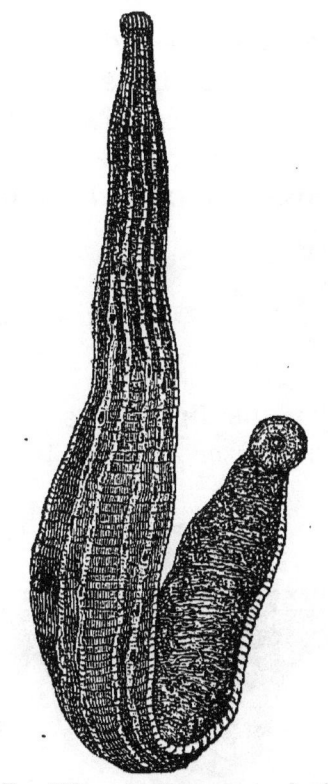

Fig. 282. — La Sangsue employée en médecine.

chies, en forme de houppes, qu'ils portent sur le dos : telles sont les *Arénicoles*, qui vivent enfoncées dans le sable des plages et dont les pêcheurs font souvent usage pour amorcer leurs lignes.

Un second groupe d'Annélides comprend des Vers dépourvus de pieds, mais portant de chaque côté du corps, enfoncées dans la peau, des séries de soies résistantes qui aident au déplacement de l'animal. Tous sont terrestres ou habitent les eaux douces. Le *Lombric* ou *Ver de terre* appartient à cette division.

Enfin, une troisième série d'Annélides renferme des Vers complètement dépourvus de pieds et de soies pour la locomotion. C'est celle des *Sangsues* (fig. 282). Elles possèdent deux ventouses, l'une située à l'extrémité de l'abdomen, au moyen de laquelle elles se fixent solidement aux objets, l'autre entourant la bouche, et qui leur sert à sucer le sang des animaux, après qu'elles ont fait une petite plaie à la peau, avec les trois mâchoires, disposées en triangle, dont cette bouche est armée.

II. — Classe des Brachiopodes

Nous ne dirons que peu de chose des animaux de cette classe. Comme les Mollusques lamellibranches,

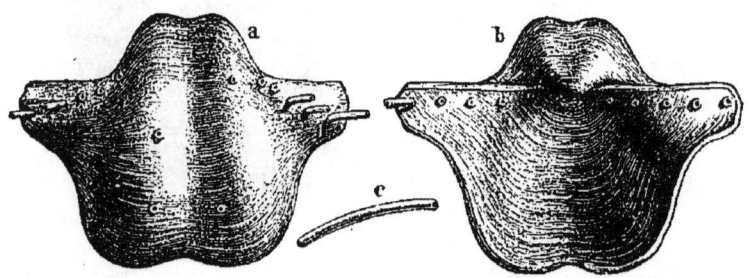

Fig. 283. — Un Brachiopode (Pentamère), vu en-dessus et en-dessous ; sa coquille est hérissée d'épines (c).

ils sont pourvus d'une *coquille à deux valves* ; mais ces valves au lieu de répondre aux côtés de l'animal, comme chez les premiers, correspondent l'une à son dos, l'autre à son ventre. L'une des valves porte en outre, en dedans, un singulier appareil, de nature calcaire, de forme variable, souvent élégamment enroulé en spirale, et garni de nombreux tentacules.

Ces animaux étaient beaucoup plus abondants autrefois, comme le prouve le grand nombre de fossiles que l'on en connaît. Tous habitent les eaux de la mer.

III. — Classe des Bryozoaires

Les *Bryozoaires* sont de charmants animaux, la plupart microscopiques, ayant souvent l'aspect de végétaux en miniature. Ordinairement ils sont renfermés dans une petite loge calcaire ou cornée, d'où l'on voit sortir un cercle entier ou un demi-cercle de fins tentacules bordés de cils, tous animés de mouvements rapides. Souvent, ils peuvent rentrer complètement dans leur loge, qu'ils ferment au moyen d'un petit opercule. La plupart des Bryozoaires sont marins; quelques-uns habitent les eaux douces.

Les espèces en sont très nombreuses et peuvent surtout se déterminer d'après la forme des loges, qui serrées le plus souvent les unes contre les autres, recouvrent d'une mince croûte les objets immergés, algues, rochers, etc.

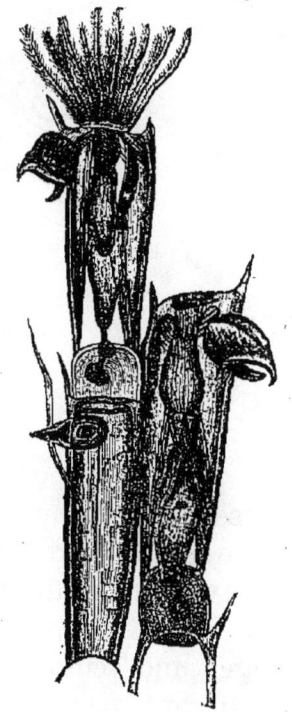

Fig. 284. — Bugule aviculaire (Bryozoaire marin), avec ses organes de préhension en forme de bec d'oiseau.

Les fonctions organiques semblent, dans ces petites colonies, être partagées entre des individus différents. Ainsi, tandis que certains d'entre eux sont chargés de la multiplication de l'espèce, d'autres ont pour mission de nourrir la colonie. C'est ainsi que la figure 284 montre de singuliers organes ou individus en forme de bec d'oiseau et très mobiles, dont l'unique rôle est de saisir les aliments que d'autres individus vont être chargés de digérer.

La figure 285 offre une élégante espèce, la *Plumatelle,* qui habite nos eaux douces, où elle vit fixée sur des corps immergés. C'est aussi dans les mêmes lieux

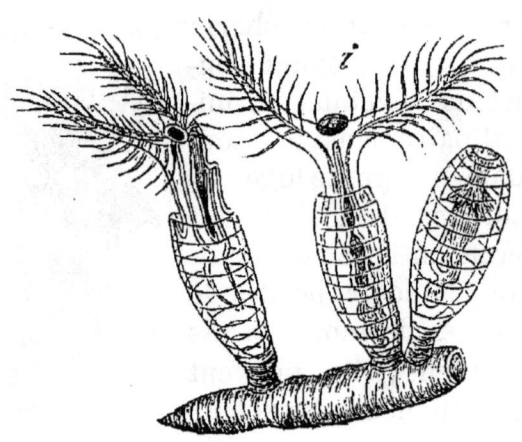

Fig. 285. — Plumatelle (Bryozoaire d'eau douce).

que se rencontre une autre espèce, la *Cristatelle,* qui, bien que formée de la réunion d'un assez grand nombre d'individus, est libre de se déplacer. Et, dès lors, se pose le difficile problème de savoir comment peut se diriger une semblable colonie, comment les individus constituants peuvent arriver à suivre de concert une direction déterminée.

C'est ainsi que l'étude d'infimes organismes provoque souvent des questions d'un haut intérêt philosophique.

IV. — Classe des Rotateurs

Ce sont encore des Vers de dimensions microscopiques, d'un millimètre au plus, et qui vivent dans l'eau. L'extrémité antérieure de leur corps porte un singulier appareil en forme d'entonnoir et bordé de cils, lesquels sont animés d'un mouvement si rapide que l'on croirait voir l'organe lui-même tourner avec vitesse. Cet appareil sert à la locomotion de l'animal et à diriger les aliments vers sa bouche. Le corps est dépourvu de membres, mais se termine souvent en arrière par une sorte de pince, qui permet à l'animal de se fixer.

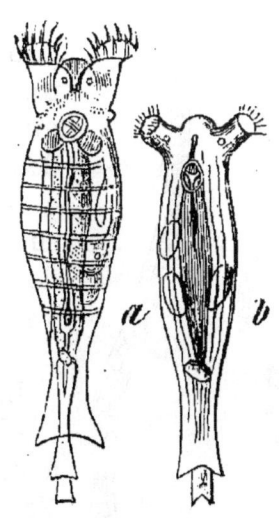

Fig. 286. — Rotateurs.

Ces petits organismes rentrent dans la catégorie des animaux dits à tort *réviviscents*, dont il a été question à propos des Arachnides tardigrades.

V. — Classe des Helminthes.

Caractères généraux et classification. — On réunit sous le nom d'*Helminthes* un groupe nombreux de Vers qui vivent en parasites dans l'intestin ou les autres organes de l'homme et des animaux ; un certain nombre d'espèces toutefois se voient à l'état de liberté. Nous dirons seulement quelques mots des premiers, laissant de côté les autres, qui n'offrent pas un aussi grand intérêt.

Les Helminthes parasites sont variables dans leur forme ;

Les uns sont allongés et arrondis comme des Vers de terre et portent le nom de *Nématoïdes*, mot qui signifie en forme de fil (fig. 287) ;

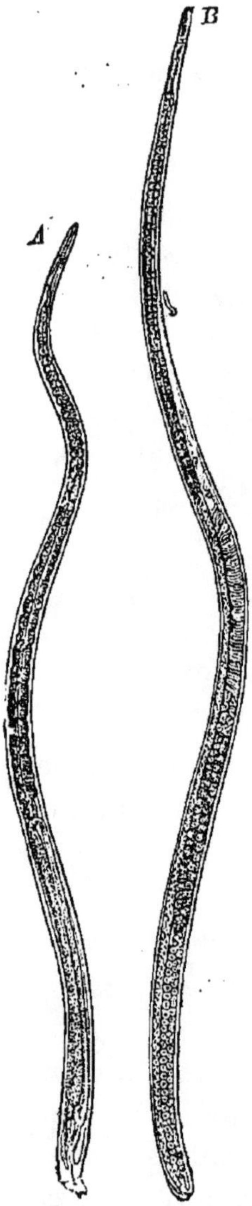

D'autres sont ovalaires, aplatis et pourvus de deux ou plusieurs ventouses, d'où leur nom de *Trématodes*, qui veut dire pourvus de trous (fig. 289) ;

D'autres, enfin, ont la forme d'un ruban allongé et s'appellent, en raison de cet aspect, *Cestoïdes*, c'est-à-dire Vers en rubans (fig. 292) ;

Dans les Nématoïdes on trouve :

L'*Ascaride lombricoïde*, ainsi appelé à cause de sa ressemblance avec le Ver de terre ou Lombric ; il n'est pas rare dans l'estomac ou le commencement de l'intestin des enfants ;

L'*Oxyure vermiculaire*, petit Ver blanc, qui existe souvent en abondance dans la partie inférieure de l'intestin des enfants, auxquels il cause des démangeaisons fort désagréables ;

La *Filaire de Médine*, qui atteint plus d'un mètre de long, et qui est très redoutée dans les régions tropicales de l'Afrique ; c'est par l'eau des boissons que l'homme la prend ;

La *Trichine* (fig. 287, 288), qui ne dépasse pas trois millimètres de long, mais qui n'en cause pas moins de très graves désordres

Fig. 287. — La Trichine mâle (A), et femelle (B).

C'est par l'intermédiaire de la chair de Porcs malsains qu'elle envahit l'organisme de l'Homme, dans les muscles duquel elle pénètre en causant souvent de violentes douleurs.

Parmi les Trématodes se rencontrent les *Douves* (fig. 289); qui habitent surtout le foie des moutons; rien n'est plus curieux que l'histoire de leur développement, qui s'accompagne de métamorphoses et nécessite leur passage du corps d'un animal dans celui d'un autre.

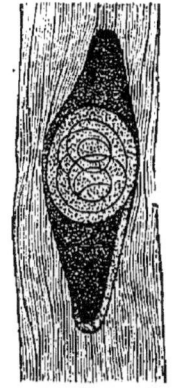

Fig. 288. — Une Trichine enkystée dans de la chair de Porc.

Aux Cestoïdes appartient le *Tænia*. Beaucoup de Mammifères nourrissent des espèces de ce genre; plusieurs habitent l'intestin de l'Homme. Il ne sera pas inutile de dire quelques mots de celui que l'on appelle vulgairement du nom de *Ver solitaire*. Cet Helminthe a la forme d'un ruban aplati, qui dépasse assez souvent 5 à 6 mètres de lon-

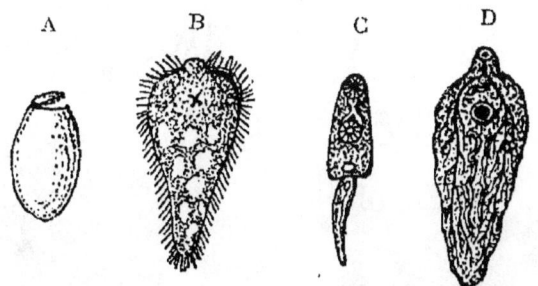

Fig. 289. — Un Trématode. — La Douve du foie et ses métamorphoses; A, un de ses œufs; B, larve qui en sort, et qui donne naissance au Cercaire (C), lequel produit la forme définitive, c'est-à-dire la Douve (D).

gueur (fig. 292). Sa tête est de la grosseur d'une tête d'épingle; malgré sa petitesse elle porte quatre ventouses et est armée d'une couronne de crochets (fig. 291, *c*), au moyen desquels l'animal se fixe sur la muqueuse de l'intestin; un long corps, d'abord très étroit,

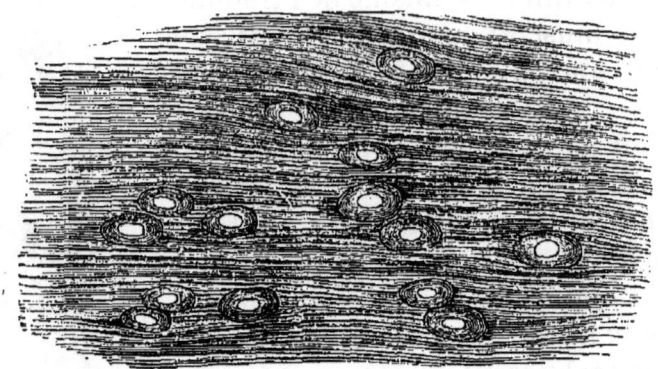

Fig. 290. — Cysticerques du Tænia dans la chair du Porc.

lui fait suite, mais peu à peu il va en s'élargissant, de

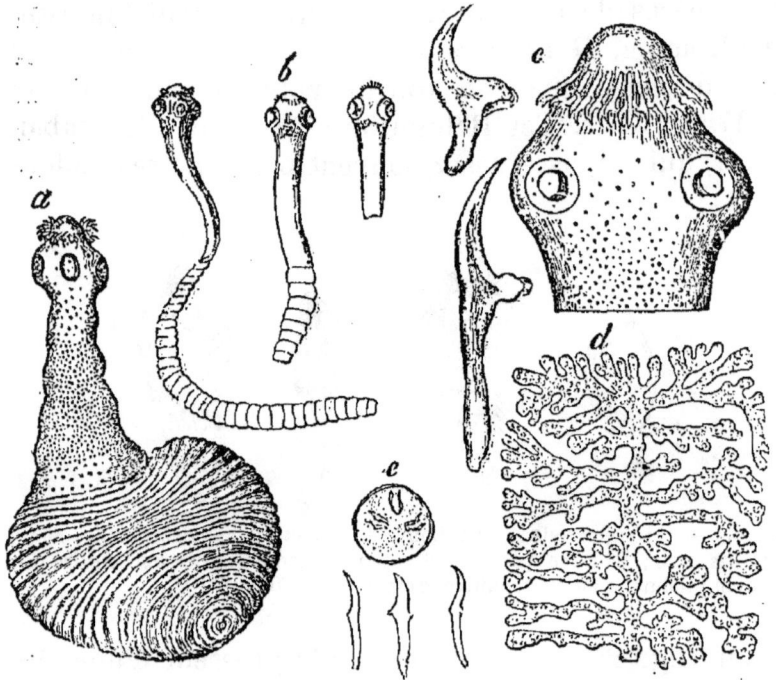

Fig. 291. — Développement et organisation du Tænia de l'Homme.

sorte que l'animal arrive à avoir une largeur d'un centimètre environ ; enfin, à mesure que l'on se rapproche de l'extrémité inférieure, le ruban se rétrécit légèrement. Le Tænia est formé de segments ou anneaux aplatis, articulés les uns à la suite des autres, et ayant à peu près une largeur égale à leur longueur ; les derniers sont un peu plus longs, ovalaires et ressemblent assez bien à des graines de citrouille. Ceux-ci se détachent d'eux-mêmes du corps de l'animal ; on dit alors qu'ils sont mûrs. Ils renferment tous des œufs en quantité, comme le montre la figure 291, *d*, qui représente l'appareil contenant les œufs d'un segment, lesquels produiront des embryons, armés de six petits crochets (*e*), d'où résulteront autant de Tænias. Mais ce qu'il y a de remarquable, c'est que ces embryons ne peuvent pas se développer sur place ; ils ne peuvent éclore que dans l'intestin d'une espèce différente de celle qui porte le Ver en ruban. C'est le Porc, qui présente pour le Tœnia de l'Homme, le terrain favorable à cette éclosion. Cet animal,

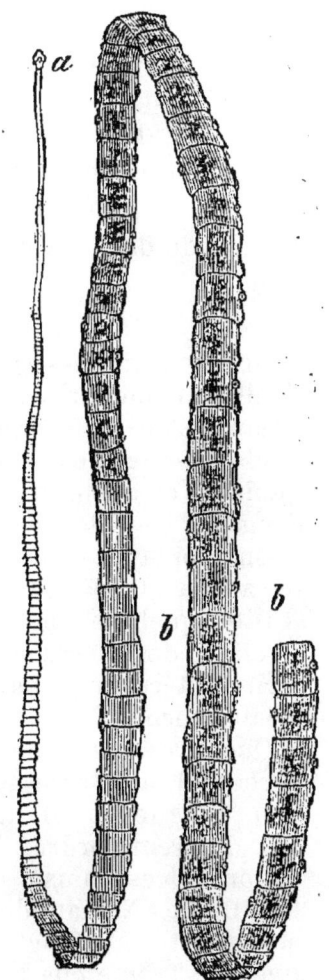

Fig. 292. — Le Tænia à son complet développement.

en fouillant les fumiers et les ordures, avale quelques-uns de ces œufs rejetés par l'Homme. Ceux-ci ne sont pas détruits dans l'estomac du Porc par les sucs digestifs, mais donnent naissance chacun à un petit Ver, qui traverse les parois de l'intestin et s'avance jusque dans les muscles ; c'est ce qui constitue la *ladrerie* du Porc. A ce moment, les petits Vers ont la forme de vésicules et s'appellent *Cysticerques* (fig. 290 et 291, *a*). Il suffit dès lors que l'Homme mange de cette chair de Porc mal cuite, pour que les Cysticerques introduits dans son tube digestif s'y transforment en Tænias (fig. 291, *b*). Or, il arrive trop souvent que l'on s'expose à favoriser le développement de ces hôtes incommodes par l'usage que l'on fait dans certains pays, surtout en Allemagne, de viande de Porc non cuite, mais seulement fumée ou salée.

QUESTIONNAIRE. — Quelles sont les principales classes de l'embranchement des Vers ? — Au moyen de quels organes s'opère la marche chez les Annélides ? — Citez quelques-unes des espèces les plus remarquables. — En quoi le Ver de terre diffère-t-il de l'Arénicole et de la Sangsue ? — Dites quelques mots sur la Sangsue.
En quoi la classe des Brachiopodes diffère-t-elle de toutes les autres classes des Vers ?
Dites quelques mots sur l'organisation des animaux de la classe des Bryozoaires. — Savez-vous quelque particularité intéressante sur les Bryozoaires, notamment ceux d'eau douce ?
Que présentent de particulièrement remarquable les espèces de la classe des Rotateurs ?
Qu'appelle-t-on Helminthes ? — Quels noms donne-t-on aux différents ordres d'Helminthes et quelle est la signification de ces noms ? — Connaissez-vous des espèces de la famille des Nématoïdes ? — Que savez-vous de la Filaire de Médine et de la Trichine ? — Pouvez-vous citer le nom de quelque Trématode ? — Donnez quelques détails sur l'organisation du Tænia. — Indiquez les phases par lesquelles passe le Tænia avant d'atteindre son complet développement.

CHAPITRE XIV

SIXIÈME EMBRANCHEMENT

Échinodermes (1)

Subdivision des Zoophytes ou Rayonnés en trois embranchements. — Sous le nom de *Zoophytes* (2) ou de *Rayonnés* on comprenait, jusqu'à ces dernières années, d'après la classification de Cuvier, une foule d'êtres bien différents les uns des autres, mais auxquels il paraissait difficile d'assigner une place plus naturelle.

Le caractère le plus saillant présenté par l'immense majorité des animaux naguère rangés dans cette division, c'est que leurs organes sont *symétriques* par rapport à un *axe vertical*, qui passerait par le centre du corps, et autour duquel ces organes sont disposés et se répètent régulièrement comme les branches d'une étoile ; tandis que chez les animaux des embranchements précédents les parties symétriques sont seulement au nombre de deux et placées à droite et à gauche

---

(1) Ce terme signifie « qui a la peau hérissée de piquants ».
(2) Zoophytes signifie « Animaux-plantes », la vie de ces êtres étant souvent presque réduite aux fonctions végétatives. On les désigne encore sous le nom de « Phytozoaires », qui a la même signification.

d'un plan médian. Cette disposition toute particulière présentée par les êtres que nous étudions explique le nom d'*animaux rayonnés* sous lequel on les désignait. Si, par exemple, on considère leur système nerveux, en prenant comme type l'*Étoile de mer*, où cette disposition est bien nette, on voit que la bouche est entourée d'un anneau nerveux, duquel partent, à des distances égales, cinq rameaux, dont chacun suit un des bras de l'animal. Il en serait de même si nous voulions passer en revue la plupart des appareils organiques.

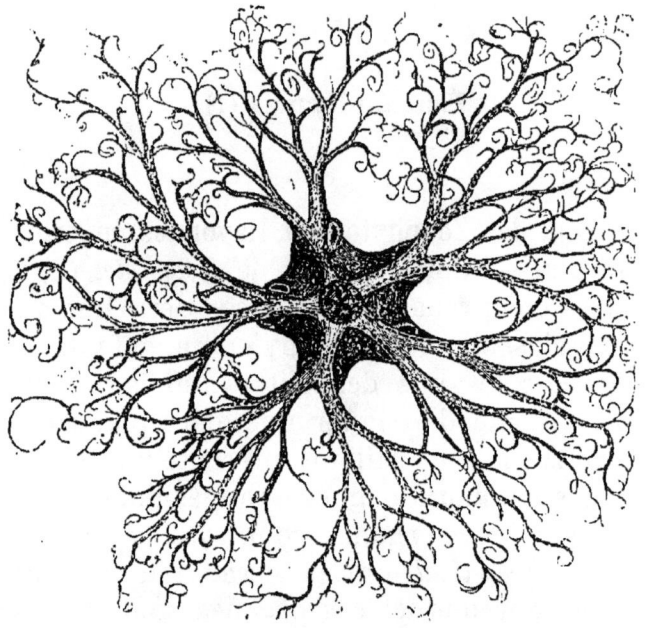

Fig. 293. — Exemple d'animal rayonné; l'Euryale tête de Méduse.

Mais une connaissance plus approfondie de l'organisation de ces animaux a nécessité d'importants changements dans leur classification; de sorte que le groupe des Zoophytes ou Rayonnés de Cuvier se trouve maintenant divisé en trois embranchements distincts, à savoir : les *Échinodermes*, les *Polypes* ou *Cœlentérés* et les *Protozoaires*.

LES ÉCHINODERMES

Caractères généraux et classification des Échinodermes. — Les Échinodermes sont remarquables par la carapace ou test calcaire qui recouvre le corps de la plupart d'entre eux.

Ce test est composé de petites pièces fort régulières, serrées les unes contre les autres, à la manière des pierres d'une mosaïque. Dans un groupe, celui des *Oursins*, ce test est en outre garni de piquants articulés, qui, dans quelques espèces, atteignent plusieurs centimètres de long.

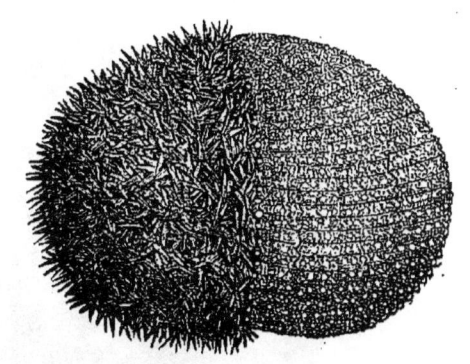

Fig. 294. — Un Oursin, dont la moitié de la carapace a été privée de ses piquants.

Entre certaines pièces de cette carapace sont ménagées d'étroites ouvertures, par lesquelles sortent de fins prolongements de la peau, destinés les uns à la respiration, les autres à la progression de l'animal.

On peut citer comme principaux représentants de l'embranchement des Échinodermes :

Les *Oursins* (fig. 294), souvent appelés *Châtaignes de mer*, et que l'on mange dans beaucoup d'endroits ;

Les *Étoiles de mer*, qui bien qu'ayant une forme extérieure très différente de celle des précédents, ont avec eux la plus grande analogie de structure ;

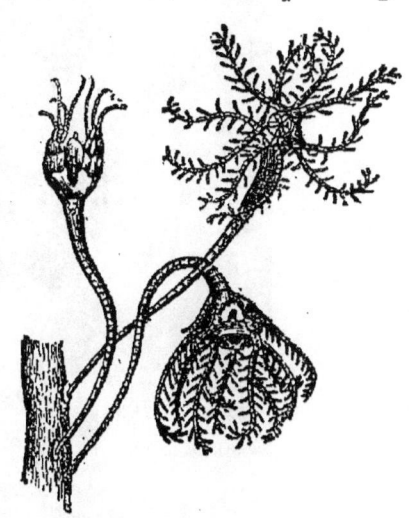

Fig. 295. — Comatule fixée pendant son jeune âge (grossie plusieurs fois).

Les *Euryales* (fig. 293), que l'on peut comparer à une Étoile de mer dont les bras seraient divisés et subdivisés un grand nombre de fois;

Fig. 296. — Comatule libre à l'âge adulte.

Les *Encrines*, d'une structure fort élégante, semblables à une fleur dont les pétales seraient formés d'un grand nombre de petites pièces articulées entre elles, et portée elle-même sur une longue tige à articulations multiples. Ces espèces, autrefois abondantes, sont devenues assez rares à notre époque; elles étaient fixées sur les rochers de la mer, comme le sont dans leur jeune âge (fig. 295) nos élégantes *Comatules*, animaux qui en sont voisins. Mais, après avoir passé quelques temps dans cet état, la Comatule se détache de son support pour être libre désormais (fig. 296).

SEPTIÈME EMBRANCHEMENT

Cœlentérés (1)

Caractères généraux et classification. — Ces Zoophytes, connus aussi sous le nom de *Polypes*, ont un tube digestif en forme de sac, par conséquent pourvu d'un seul orifice, lequel sert tout à la fois à l'entrée des aliments et à la sortie du résidu de la digestion. La disposition de leur corps est manifestement rayonnée.

C'est dans ce groupe que l'on trouve l'*Hydre d'eau douce* (fig. 297), petit animal très commun dans les mares, ayant la forme d'un sac étroit et pourvu d'un orifice buccal entouré de bras délicats ou tentacules. Elle atteint à peine un centimètre de long, et son organisation est si simple que l'on peut retourner le corps comme un doigt de gant, sans que l'animal paraisse

---

(1) Le terme de Cœlentérés exprime l'idée que ces animaux ont les parois de leur tube digestif confondues avec l'enveloppe même du corps, de façon à former une cavité unique; tandis que dans tous les autres animaux l'intestin est simplement suspendu et libre dans la cavité du corps.

en souffrir : ce qui était l'intestin devient la peau ; ce

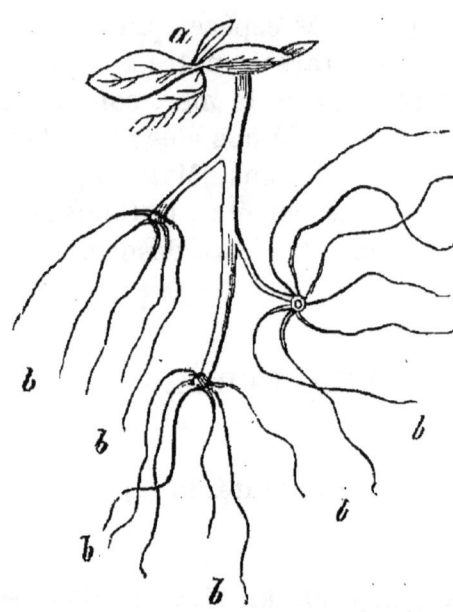

Fig. 297. — Hydre d'eau douce, fixée à une petite plante aquatique (*a*). Elle forme ici une petite colonie de trois individus, dont chacun est pourvu de longs bras (*b, b, b*).

qui était la peau devient l'intestin, et l'animal peut ainsi digérer parfaitement les aliments qui arrivent à sa portée. Bien plus, qu'on coupe une Hydre en deux, trois, quatre ou un plus grand nombre de morceaux, en long ou en large, chacun de ceux-ci ne tarde pas à devenir un animal complet, avec son orifice buccal pourvu d'une petite couronne de tentacules.

Fig. 298. — Une branche de Corail avec ses polypes épanouis.

Tous les animaux du même embranchement que l'Hydre ont comme elle un intestin à un seul orifice, avec des tentacules ou bras au pourtour de celui-ci. Parmi eux, les uns sécrètent une matière calcaire, qui tantôt entoure leur corps pour le protéger, et tantôt au contraire est située dans leur intérieur pour le soutenir : c'est le *polypier*. D'autres espèces ne produisent pas de polypier, et leur corps est entièrement mou.

Parmi les premiers, nous citerons le *Corail*, qui est composé, par conséquent, de deux parties : l'une, la matière vivante, est molle, comme gélatineuse et recouvre une masse très dure, ordinairement d'un beau rouge, employée dans la bijouterie. La partie vivante offre des petites loges, dans chacune desquelles se trouve un *polype*, qui à certains moments, s'épanouit comme une petite fleur élégante formée de cinq pétales blancs; aussi a-t-on pris pendant longtemps ces êtres charmants pour des plantes et les désignait-on sous le nom de *Fleurs de la mer*.

Il existe dans ce groupe un grand nombre d'espèces, et les formes en sont très variées. Elles ont été de tout temps si abondantes, que leurs polypiers, accumulés dans les Océans pendant des siècles, constituent d'énormes récifs, fort dangereux pour les vaisseaux, et arrivent même à former des îles étendues. On désigne souvent sous le nom de *Madrépores* ou de *Coralliaires* toutes ces productions solides des Zoophytes (fig. 299).

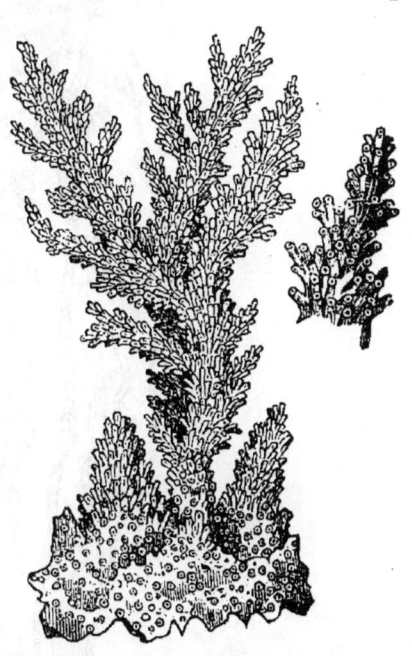

Fig. 299. — Un exemple de Madrépore (Dendrophyllie), avec un fragment plus grossi, à droite.

Parmi ceux qui n'ont pas de polypier, nommons les *Actinies* ou *Anémones de mer*, qui ont un si élégant aspect lorsqu'elles sont épanouies et que leurs bras nombreux, aux couleurs variées, s'étalent au dehors.

Il existe un groupe important de Polypes, qui diffèrent des précédents en ce qu'ils sont libres et nagent dans la mer, tandis que ceux que nous venons de voir sont sédentaires ; en outre, ils ne forment jamais de polypiers. Ce sont les *Acalèphes*, mot qui signifie *ortie*, parce que beaucoup de ces animaux, quand ils viennent à toucher la peau d'un baigneur, y produisent souvent des démangeaisons analogues à celles que cause la plante de ce nom. Rien n'égale l'élégance de ces animaux, quand on les voit nager dans l'eau limpide de la pleine mer. Plusieurs sont représentés à la partie supérieure de la figure 301.

A ce groupe appartiennent encore les *Méduses* (fig. 302), qui atteignent jusqu'à 30 et 40 centimètres de diamètre, et dont la forme est ordinairement celle d'une cloche ou d'un dôme, de la concavité duquel pendent des bras plus ou moins nombreux, sou-

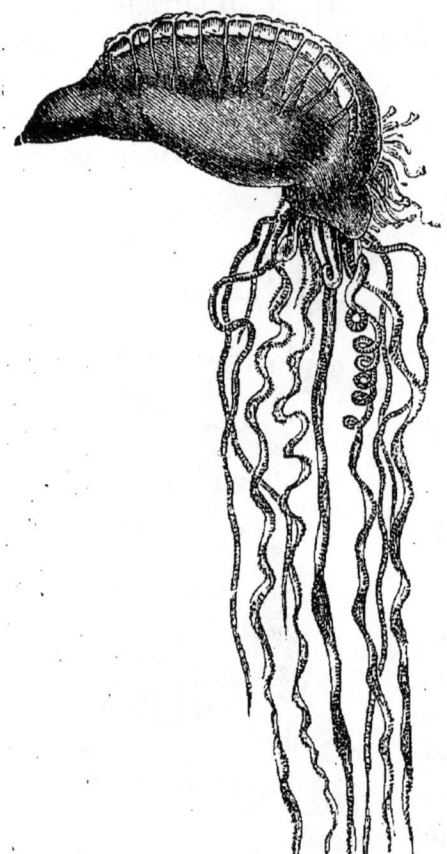

Fig. 300. — Un Acalèphe ; la Physalie utricule.

Fig. 301. — Différents Zoophytes. En commençant par le haut et en allant de gauche à droite on trouve les genres suivants : 1re rangée : Géryonie, Physophore, Océanie, Praya, Eucope ; 2e rangée : Béroë, Lucernaire ; 3e rangée : Géryonie (produite par celle de la 1re rangée), Tubulaire, Corail ; 4e rangée : Actinie, Éponge, Cérianthe, Campanulaire.

vent surchargés d'organes en forme de cordons contournés, qui semblent autant d'ornements. Ces êtres ont une demi-transparence qui ajoute encore à leur élégance. Mais, qu'un de ces charmants animaux vienne à être rejeté sur la plage, on ne voit plus qu'un amas informe

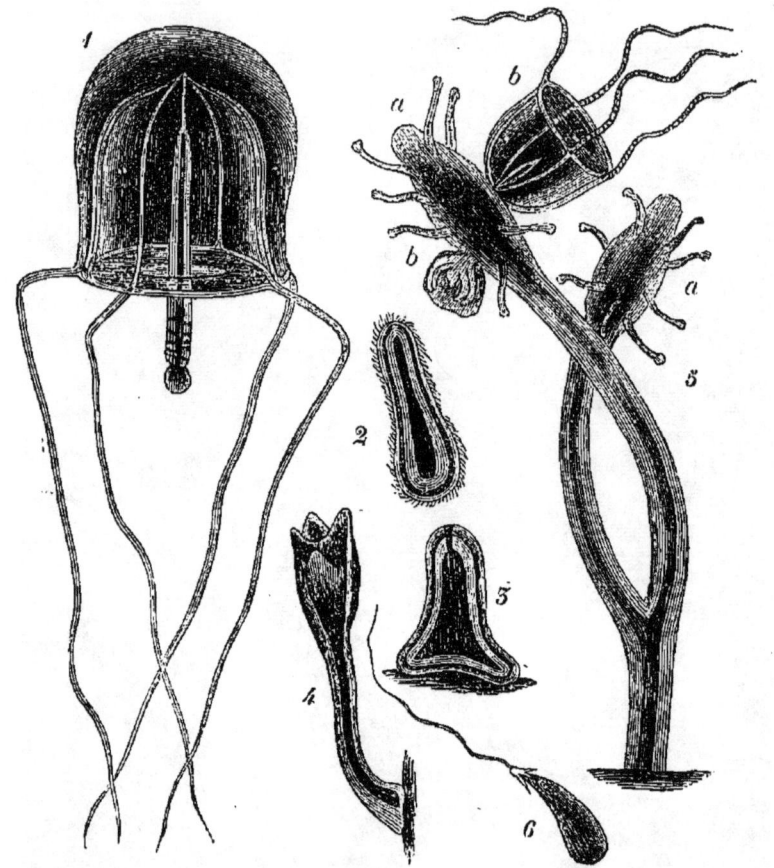

Fig. 302. — Métamorphoses d'une Méduse. (Pour l'explication, voir le texte).

et répugnant ; c'est que tout leur corps n'est qu'une masse gélatineuse, laquelle a besoin d'être soutenue de tous côtés pour conserver sa forme.

Ces animaux offrent des métamorphoses des plus singulières, dont on peut prendre une idée à l'aide de la figure 302 et de la description suivante. La Méduse arrivée à son complet développement (1) donne des œufs, d'ou sortent des larves ciliées, semblables à celle qui a été figurée (2). Ces larves se fixent bientôt sur des corps sous-marins et grandissent (3, 4), puis deviennent, en bourgeonnant, autant de petites colonies (5). Chaque colonie porte des individus différents ; les uns (a, a) sont chargés de pourvoir à la nutrition, les autres (b, b) ont pour fonction la reproduction de l'espèce. En effet, ces derniers se détachent de la colonie et deviennent libres, en présentant la forme de la Méduse qui a servi de point de départ. La Méduse est abondamment pourvue de harpons microscopiques ou organes urticants (6), qui servent à sa défense.

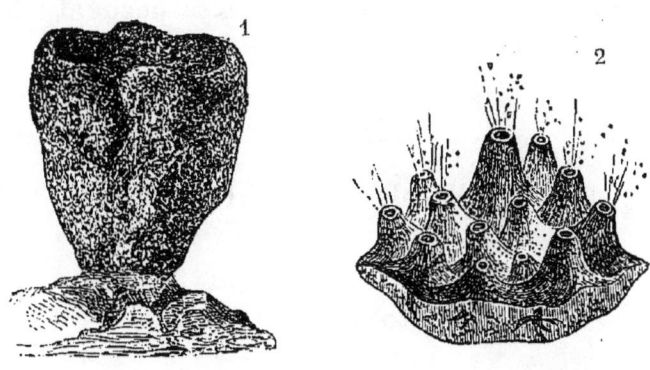

Fig. 303. — 1, Spongiaire; 2, fragment du même, plus grossi; par les nombreux orifices ou pores dont la surface est criblée entrent ou sortent des courants d'eau.

— Les Spongiaires, enfin, que l'on a tantôt rapprochés des Polypes, tantôt rangés dans l'embranchement des Protozoaires, sont considérés aujourd'hui par plusieurs naturalistes comme formant un embranchement à part. Ils ont une organisation tellement simple, qu'on n'y reconnaît presque plus rien qui réponde aux appareils digestif, respiratoire, nerveux, etc., des autres animaux. Si l'on prend comme type les Éponges usuelles, non pas réduites à leur squelette, comme elles le sont quand nous les employons aux usages domestiques, mais fraîches et telles qu'elles vivent fixées au fond de la mer, on voit qu'elles sont composées d'une masse de fibres de nature cornée, très souples, formant une espèce de feutrage, dans les interstices duquel se trouve la matière vivante proprement dite, qui se nourrit et se reproduit. La plupart des autres Éponges sont en outre renforcées de nombreuses petites aiguilles calcaires ou siliceuses mêlées ou non à des fibres cornées. La nutrition se fait au moyen de courants d'eau qui traversent sans cesse toute cette masse. Les Éponges sont l'objet d'un commerce important ; les plus estimées se pêchent sur les côtes de la Syrie.

HUITIÈME EMBRANCHEMENT

Protozoaires (1)

Caractères généraux et classification. — Le dernier embranchement du règne animal renferme un nombre incroyable d'organismes, la plupart microscopiques et d'une structure ordinairement très simple. Les trois principaux groupes de cet embranchement sont ceux des Infusoires, des Foraminifères et des Radiolaires.

Les Infusoires, ainsi appelés parce qu'ils se déve-

---

(1) Ce nom signifie « les premiers êtres animés », c'est-à-dire les plus inférieurs de tous par leur organisation.

loppent dans toutes les eaux où l'on fait *infuser* ou macérer des matières organiques, sont de dimension si petite qu'il faut le microscope pour les apercevoir. L'apparition constante de ces petits êtres, dans les conditions qui viennent d'être indiquées, a pu faire penser qu'ils se forment spontanément. Mais on a démontré par de délicates recherches que leurs germes, d'une extrême ténuité, sont répandus de tous côtés et même flottent dans l'air; ils font partie de cette poussière que l'on voit danser dans le rayon de soleil qui pénètre à travers une chambre obscure. Ils sont si nombreux qu'il en existe partout, de sorte que, les conditions favorables à leur développement se trouvant réunies, ces animalcules apparaissent aussitôt avec une grande abondance.

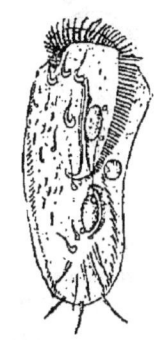

FIG. 304. — Infusoire cilié.

Parmi les Infusoires, les uns ont le corps garni d'un grand nombre de petits prolongements ou *cils*, qui se meuvent avec une extrême vitesse, d'où le nom de *cils vibratiles*, qui leur a été donné (fig. 304 et 305); d'autres ne sont pourvus que d'un ou deux cils, mais fort longs, et qui servent au même usage que les premiers, à savoir: la locomotion de ces petits êtres (fig. 306).

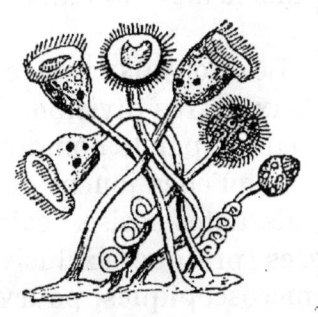

FIG. 305. — Vorticelles; Infusoires ciliés, fixés par un long pédoncule contractile.

Or, il existe certaines plantes et surtout certaines spores ou germes de plantes inférieures, d'algues, qui présentent une organisation analogue, des mouvements identiques, de sorte que, dans beaucoup de cas, il est impossible de dire si l'on a affaire à une plante ou à un animal.

La plupart des Infusoires sont libres et nagent avec une grande vitesse, mais il en est quelques-uns qui sont fixes : telles sont les *Vorticelles* (fig. 305), dont la forme élégante rappelle celle d'une corbeille délicate. Le bord de cette corbeille est garni de cils vibratiles, et la partie convexe donne attache à un support long et mince, très flexible, lequel, à chaque instant, suivant le caprice de l'animal, se tend et se détend à la manière d'un ressort à boudin, de façon à rapprocher ou éloigner la petite corbeille du point d'attache de la tige.

Fig. 306. — Infusoire pourvu d'un seul cil vibratile, mais très long.

C'est encore à ce groupe qu'on rapporte la *Noctiluque* (fig. 307), organisme phosphorescent, et qui répandu en prodigieuse quantité dans la mer est l'une des causes de sa phosphorescence.

Fig. 307.—La Noctiluque.

Les Foraminifères et les Radiolaires (1) constituent deux autres divisions des plus importantes des Protozoaires, par le nombre presque infini des espèces et le rôle qu'elles jouent dans la formation des roches ; de puissantes assises calcaires ou siliceuses sont composées presque exclusivement des débris de ces êtres microscopiques, pourvus d'un petit squelette construit le plus souvent avec une rare élégance. Le fond des mers actuelles en est en grande partie formé. Et cependant, leur petitesse est telle souvent, qu'un centimètre cube en contient des centaines de mille. Le squelette

---

(1) Foraminifère veut dire « qui présente des trous, des perforations, » la carapace calcaire de ces petits organismes étant criblée de trous microscopiques ; Radiolaire signifie « qui offre des rayons ».

ou carapace des Foraminifères est le plus souvent criblé d'orifices par lesquels sortent au dehors de nombreux et fins prolongements de la substance molle intérieure.

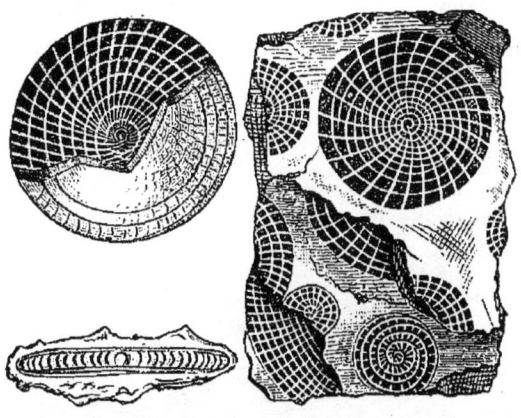

Fig. 308. — Foraminifères. — Nummulites fossiles, vues de face et de profil.

Du reste, rien n'est varié comme les formes des Infusoires, des Foraminifères et des Radiolaires ; et leur étude offre le plus grand intérêt à l'observateur.

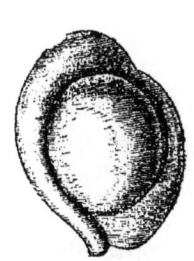 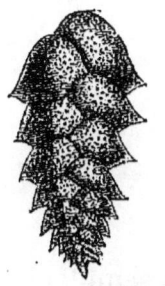

Fig. 309. — Foraminifère. — Une Triloculine.

Fig. 310. — Foraminifère. — Une Textulaire.

Il y a des organismes encore bien plus simples que que les Infusoires, et dont toute l'économie consiste en une gouttelette d'une substance comme gélatineuse, susceptible de se mouvoir par glissement, et qui d'un moment à l'autre se modifie dans ses contours, au point de n'avoir jamais une forme absolument constante. Tel est l'*Amibe*. Et cependant, cet être rudimentaire se nourrit, respire, se reproduit, accomplit toutes les fonctions essentielles de l'espèce la plus parfaite. C'est que,

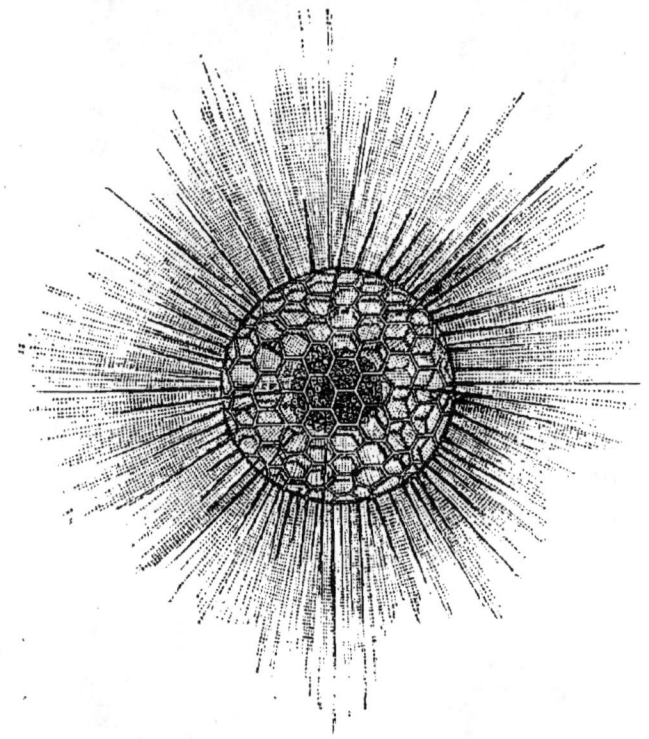

Fig. 311. — Radiolaire.

dans de semblables êtres, ce qu'on appelle *la division du travail physiologique* ne se montre pas encore ; autrement dit, on ne voit pas en eux des organes distincts chargés chacun d'une opération spéciale. La petite gouttelette vivante qui constitue ces organismes suffit à elle seule aux diverses fonctions.

Microbes

Malgré la simplicité de structure des organismes précédents, ce ne sont cependant pas encore eux qui occupent le degré le plus inférieur de l'échelle des êtres vivants. Sous le nom de *Microbes* on entend des corps microscopiques, ayant le plus souvent la forme d'un petit bâtonnet droit, courbé ou en spirale, souvent animés de mouvements plus ou moins vifs. Or, ces organismes de dimension si faible possèdent, sou-

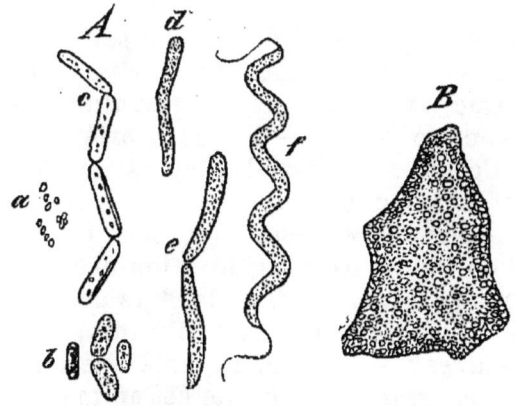

Fig. 312. — Microbes d'espèces différentes, isolés (A) et groupés (B).

vent pour le malheur de l'Homme et des animaux, une puissance extraordinaire, car ils sont la cause constante des maladies contagieuses : variole, choléra, dysenterie, charbon, etc. Mais, on admet généralement qu'ils n'appartiennent pas au règne animal et doivent être placés dans le règne végétal, après les plantes les plus inférieures, les Algues les plus simples.

Quoi qu'il en soit, ce monde des infiniment petits, comme on l'appelle, est aussi admirable dans sa délicate structure et mérite autant d'attirer l'attention que l'organisation compliquée du Lion ou de l'Éléphant; et celui qui sait voir y trouve, aussi bien que dans les plus puissantes espèces animales, le génie admirable du Créateur.

QUESTIONNAIRE. — D'où vient le nom de Rayonnés donné à certains animaux ? — Comment sont en général disposés les systèmes d'organes de ces animaux ? — Comment divise-t-on aujourd'hui ce quatrième embranchement de la classification de Cuvier ? — Citez quelques-unes des principales espèces de l'embranchement des Échinodermes. — Donnez une idée de l'organisation du test ou carapace des Oursins. — Que savez-vous de l'histoire des Comatules ?

Quel est le trait principal de l'organisation des Cœlentérés ? — A quel embranchement appartient l'Hydre d'eau douce ? — Que savez-vous de ce singulier animal ? — Qu'appelle-t-on polypier ? — Exposez brièvement l'organisation du Corail. — Citez des noms de Polypes sans polypier. — Donnez quelques détails sur les Acalèphes. — Que savez-vous des Méduses et de leur mode de développement ? — Quelle est l'organisation des Éponges ?

Quels animaux fait-on rentrer dans le groupe des Protozoaires ? — D'où vient le nom d'Infusoires donné à certains Protozoaires ? — Comment explique-t-on l'apparition subite et en grand nombre de ces animalcules ? — Au moyen de quels organes les Infusoires se meuvent-ils ? — Avec quoi peut-on confondre ces petits organismes ? — Que savez-vous des Vorticelles ? — Dites quelque chose du groupe des Foraminifères et des Radiolaires. — D'où vient le nom de Foraminifère ? — Y a-t-il des animaux encore plus simples que les Infusoires ? — Nommez-en un.

Qu'entend-on par Microbes ? — Dans quel règne les place-t-on ?

APPENDICE

Aperçu très sommaire sur la faune des grandes régions du globe

~~~~~~

Un petit nombre d'animaux seulement sont aptes à vivre sous les climats les plus divers. L'Homme l'emporte sur tous pour la facilité avec laquelle il s'adapte aux milieux les plus variés ; et le Chien, son compagnon fidèle, ne lui cède guère sous ce rapport, car dans tous les endroits où habite le premier, on est à peu près certain de rencontrer le second.

La plupart des espèces animales sont confinées dans des régions plus ou moins limitées, souvent même très restreintes; mais un certain nombre ont une extension géographique considérable. Ainsi, de nombreuses espèces de Reptiles occupent des régions fort circonscrites; un Mammifère, le Lama, n'habite que certains lieux élevés du Pérou et du Chili, etc.; d'autre part, le Canard sauvage est très cosmopolite et se rencontre dans le voisinage glacé du pôle nord, comme dans le sud brûlant de l'Afrique.

L'extension géographique des espèces dépend de plusieurs causes dont voici les principales :

1° La puissance relative des organes de la locomotion ; l'exemple déjà cité des Reptiles et du Canard sauvage en montre toute l'importance.

2° L'action de circonstances indépendantes de l'animal, telles que les courants marins et le transport par ceux-ci d'objets capables de donner asile à des animaux divers, comme cela se voit pour des troncs d'arbres arrachés sur les bords des grands fleuves d'Amérique et entraînés par ces courants jusque sur nos côtes européennes ;

3° L'action de l'homme. C'est ainsi que le Bœuf, originaire de l'Inde, transporté par lui en Amérique, s'y est multiplié d'une façon extraordinaire, à l'état sauvage ; c'est ainsi encore que, sans le vouloir, l'homme a ramené d'Asie un insecte, la Blatte, qui infeste nos cuisines, et a répandu le Rat dans le monde entier, par l'intermédiaire de ses vaisseaux.

Cependant, les faunes ne sont pas, malgré ces causes de dissémination, aussi mélangées qu'on pourrait le croire, et celle de chaque région conserve un caractère qui lui est propre. C'est qu'un certain nombre de causes viennent contrebalancer l'action des précédentes. Telle est notamment l'existence des montagnes et des mers interposées entre les différentes régions, et surtout l'action de la chaleur et du froid. Ainsi le Renne se plaît dans les neiges de la Laponie et meurt de chaud dans les pays moins glacés ; les Singes habitent les régions les plus chaudes du globe et succombent à la phtisie dans nos climats tempérés. Enfin, la nature et l'abondance de la végétation ont une importance de premier ordre ; là où elle est rare, il ne peut y avoir, on le comprend, ni grands herbivores, ni grands carnassiers.

D'une façon générale, l'abondance des espèces, la variété des formes, la perfection de la structure organique augmentent à mesure que l'on va des pôles vers l'équateur. Aux deux pôles, la faune a la plus grande analogie et elle est peu variée. Elle se complique dans les pays tempérés, pour acquérir enfin tout son épanouissement dans les contrées chaudes ; c'est là surtout que se trouvent réunies la beauté, la variété des formes, la splendeur des couleurs.

Ces considérations s'appliquent aux deux continents ; mais si on les compare l'un à l'autre, on constate en *Amérique*, par rapport à l'ancien monde, un degré incontestable d'infériorité. Ainsi, les Singes nombreux qu'on y trouve sont tous inférieurs aux Singes de l'ancien continent, en même temps que les groupes les plus dégradés de la classe des Mammifères, notamment les Édentés, y sont largement représentés. On y rencontre aussi des Bisons, des Lamas, de grands carnassiers, qui rappellent les Lions et les Tigres, mais qui n'atteignent pas la taille de ces espèces.

La faune a un caractère d'infériorité encore plus marqué en *Océanie ;* là, les Mammifères ne sont presque plus représentés que par les types les plus dégradés de cette classe, à savoir les Marsupiaux et les Monotrèmes.

L'*Afrique* possède une faune aux formes puissantes ; c'est là que vivent les plus grands animaux terrestres de notre époque : l'Éléphant à longues oreilles, le Dromadaire, le Rhinocéros à deux cornes, l'Hippopotame, la Girafe, le Buffle du Cap, des Lions, des Cerfs et des Antilopes, enfin et surtout le Chimpanzé et le Gorille, ceux de tous les animaux dont la forme se rapproche le plus de celle de l'Homme.

En *Asie*, la faune offre des caractères intermédiaires à ceux que présentent celles d'Afrique et d'Europe. L'Inde, en effet, possède l'Éléphant à petites oreilles, le Rhinocéros à une corne, des Cerfs et des Antilopes, des Bœufs, des Ours, le Tigre royal, des Singes nombreux, et entre tous l'Orang-Outang. Citons dans une autre région de la même contrée, le Chameau à deux bosses. Dans les parties plus tempérées, on trouve nombre d'espèces qui se rapprochent beaucoup de celles de notre pays.

En *Europe*, enfin, comme dans les autres pays tempérés, les formes des espèces animales sont moins puissantes, les couleurs plus ternes ; la vie est moins exubérante ; par contre, elle y est plus facile et s'y trouve moins exposée par des luttes à soutenir contre des animaux d'une grande force ou d'une grande férocité.

RÉSUMÉ

DE LA CLASSIFICATION DU RÈGNE ANIMAL

TABLEAU COMPARATIF
DE LA CLASSIFICATION DE CUVIER ET DE LA CLASSIFICATION ACTUELLE

VERTÉBRÉS	Vertébrés.
ANNELÉS	{ Articulés ou Arthropodes. { Vers.
MOLLUSQUES	{ Tuniciers. { Mollusques.
ZOOPHYTES OU RAYONNÉS.	{ Echinodermes. { Cœlentérés. { Protozoaires.

PREMIER EMBRANCHEMENT : **VERTÉBRÉS**

Un squelette intérieur solide, dont la partie principale est formée de vertèbres. — Système nerveux central placé dans un canal formé par ces os, au-dessus du tube digestif.

I. — Classe des Mammifères.

Vertébrés pourvus de mamelles pour l'allaitement des petits ; cœur à quatre cavités ; circulation double et complète ; température du corps constante et élevée ; peau recouverte de poils ; animaux vivipares ; environ 2 300 espèces vivantes.

PREMIER ORDRE : BIMANES

HOMME { Race blanche ou caucasique ;
{ Race jaune ou mongolique ;
{ Race noire ou éthiopienne ;
{ Race rouge ou américaine.

Au point de vue physique : station verticale : des mains pour saisir ; des pieds pour marcher.
Au point de vue moral : possède la raison, a des sentiments religieux, connaît Dieu.

DEUXIÈME ORDRE : QUADRUMANES

Les mains et les pieds servent à la fois à saisir et à marcher. Doigts pourvus d'ongles aplatis.

1° **Singes de l'ancien continent** (Catarrhiniens). — Cloison du nez étroite et narines dirigées en bas ; trente-deux dents, comme chez l'homme : *orang-outang, chimpanzé, gorille, gibbon, guenon, cynocéphale.*

2° **Singes du nouveau continent** (Platyrrhiniens). — Cloison du nez large et narines dirigées en dehors ; ordinairement trente-six dents : *atèle, ouistiti.*

TROISIÈME ORDRE : PROSIMIENS

Mammifères grimpeurs ; dents d'insectivores ; mains et pieds préhensiles comme ceux des singes, mais doigts terminés par des griffes et non des ongles aplatis : *aye-aye, galéopithèque.*

QUATRIÈME ORDRE : CHEIROPTÈRES OU CHAUVES-SOURIS

Doigts excessivement allongés et réunis par une membrane qui sert au vol ; régime insectivore : *roussette, vampire.*

CINQUIÈME ORDRE : CARNIVORES

Mâchoires puissantes, canines très développées ; griffes acérées, souvent rétractiles ; les uns sont plantigrades, les autres digitigrades.

1re famille : les **Ours** ; animaux plantigrades, omnivores, grimpeurs ; habitent les pays froids, montagneux.

2e famille : les **Civettes** ; sécrètent une substance musquée ; habitent les pays chauds ; une espèce vit en France.

3e famille : les **Chiens** ; principales variétés du genre chien : *lévrier, chien de berger, épagneul, bouledogue, chien couchant.* Autres genres : *renard, loup, chacal.*

4e famille : les **Félins** ; les animaux les plus féroces : *lion, tigre, panthère, juguar, chat.*

5e famille : les **Hyènes** ; se nourrissent de cadavres, habitent les pays chauds.

6e famille : les **Mustélidés** ; petits carnassiers dont beaucoup font de grands dégâts dans les basses-cours : *blaireau, martre, putois, furet, belette, hermine, loutre.*

SIXIÈME ORDRE : INSECTIVORES

Mâchoires pourvues de dents très aiguës et régime insectivore ; petits animaux à mœurs nocturnes, souterraines : *hérisson, taupe, musaraigne*.

SEPTIÈME ORDRE : RONGEURS

Dentition incomplète ; les canines manquent et sont remplacées par un espace libre ou barre ; incisives très longues, taillées en biseau, et à croissance continue : *cochon d'Inde, chinchilla, porc-épic, castor, écureuil, marmotte, rat, lièvre, lapin*.

HUITIÈME ORDRE : PROBOSCIDIENS

Cerveau volumineux ; nez transformé en une longue trompe ; dents incisives non recouvertes d'émail, existent seulement à la mâchoire supérieure et en forme de défenses ; pas de canines ; molaires formées de lames transversales ; doigts pourvus d'ongles aplatis : *éléphant de l'Inde, éléphant d'Afrique*.

NEUVIÈME ORDRE : ONGULÉS

La dernière phalange de chaque doigt est renfermée dans un ongle de grande dimension en forme d'étui ou sabot.

1° **Jumentés.** Doigts en nombre impair, celui du milieu plus développé ; des dents incisives, canines et molaires ; espace libre ou barre entre les canines et les molaires : *cheval, mulet, âne, zèbre, rhinocéros, tapir*.

2° **Bisulques.** Doigts en nombre pair, et pied fourchu.

A. — **Ruminants.** La mâchoire supérieure n'a ni incisives, ni canines, excepté chez le chameau. Estomac divisé en plusieurs loges : panse, bonnet, feuillet, caillette ; ces animaux ruminent.

- 1re famille : les **Bovidés.** Cornes creuses, en forme d'étui emboîtant un prolongement osseux du crâne : *bœuf, bison, aurochs, yack, bœuf musqué, mouton, mouflon, chèvre, bouquetin, antilope, gazelle, chamois*.

- 2e famille : les **Cervidés.** Cornes pleines, osseuses, sans étui, et caduques chaque année : *cerf, daim, chevreuil, renne*.

- 3e famille : les **Girafes.** Cornes rudimentaires, recouvertes par la peau.

4ᵉ famille : les **Chevrotains**. Pas de cornes ; mais chez le mâle les canines supérieures recourbées en bas sortent de la bouche.

5ᵉ famille : les **Chameaux**. Pas de cornes, des incisives et des canines à la mâchoire supérieure. Constitution spéciale de leur estomac leur permettant de supporter longtemps le manque de boisson : *chameau à deux bosses, chameau à une bosse ou dromadaire, lama*.

B. — **Porcins**. Incisives, canines, molaires aux deux mâchoires : *hippopotame, porc, sanglier, pécari*.

DIXIÈME ORDRE : PHOQUES

Forme de poissons ; quatre membres, dont les postérieurs reportés en arrière, à l'extrémité du corps et formant nageoire ; corps tout couvert de poils. Dentition complète ; ils sont carnivores : *phoque, morse*.

ONZIÈME ORDRE : CÉTACÉS

Corps dépourvu de poils ou à peu près ; membres antérieurs transformés en nageoires, pas de membres postérieurs ; une grande nageoire caudale horizontale.

A. — **Cétacés herbivores** ou **Sirénides** : *dugong, lamantin*.

B. — **Cétacés carnivores** : *cachalot, dauphin, narval, marsouin, baleine*.

DOUZIÈME ORDRE : ÉDENTÉS

Dents toutes semblables, manquant ordinairement à la partie antérieure de la bouche, ou faisant totalement défaut. Doigts pourvus de grands ongles recourbés ; animaux lents : *paresseux, fourmilier, pangolin, tatou*.

TREIZIÈME ORDRE : MARSUPIAUX

Deux os spéciaux, soutenant une poche ventrale dans laquelle sont reçus les petits à leur naissance : *kanguroo, pétauriste, dasyure, myrmécobie, sarigue*.

QUATORZIÈME ORDRE : MONOTRÈMES

Mammifères rappelant beaucoup les oiseaux par plusieurs caractères. Mâchoires allongées en forme de bec ; pas de dents véritables ; pondent des œufs, reçus aussitôt dans une poche sous-abdominale : *ornithorynque, échidné*.

II. — Classe des Oiseaux.

Vertébrés couverts de plumes ; membres antérieurs transformés en ailes ; membres postérieurs servant seuls à la marche ; os creux et remplis d'air ; mâchoires dépourvues de dents, mais revêtues d'étuis cornés qui forment le bec ; cœur à quatre cavités ; circulation double et complète ; respiration très active, s'opérant à l'aide des poumons et de sacs aériens ; température constante et élevée ; animaux ovipares ; environ 8 000 espèces vivantes.

PREMIER ORDRE : RAPACES

Bec recourbé et garni à sa base d'une membrane souvent jaune ou cire ; ongles crochus et robustes ; un doigt tourné en arrière, trois en avant.

A. — **Rapaces diurnes.** Yeux petits, sur les côtés de la tête : *aigle, faucon, milan, busard, buse, épervier, vautour, condor, gypaète, secrétaire.*

B. — **Rapaces nocturnes.** Yeux grands, dirigés en avant : *hibou, chouette, duc.*

DEUXIÈME ORDRE : GRIMPEURS

Bec robuste, recourbé ou droit ; deux doigts tournés en arrière, deux en avant : *perroquet, perruche, cacatoès, pic, coucou.*

TROISIÈME ORDRE : PASSEREAUX

Bec dépourvu de cire ; pieds non palmés, et formés de trois doigts en avant et un tourné en arrière ; oiseaux chanteurs.

1° **Syndactyles** ou **Lévirostres.** Les deux doigts externes réunis par une membrane ; grand bec, mais léger : *martin-pêcheur, calao.*

2° **Déodactyles.** Tous les doigts sont libres.

A. — **Fissirostres.** Tête aplatie ; bec court et très largement fendu ; souvent tous les doigts tournés en avant ; régime exclusivement insectivore : *engoulevent, hirondelle, martinet, salangane.*

B. — **Conirostres.** Bec assez épais, conique ; régime granivore et insectivore : *alouette, chardonneret, serin, bec-croisé, tisserin.*

C. — **Dentirostres.** Bec portant près de la pointe de la mandibule supérieure une échancrure suivie d'une dent ; se nourrissent d'insectes et même de proies plus grosses : *corbeau, pie, mésange, pie-grièche, merle, loriot, rossignol, fauvette, roitelet.*

D. — **Ténuirostres.** Bec long et grêle ; le doigt postérieur très allongé ; tous insectivores : *huppe, colibri, oiseau-mouche.*

QUATRIÈME ORDRE : COLOMBINS

Bec faible, mou, renflé autour des narines ; les petits naissent sans plumes et sont d'abord nourris à l'aide d'une substance que sécrète le jabot des parents ; oiseaux granivores : *pigeon, tourterelle.*

CINQUIÈME ORDRE : GALLINACÉS

Bec fort, convexe ; ailes courtes, arrondies ; doigts libres, sauf à leur base, où ils sont réunis par une courte membrane ; oiseaux granivores : *faisan, paon, dindon, coq, pintade, perdrix, caille, lagopède.*

SIXIÈME ORDRE : ÉCHASSIERS

Oiseaux de rivage ; cou et membres inférieurs très allongés ; doigts réunis plus ou moins par une membrane ; la plus grande partie des jambes dépourvue de plumes ; régime ordinairement carnivore : *héron, grue, cigogne, aigrette, butor, flamant, agami, outarde, poule d'eau.*

SEPTIÈME ORDRE : PALMIPÈDES

Oiseaux aquatiques ; pattes palmées, reportées très en arrière : *pélican, cormoran, pétrel, goéland, cygne, canard, plongeon, grèbe, pingouin, manchot.*

HUITIÈME ORDRE : COUREURS

Ailes de faibles dimensions, plumes lâches et souples ; jambes très robustes, faites pour la course : *autruche, casoar, émou, nandou.*

III. — Classe des Reptiles.

Vertébrés couverts d'écailles ou de plaques ; membres en nombre variable (quatre, deux ou nuls) ; cœur à trois cavités (à quatre chez les crocodiles) ; circulation double et incomplète ; température variable ; animaux ovipares ; environ 1 900 espèces vivantes.

PREMIER ORDRE : CROCODILIENS

Peau incrustée de plaques osseuses; dents nombreuses et aiguës implantées dans des alvéoles; queue aplatie servant à la nage : *crocodile, caïman, gavial*.

DEUXIÈME ORDRE : TORTUES OU CHÉLONIENS

Corps ramassé, renfermé dans une sorte de boîte osseuse; mâchoires sans dents, mais revêtues d'un étui corné à bords tranchants, deux paires de membres : *tortues terrestres, tortues de marais, tortues de mer, tortues de fleuves*.

TROISIÈME ORDRE : SAURIENS

Corps tout recouvert de petites écailles; membres plus ou moins développés, parfois nuls; des paupières mobiles : *caméléon, dragon volant, gecko, lézard, monitor, orvet*.

QUATRIÈME ORDRE : OPHIDIENS

Corps recouvert d'écailles; pas de membres; forme du corps à peu près cylindrique; mâchoires très extensibles; pas de paupières.

Serpents venimeux : *serpent à sonnette, serpent à lunettes, vipère, péliade*.

Serpents non venimeux : *pithon, boa, couleuvre à collier, couleuvre vipérine, couleuvre d'Esculape*.

IV. — Classe des Batraciens ou Amphibiens.

Vertébrés à peau ordinairement nue; cœur à trois cavités et circulation double et incomplète; température variable; respiration pulmonaire et aussi branchiale, au moins pendant un certain temps; animaux ovipares; environ 400 espèces vivantes.

PREMIER ORDRE : ANOURES

Corps ramassé; membres bien développés; pas de queue persistante : *grenouille, rainette, pipa, crapaud*.

DEUXIÈME ORDRE : URODÈLES

Corps allongé; quatre membres assez grêles; queue persistante; branchies permanentes ou transitoires : *salamandre, triton, axolotl*.

TROISIÈME ORDRE : APODES

Corps allongé, serpentiforme, sans membres, avec de très petites écailles; vie souterraine : *cécilie*.

V. — Classe des Poissons.

Vertébrés aquatiques, à peau couverte d'écailles ; respiration branchiale ; cœur à deux cavités, et circulation simple; température variable; membres transformés en sortes de rames; il existe en outre des nageoires impaires ; animaux ovipares; environ 10 000 espèces vivantes.

I. — SÉLACIENS OU POISSONS CARTILAGINEUX

Squelette cartilagineux; peau rugueuse, incrustée de petites plaques épineuses ; queue à lobes inégaux ; *scie de mer, requin, marteau, raie, torpille*.

II. — GANOÏDES.

Squelette cartilagineux ou osseux; corps recouvert d'écailles émaillées, brillantes, ou de plaques osseuses; queue à lobes inégaux : *esturgeon*.

III. — POISSONS OSSEUX.

Squelette osseux; lobes de la queue égaux, quand celle-ci est bifurquée.

A. — **Acanthoptérygiens**. Nageoire dorsale soutenue par des rayons osseux d'une seule pièce, en forme de piquants : *perche, mulet, rouget, daurade, épinoche, thon*.

B. — **Malacoptérygiens**. Nageoire dorsale soutenue par des rayons osseux mous, c'est-à-dire formés d'un grand nombre de petites pièces articulées.

   a. — **Abdominaux**. Seconde paire de nageoires en arrière de la première : *carpe, brême, tanche, goujon, alose, brochet, saumon, sardine, hareng*.

   b. — **Subbrachiens**. Seconde paire de nageoires au-dessous de la première : *morue, turbot, sole*.

   c. — **Apodes**. Seconde paire de nageoires manque : *anguille, congre, gymnote*.

DEUXIÈME EMBRANCHEMENT : **TUNICIERS**

Corps mou, sans squelette, recouvert par une enveloppe coriace, en forme de sac ; système nerveux rappelant par sa position celui des Vertébrés ; existence d'un organe comparable à la corde dorsale (ébauche de la colonne vertébrale) des Vertébrés. Tous marins ; environ 300 espèces : *ascidies, pyrosomes, salpes*.

TROISIÈME EMBRANCHEMENT : **MOLLUSQUES**

Corps mou, sans squelette, mais ordinairement protégé par une coquille calcaire.

I. — Classe des Céphalopodes.

Tête distincte, entourée de bras ; environ 200 espèces vivantes ; tous marins.

A. — **Céphalopodes dibranchiaux.** Deux branchies : *poulpe, argonaute, seiche, calmar, ammonite* (fossile).

B. — **Céphalopodes tétrabranchiaux.** Quatre branchies : *nautile*.

II. — Classe des Ptéropodes.

Nageoires sous forme de deux petites ailes latérales ; tous marins : *hyale, cléodore*.

III. — Classe des Gastéropodes.

Organe de la locomotion ou pied à la face ventrale du corps ; ordinairement une coquille, celle-ci d'une seule pièce ; animaux terrestres ou d'eau douce, ou d'eau salée ; environ 15 000 espèces vivantes : *escargot, limace, planorbe, pourpre, porcelaine, rocher, patelle*.

IV. — **Classe des Acéphales ou Lamellibranches.**

Tête non distincte ; corps renfermé dans une coquille à deux valves ; environ 4 000 espèces vivantes : *huître, moule, cardium, vénus*.

QUATRIÈME EMBRANCHEMENT : **ARTICULÉS**
ou **ARTHROPODES**

Corps formé d'anneaux articulés et portant des membres également articulés ; système nerveux sous forme d'une longue chaîne, dont la plus grande partie est placée au-dessous de l'appareil digestif ; respiration au moyen de branchies ou de trachées.

I. — Classe des Insectes.

Corps divisé en trois régions distinctes : tête, thorax, abdomen ; une paire d'antennes ; presque toujours des ailes ; environ 200 000 espèces.

PREMIER ORDRE : HYMÉNOPTÈRES

Organes de la bouche disposés pour couper et lécher ; quatre ailes membraneuses, métamorphoses complètes ; plus de 10 000 espèces.

A. — **Hyménoptères porte-aiguillon.** Un appareil de défense ou aiguillon : *abeille, guêpe, frelon.*

B. — **Hyménoptères térébrants.** Une tarière pour percer les tissus végétaux ou animaux et y déposer les œufs : *gallinsectes, ichneumon.*

DEUXIÈME ORDRE : COLÉOPTÈRES

Organes de la bouche disposés pour couper, déchirer, ou broyer ; quatre ailes, dont les supérieures dures, résistantes, les inférieures molles, membraneuses ; métamorphoses complètes ; environ 100 000 espèces.
Espèces nuisibles : *hanneton, eumolpe, capricorne, charançon, bostriche, bruche, vrillette, dermeste, doryphora.*
Espèces utiles : *cantharide, coccinelle, carabe, cicindèle.*

TROISIÈME ORDRE : ORTHOPTÈRES

Organes de la bouche disposés pour broyer ; quatres ailes membraneuses, dont les deux supérieures plus épaisses et résistantes, les inférieures plissées en éventail ; métamorphoses incomplètes ou nulles ; environ 5 000 espèces : *forficule, blatte, mante religieuse, spectre, criquet, sauterelle, courtilière.*

QUATRIÈME ORDRE : ORTHO-NÉVROPTÈRES

Organes de la bouche disposés pour sucer ou broyer ; ailes membraneuses droites et réticulées ; métamorphoses incomplètes : *libellule, éphémère, termite.*

CINQUIÈME ORDRE : NÉVROPTÈRES

Organes de la bouche disposés pour couper ou sucer ; quatre ailes membraneuses, réticulées ; métamorphoses complètes : environ 1 000 espèces : *panorpe, hémérobe, fourmilion, phrygane.*

SIXIÈME ORDRE : LÉPIDOPTÈRES

Organes de la bouche disposés en une longue trompe pour sucer ; quatre grandes ailes membraneuses recouvertes d'une poussière colorée formée de fines écailles ; métamorphoses complètes, plus de 20 000 espèces.

- A. — **Diurnes.** Ailes ordinairement relevées dans le repos, et antennes terminées en bouton : *vanesse.*
- B. — **Nocturnes.** Ailes inclinées en forme de toit dans le repos ; antennes effilées : *bombyx, pyrale, teigne.*
- C. — **Crépusculaires.** Ailes horizontales ou inclinées, antennes en fuseau, souvent avec un petit crochet à leur extrémité : *sésie.*

SEPTIÈME ORDRE : HÉMIPTÈRES

Organes de la bouche disposés en manière de bec, pour piquer et sucer ; métamorphoses incomplètes ou nulles ; environ 12 000 espèces.

- A. — **Homoptères.** Les quatre ailes toutes semblables et molles : *cigale, puceron, phylloxéra.*
- B. — **Hétéroptères.** Ailes antérieures épaisses et coriaces dans leur moitié antérieure : *punaise, notonecte, ranâtre.*
- C. — **Aptères.** Ni ailes ni métamorphoses : *pou, ricin.*

HUITIÈME ORDRE : DIPTÈRES

Organes de la bouche disposés pour piquer ou sucer ; une paire d'ailes seulement (manquent parfois) ; métamorphoses complètes ; environ 21 000 espèces : *mouche, cousin, taon, puce.*

II. — Classe des Myriapodes.

Corps divisé en un grand nombre de segments semblables, portant chacun une ou deux paires de pattes; jamais d'ailes; respiration à l'aide de trachées; pas de vraies métamorphoses; environ 800 espèces. Principaux types : *iule, gloméris, scolopendre, géophile, scutigère.*

III. — Classe des Arachnides.

Corps divisé en deux parties seulement: céphalothorax et abdomen; le premier seul porte des pattes; celles-ci ne sont jamais au nombre de plus de quatre paires; au lieu d'antennes une paire de pinces ou de griffes; respiration trachéenne; environ 4600 espèces.

PREMIER ORDRE : SCORPIONS

Une paire de grosses pinces représentant les antennes; abdomen formé de deux parties, dont la postérieure, étroite, segmentée, est terminée par un crochet à venin.

DEUXIÈME ORDRE : ARAIGNÉES

Une paire de griffes représentant les antennes servant d'appareil venimeux; abdomen mou, non segmenté et renfermant un appareil sécréteur de la soie.

TROISIÈME ORDRE : ACARIENS

Corps non segmenté, mais d'une seule pièce; n'a d'abord que trois paires de pattes, la quatrième apparaissant plus tard: *trombidion, ixode, sarcopte.*

IV. — Classe des Crustacés.

Animaux presque tous aquatiques, à respiration branchiale; deux paires d'antennes; nombreuses paires de mâchoires; organes locomoteurs portés par le thorax et par l'abdomen; un certain nombre subissent des métamorphoses; environ 5 300 espèces : *homard, langouste, crevette, écrevisse, crabe.*

CINQUIÈME EMBRANCHEMENT : **VERS**

Corps formé de nombreux segments presque tous semblables et ne portant pas de membres articulés.

I. — Classe des Annélides

Corps nettement segmenté; organes de locomotion sous forme d'expansions molles placées sur les côtés du corps et garnies de soies rigides (Annélides marines : *néréis, serpule, arénicole*), ou bien formés de simples soies enfoncées dans la peau (Annélides terrestres ou d'eau douce : *ver de terre, sangsue*).

II. — Classe des Brachiopodes.

Animaux marins; corps renfermé dans une coquille à deux valves, dont l'une répond au dos, l'autre au ventre de l'animal.

III. — Classe des Bryozoaires.

Petits Vers aquatiques, formant des colonies d'individus, dont chacun est renfermé dans une petite loge et présente à son extrémité libre de nombreux tentacules disposés en cercle ou en fer à cheval; environ 600 espèces.

IV. — Classe des Rotateurs ou Rotifères.

Petits Vers aquatiques, avec la partie antérieure du corps pourvue d'un organe cilié ou rotatoire dont les mouvements rapides servent à la locomotion et à la préhension des aliments.

V. — Classe des Helminthes.

Vers vivant pour la plupart en parasites dans le corps de l'homme ou des animaux.

PREMIER ORDRE : NÉMATOÏDES

Corps cylindrique; ils ont une bouche et un canal digestif : *ascaride, oxyure, filaire, trichine.*

DEUXIÈME ORDRE : TRÉMATODES

Corps aplati, en forme de feuille; un tube digestif bifurqué et incomplet; métamorphoses compliquées : *douve.*

TROISIÈME ORDRE : CESTOÏDES

Corps aplati et allongé en ruban, formé de nombreux segments; pas d'appareil digestif : *ténia.*

SIXIÈME EMBRANCHEMENT : **ÉCHINODERMES**

Disposition du corps d'apparence rayonnée ; peau incrustée de petites pièces calcaires souvent hérissées de piquants : *oursin, étoile de mer, euryale, encrine.*

SEPTIÈME EMBRANCHEMENT : **CŒLENTÉRÉS**

I. — POLYPES

Disposition du corps rayonnée ; tube digestif en forme de sac et dont les parois se confondent avec celles du corps ; il n'offre qu'un seul orifice : *hydre d'eau douce, corail, actinie, méduse.*

II. — SPONGIAIRES

Texture spongieuse ; corps sans forme régulière, soutenu par une charpente solide de fibres cornées et souvent d'aiguilles calcaires ou siliceuses : *éponge.*

HUITIÈME EMBRANCHEMENT : **PROTOZOAIRES**

Animaux microscopiques pour la plupart ; structure rudimentaire, sans organes bien définis.

I. — INFUSOIRES

Protozoaires pourvus de cils plus ou moins longs au moyen desquels ils nagent : *vorticelle, noctiluque.*

II. — FORAMINIFÈRES

Protozoaires pourvus de pseudopodes ou prolongements de la substance du corps, que l'animal émet à volonté, pour la locomotion et la préhension des aliments ; souvent une petite coquille criblée de trous.

III. — RADIOLAIRES

Petits organismes analogues, soutenus par un squelette rayonné, de nature siliceuse.

IV. — AMŒBIENS

Organismes microscopiques réduits à une gouttelette de substance organisée.

TABLE DES MATIÈRES

	Pages
Préface	VII
Considérations préliminaires	XI
Définition et division de l'Histoire naturelle	XI
La place de l'Homme dans la nature	XIII
Utilité de l'Histoire naturelle	XIV

PREMIÈRE PARTIE

ÉTUDE SOMMAIRE DE L'ORGANISATION DE L'HOMME

CHAPITRE PREMIER

Notions générales

Définitions de la Zoologie et de l'animal	1
Divisions de la Zoologie	1
Organes, appareils, fonctions	2
Division des fonctions	2
Questionnaire	3

CHAPITRE II

ORGANES ET FONCTIONS DE NUTRITION

Digestion et absorption

Division des fonctions de nutrition	4
Définition de la digestion	4
Les aliments. — Préhension des aliments	5

Division de la digestion.................................... 6
Les mâchoires.. 6
Les dents. — Première et seconde dentition.............. 7
Forme et structure des dents 9
Insalivation et mastication des aliments................. 9
Déglutition 11
Œsophage et estomac. — Leurs fonctions................ 14
Intestin. — Son rôle dans la digestion................... 16
Foie. — Ses deux sécrétions............................. 16
Pancréas et suc pancréatique 17
Absorption 18
Organes par lesquels se fait l'absorption................ 18
Le système lymphatique et les vaisseaux chylifères...... 18
Assimilation... 20
Axiomes et déductions hygiéniques 21
Questionnaire.. 22

CHAPITRE III

Le sang et la circulation

Rôle du sang 24
Composition du sang : globules rouges et blancs ; sérum, etc. 24
Sang artériel et sang veineux............................ 26
Le cœur ; sa structure et ses fonctions.................. 26
Mouvement du sang ou Circulation 29
Mouvements et choc du cœur............................ 30
Artères, veines et capillaires : le pouls................. 31
Axiomes et déductions hygiéniques 32
Questionnaire.. 34

CHAPITRE IV

Respiration et Sécrétions

Définition de la respiration............................. 35
Organes de la respiration............................... 35
Mouvements d'inspiration et d'expiration............... 38
Effets de la respiration sur le sang..................... 39
La chaleur animale ; son origine ; ses causes modératrices 39
Les Sécrétions. 41
Définition et division des sécrétions.................... 41
Sécrétions des reins et de la peau....................... 42

Axiomes et déductions hygiéniques...................... 44
Questionnaire.. 46

CHAPITRE V

ORGANES ET FONCTIONS DE RELATION

Organes de la locomotion

Notions générales sur les fonctions de relation; division
    de ces fonctions.. 47
Les os, leur composition et leurs variétés de forme 48
Principaux os du corps.................................... 49
Articulation des os....................................... 51
Muscles 52
La voix 53
Définition; organes de la voix 53
Axiomes et déductions hygiéniques 54
Questionnaire... 55

CHAPITRE VI

Le système nerveux

Importance du système nerveux 56
Constitution du système nerveux : cerveau, moelle, nerfs;
    grand sympathique 56
Structure des centres nerveux. — Rôle de la substance
    blanche, de la substance grise et des nerfs............ 60
Axiomes et déductions hygiéniques 62
Questionnaire... 62

CHAPITRE VII

Les sens

Du toucher 63
Structure de la peau 64
De la vue 64
Structure de l'œil.. 64
Phénomènes principaux de la vision 68
De l'ouïe 69

Structure de l'oreille...	69
Du GOUT ET DE L'ODORAT...	72
Siège du goût...	72
Organe de l'odorat..	72
Axiomes et déductions hygiéniques...............................	72
Questionnaire...	74

DEUXIÈME PARTIE

ZOOLOGIE DESCRIPTIVE

CHAPITRE PREMIER

DE LA CLASSIFICATION

Classification suivie dans l'ouvrage............................	77
Premier embranchement : *Vertébrés*	78
Caractères généraux des Vertébrés..............................	78
Examen sommaire de l'organisation du Chien, du Coq, du Lézard, de la Grenouille, de la Carpe.............................	78
I. Classe des Mammifères.......................................	83
Caractères généraux des Mammifères............................	83
Premier ordre. — Les Bimanes...................................	84
Caractères généraux des Bimanes................................	84
Races humaines..	86
Observations générales sur les races humaines...................	92
Questionnaire...	96

CHAPITRE II

Deuxième ordre. — Les Quadrumanes.............................	97
Troisième ordre. — Les Prosimiens..............................	107
Quatrième ordre. — Les Cheiroptères............................	109
Cinquième ordre. — Les Carnivores..............................	112
Questionnaire,...	122

CHAPITRE III

Sixième ordre. — Les Insectivores	124
Septième ordre. — Les Rongeurs	127
Huitième ordre. — Les Proboscidiens	131
Questionnaire	134

CHAPITRE IV

Neuvième ordre. — Les Ongulés	135
Sous-ordre des Jumentés	135
Sous-ordre des Bisulques	140
Tribu des Ruminants	140
Tribu des Porcins	156
Questionnaire	160

CHAPITRE V

MAMMIFÈRES MARINS	161
Dixième ordre. — Les Phoques	161
Onzième ordre. — Les Cétacés	163
Douzième ordre. — Les Édentés	166
Treizième ordre. — Les Marsupiaux	170
Quatorzième ordre. — Les Monotrèmes	172
Questionnaire	173

CHAPITRE VI

II. CLASSE DES OISEAUX. — Caractères généraux des Oiseaux	174
Classification des Oiseaux	181
Premier ordre. — Les Rapaces	181
Deuxième ordre. — Les Grimpeurs	187
Troisième ordre. — Les Passereaux	188
Quatrième ordre. — Les Colombins	196
Cinquième ordre. — Les Gallinacés	197
Sixième ordre. — Les Échassiers	200
Septième ordre. — Les Palmipèdes	202

Huitième ordre. — Les Coureurs ou Brévipennes 206
Oiseaux fossiles... 209
Questionnaire 209

CHAPITRE VII

III. Classe des Reptiles. — Caractères généraux des Reptiles 211
Classification des Reptiles..................................... 213
Premier ordre. — Les Crocodiliens........................... 214
Deuxième ordre. — Les Tortues ou Chéloniens............ 217
Troisième ordre. — Les Sauriens.............................. 220
Quatrième ordre. — Les Ophidiens........................... 223
Questionnaire.. 228

CHAPITRE VIII

IV. Classe des Batraciens ou Amphibiens. — Caractères généraux et classification 229
Premier ordre. — Les Anoures................................. 232
Deuxième ordre. — Les Urodèles.............................. 234
Troisième ordre. — Les Apodes................................ 236
Questionnaire... 236

CHAPITRE IX

V. Classe des Poissons. — Caractères généraux............ 238
Classification des Poissons 243
Les Sélaciens... 243
Les Ganoïdes... 244
Les Poissons osseux... 244
De la Pisciculture.. 248
Questionnaire 251

CHAPITRE X

Deuxième embranchement : *Tuniciers* 252
Caractères généraux et classification des Tuniciers........ 252
Troisième embranchement : *Mollusques*.......... 255
Caractères généraux des Mollusques......................... 255
Classification des Mollusques.................................. 257
I. Classe des Céphalopodes. — Caractères généraux et classification.. 258

II. Classe des Ptéropodes.................................... 260
III. Classe des Gastéropodes. — Caractères généraux et classification... 260
IV. Classe des Acéphales ou Lamellibranches. — Caractères généraux et classification................................... 262
Questionnaire.. 265

CHAPITRE XI

Quatrième embranchement : *Articulés ou Arthropodes*... 267
Caractères généraux des Arthropodes........................... 267
Classification des Arthropodes................................ 268
I. Classe des Insectes.. 268
Caractères généraux des Insectes.............................. 268
Métamorphoses des Insectes.................................... 272
Premier ordre. — Les Hyménoptères............................. 274
Deuxième ordre. — Les Coléoptères............................. 279
Troisième ordre. — Les Orthoptères............................ 283
Quatrième ordre. — Les Orthonévroptères....................... 285
Cinquième ordre. — Les Névroptères............................ 287
Sixième ordre. — Les Lépidoptères............................. 288
Septième ordre. — Les Hémiptères.............................. 292
Huitième ordre. — Les Diptères................................ 295
Remarques sur les Insectes utiles et nuisibles................ 297
Questionnaire.. 299

CHAPITRE XII

II. Classe des Myriapodes. — Caractères généraux et classification des Myriapodes... 301
III. Classe des Arachnides. — Caractères généraux et classification... 302
Premier ordre. — Les Scorpions................................ 303
Deuxième ordre. — Les Araignées............................... 304
Troisième ordre. — Les Acariens............................... 306
IV. Classe des Crustacés. — Caractères généraux et classification... 307
Questionnaire.. 312

CHAPITRE XIII

Cinquième embranchement : *Vers*........................... 313
Caractères généraux des Vers.................................. 313

I. Classe des Annélides. — Caractères généraux et classification......... 314
II. Classe des Brachiopodes......... 346
III. Classe des Bryozoaires......... 347
IV. Classe des Rotateurs......... 349
V. Classe des Helminthes......... 349
Questionnaire......... 324

CHAPITRE XIV

Sixième embranchement : *Échinodermes* 325
Subdivision des Zoophytes ou Rayonnés en trois embranchements......... 325
Caractères généraux et classification des Échinodermes.... 327
Septième embranchement : *Cœlentérés* 329
Caractères généraux et classification des Cœlentérés....... 329
Les Spongiaires......... 335
Huitième embranchement : *Protozoaires* 336
Caractères généraux et classification......... 336
Microbes......... 341
Questionnaire......... 342

APPENDICE

Aperçu très sommaire sur la faune des grandes régions du globe......... 343
Résumé de la classification du règne animal......... 347

24971. — Tours, impr. Mame.

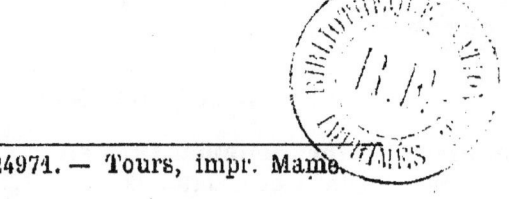

EXTRAIT DES CLASSIQUES
DE L'ALLIANCE DES MAISONS D'ÉDUCATION CHRÉTIENNE

Tableaux d'histoire naturelle, conforme aux derniers programmes, par M. l'abbé A. THOLIN. 2 50

Botanique (Cours élémentaire de), par les Religieuses Ursulines de Blois, avec 90 figures dans le texte 2 50

Histoire naturelle (Éléments d'), par M. l'abbé E. C.
   ZOOLOGIE. Première partie (Anatomie et Physiologie), avec 53 planches dans le texte comprenant 73 figures. . . . . 3 »
   ZOOLOGIE. Deuxième partie (Classification et Description), avec 73 planches dans le texte comprenant 77 figures 2 50
   BOTANIQUE, avec 96 planches dans le texte comprenant 263 figures. 3 50

Petite Flore analytique des jardins et des champs, avec 81 figures dans le texte, par M. DE VOS. . . . . 3 »

Arithmétique élémentaire, par M. l'abbé SINOT. . . . . 2 »

Arithmétique raisonnée (Traité d'), par M. l'abbé DESAUNEY. 1 75

Exercices gradués (Recueil d'l et de problèmes variés sur toutes les parties de l'arithmétique, suivi de 500 problèmes donnés à divers examens, par M. l'abbé GERMAIN. . . . . 2 »

Système métrique, par M. l'abbé L. DE CASAMAJOR. . . . . 1 »

Chimie expérimentale et pratique pour le premier enseignement de cette science (programme du brevet élémentaire), avec un supplément sur les manipulations chimiques, par M. l'abbé LORIDAN. Ouvrage orné de 100 gravures. 1 50

Chimie (Cours de), programme du brevet supérieur de l'enseignement primaire, par M. l'abbé LORIDAN. Ouvrage orné de 275 figures. 6 25

Chimie (Cours élémentaire de), contenant les matières du programme du baccalauréat ès lettres, et accompagné de 183 figures intercalées dans le texte, par M. l'abbé LORIDAN. . . . . 3 »

Cosmographie (Cours de), avec une carte de l'hémisphère boréal et de nombreuses figures dans le texte, par Dom Ernest LAURENT; tenu au courant des progrès de la science, et augmenté de problèmes donnés au baccalauréat ès sciences, par M. l'abbé VAUTRE. . . . . . 3 »

Cosmographie élémentaire (Résumé de), par M. l'abbé CASTEIG. » 80

Géométrie (Éléments de), rédigés conformément aux programmes des examens du baccalauréat ès sciences et du baccalauréat ès lettres, par M. le chanoine CARTON. 5 50

Géométrie (Éléments de). Édition rédigée spécialement pour la préparation au baccalauréat ès lettres, par M. le chanoine CARTON. . 3 75

Physique expérimentale et pratique, pour le premier enseignement de cette science (programme du brevet élémentaire), par M. l'abbé LORIDAN. Ouvrage orné de 260 gravures intercalées dans le texte, d'une planche en couleurs hors texte et contenant 400 exercices de physique pratique. . . . . 3 »

Physique (Traité élémentaire de), par E. BRANLY. . . . . .

Physique (Cours élémentaire de), contenant les matières du programme du baccalauréat ès lettres, avec 285 exercices, par M. l'abbé LORIDAN. Ouvrage orné de plus de 400 gravures intercalées dans le texte, et d'une planche en couleurs hors texte. 6 25

25173. — Tours, impr. Mame.